Der völkerrechtliche Diskriminierungsschutz gegen Benachteiligungen der Frau aufgrund von Geschlechterstereotypen und Rollenbildern

Juliane Bertram

Der völkerrechtliche Diskriminierungsschutz gegen Benachteiligungen der Frau aufgrund von Geschlechterstereotypen und Rollenbildern

Eine Untersuchung des Art. 5 lit. a CEDAW anhand der völkerrechtlichen Auslegungsregeln

Springer

Juliane Bertram
Juristische Fakultät
Europa-Universität Viadrina, Frankfurt (Oder)
Frankfurt (Oder), Deutschland

ISBN 978-3-662-73249-6 ISBN 978-3-662-73250-2 (eBook)
https://doi.org/10.1007/978-3-662-73250-2

Die Deutsche Nationalbibliothek verzeichnet diese Publikation in der Deutschen Nationalbibliografie; detaillierte bibliografische Daten sind im Internet über https://portal.dnb.de abrufbar.

Dissertation der Juristischen Fakultät der Europa-Universität Viadrina, Frankfurt (Oder), Gutachter: Prof. Dr. Carmen Thiele und Prof. Dr. Wolff Heintschel von Heinegg, mündliche Prüfung November 2025.

Springer ist ein Imprint der eingetragenen Gesellschaft Springer-Verlag GmbH, DE und ist ein Teil von Springer Nature.
Die Anschrift der Gesellschaft ist: Heidelberger Platz 3, 14197 Berlin, Germany

Für meine Eltern.

Inhaltsverzeichnis

Abkürzungsverzeichnis

Abs.	Absatz
AEMR	Allgemeine Erklärung der Menschenrechte
Art.	Artikel
AöR	Archiv des öffentlichen Rechts
ILC-ASR	Articles on responsibility of States for internationally wrongful acts
AU	Afrikanische Union
AVR	Archiv des Völkerrechts
BRK (CRPD)	Übereinkommen über die Rechte von Menschen mit Behinderungen (Behindertenrechtskonvention) (Convention on the Rights of Persons with Disabilities)
CAT	Convention against Torture and Other Cruel, Inhuman or Degrading Treatment or Punishment
CEDAW	Convention on the Elimination of All Form of Discrimination Against Women
CEDAW-FP	Fakultativprotokoll zur CEDAW
CESCR	Committee on Economic, Social and Cultural Rights
CETS	Council of Europe Treaty Series
Doc.	Document
EComHR	European Commission of Human Rights
ECOSOC	Economic and Social Council
ed./eds.	editor/editors
EFTA	European Free Trade Association
EGMR (ECtHR)	Europäischer Gerichtshof für Menschenrechte (European Court of Human Rights)
EMRK	Europäische Konvention zum Schutz der Menschenrechte und Grundfreiheiten
EMRK-ZP	Zusatzprotokoll zur EMRK
et al.	Lat. et alii/aliae/alia (und andere)
ETS	European Treaty Series
EuGH (ECJ)	Europäischer Gerichtshof (European Court of Justice)

fn.	footnote
GA	General Assembly
GC (ECtHR)	Grand Chamber
HLKO	Haager Landkriegsordnung
IAGMR (IACtHR)	Interamerikanischer Gerichtshof für Menschenrechte (Inter-American Court of Human Rights)
IAKMR (IACHR)	Interamerikanische Kommission für Menschenrechte (Inter-American Commission on Human Rights)
Ibid.	Lat. ibidem (am selben Ort)
ICD	International Classification of Diseases
ICSID	International Centre for Settlement of Investment Disputes
i. e. S.	im engeren Sinne
IGH (ICJ)	Internationaler Gerichtshof (International Court of Justice)
ILC	International Law Commission
ILO	International Labour Organization
IPbpR (ICCPR)	Internationaler Pakt über bürgerliche und politische Rechte (International Covenant on Civil and Political Rights)
IPwskR (ICESCR)	Internationaler Pakt über wirtschaftliche, soziale und kulturelle Rechte (International Covenant on Economic, Social and Cultural Rights)
i. S. d./v.	im Sinne des/von
IStGH (ICC)	Internationaler Strafgerichtshof (International Criminal Court)
IStGHJ (ICTY)	Internationaler Strafgerichtshof für das ehemalige Jugoslawien (International Criminal Tribunal for the former Yugoslavia)
IStGHR	Internationaler Strafgerichtshof für Ruanda
IUSCT	Iran-United States Claims Tribunal
i. w. S.	im weiteren Sinne
KRK	Übereinkommen über die Rechte des Kindes (Kinderrechtskonvention)
lit.	littera
No.	Number
Nr.	Nummer
OAS	Organisation Amerikanischer Staaten
p./pp.	page/pages
para(s).	paragraph(s)
PCA	Permanent Court of Arbitration
Res.	Resolution
StIGH (PCIJ)	Ständiger Internationaler Gerichtshof (Permanent Court of International Justice)
UN	United Nations
UNCITRAL	United Nations Commission on International Trade Law
UNRIAA	Reports of International Arbitral Awards
UNTS	United Nations Treaty Series

VFV	Versailler Friedensvertrag
Vgl. (vgl.)	Vergleiche (vergleiche)
Vol.	Volume
WHO	World Health Organization
WTO	World Trade Organization
WVK (VCLT)	Wiener Übereinkommen über das Recht der Verträge (Wiener Vertragsrechtskonvention) (Vienna Convention on the Law of Treaties)
YBIL	Yearbook of the International Law Commission
ZaöRV	Zeitschrift für ausländisches öffentliches Recht und Völkerrecht

Kapitel 1
Einleitung

1.1 Untersuchungsgegenstand

Geschlechterstereotype und Rollenbilder können mit der Diskriminierung von Frauen verbunden sein oder ihnen zugrunde liegen. Geschlechterstereotype sind Erwartungen über bzw. Vorstellungen davon, wie sich Frauen und Männer typischerweise verhalten und welche Eigenschaften sie aufweisen.[1] Stereotype dienen einerseits der Konstruktion der eigenen Identität sowie der kognitiven Vereinfachung in der alltäglichen sozialen Interaktion.[2] Andererseits sind sie stark generalisierend, basieren auf jahrzehnte- oder jahrhundertealten kulturellen Überzeugungen und sind in einem hohen Maße änderungsresistent.[3] Rollenbilder sind eng mit Geschlechterstereotypen verwandt und beinhalten Verhaltenserwartungen, die einem Geschlecht zugeschrieben werden.[4]

Werden Frauen aufgrund von oder in Verbindung mit Geschlechterstereotypen und Rollenbildern benachteiligt, kommen dabei zumeist stereotype Ansichten über den im Verhältnis zum Mann „minderen" Wert der Frau, ihren Status als „Eigentum" des Mannes oder eine Reduktion auf die weibliche Gebärfähigkeit und

[1] *Eckes*, Geschlechterstereotype: Von Rollen, Identitäten und Vorurteilen, in: Becker/Kortendiek (eds.), Handbuch Frauen- und Geschlechterforschung, 178 (178); *Holtmaat*, Article 5, in: Freeman/Chinkin/Rudolf (eds.), CEDAW Commentary, 141 (147); *Ashmore/Del Boca*, Sex Stereotypes and Implicit Personality Theory: Toward a Cognitive-Social Psychological Conceptualization, in: Sex Roles: A Journal of Research 5(2), 1979, 219 (219–222).

[2] Bierhoff, Sozialpsychologie. Ein Lehrbuch, p. 361; *Timmer/Holtmaat*, Article 5, in: Schulz et al. (eds.), CEDAW Commentary, 221 (228).

[3] *Eckes*, Geschlechterstereotype: Von Rollen, Identitäten und Vorurteilen, in: Becker/Kortendiek (eds.), Handbuch Frauen- und Geschlechterforschung, 178 (178); *Holtmaat*, Article 5, in: Freeman/Chinkin/Rudolf (eds.), CEDAW Commentary, 141 (148).

[4] *Eckes*, Geschlechterstereotype: Von Rollen, Identitäten und Vorurteilen, in: Becker/Kortendiek (eds.), Handbuch Frauen- und Geschlechterforschung, 178 (178).

J. Bertram, *Der völkerrechtliche Diskriminierungsschutz gegen Benachteiligungen der Frau aufgrund von Geschlechterstereotypen und Rollenbildern*, https://doi.org/10.1007/978-3-662-73250-2_1

Mutterrolle zum Tragen. Beispielhaft für den Zusammenhang zwischen Geschlechterstereotypen und Rollenbildern sowie der Diskriminierung von Frauen ist die Praxis des Brautraubs, der oftmals auch minderjährige Mädchen betrifft.[5] Bei einem Brautraub „entführen" Männer Frauen und Mädchen und heiraten sie im Anschluss, zumeist gegen ihren Willen.[6] Der Brautraub gründet auf patriarchalischen Vorstellungen über den geringeren Wert der Frau bzw. der Dominanz des Mannes[7] und geht mit Zwangsehen, Polygamie, häuslicher Gewalt und Vergewaltigungen einher.[8] Geschlechterstereotype können Frauen auch in staatlichen Strukturen wie dem Gerichtswesen benachteiligen, indem der Auslegung des Rechts stereotype Ansichten über die annahmegemäß typischen Eigenschaften[9] und Verhaltensweisen[10] von Frauen zugrunde gelegt werden. Im öffentlich-rechtlichen Gesundheitswesen können Geschlechterstereotype und Rollenerwartungen dazu führen, dass Frauen und Mädchen für die körperliche Integrität erforderliche Operationen[11] und Familienplanungsmaßnahmen[12] versagt werden.

[5] CEDAW Committee, Inquiry Concerning Kyrgsyzstan under article 8 of the Optional Protocol to the Convention on the Elimination of All Forms of Discrimination against Women, 21 September 2018, UN Doc. CEDAW/C/OP.8/KGZ/1, para. 23; Human Rights Watch, Vol. 18 No. 9, Reconciled to Violence. State Failure to Stop Domestic Abuse and Abduction of Women in Kyrgyzstan, pp. 87–90; *Kleinbach/Ablezova/Aitieva*, Kidnapping for marriage (ala kachuu) in a Kyrgyz village, in: Central Asian Survey 24(2), 2005, 191 (193).

[6] CEDAW Committee, Inquiry Concerning Kyrgsyzstan under article 8 of the Optional Protocol to the Convention on the Elimination of All Forms of Discrimination against Women, 21 September 2018, UN Doc. CEDAW/C/OP.8/KGZ/1, para. 26; Human Rights Watch, Vol. 18 No. 9, Reconciled to Violence. State Failure to Stop Domestic Abuse and Abduction of Women in Kyrgyzstan, p. 90; *Kleinbach/Ablezova/Aitieva*, Kidnapping for marriage (ala kachuu) in a Kyrgyz village, in: Central Asian Survey 24(2), 2005, 191 (191, 193).

[7] CEDAW Committee, Inquiry Concerning Kyrgsyzstan under article 8 of the Optional Protocol to the Convention on the Elimination of All Forms of Discrimination against Women, 21 September 2018, UN Doc. CEDAW/C/OP.8/KGZ/1, para. 23; Human Rights Watch, Vol. 18 No. 9, Reconciled to Violence. State Failure to Stop Domestic Abuse and Abduction of Women in Kyrgyzstan, pp. 95–97.

[8] CEDAW Committee, Inquiry Concerning Kyrgsyzstan under article 8 of the Optional Protocol to the Convention on the Elimination of All Forms of Discrimination against Women, 21 September 2018, UN Doc. CEDAW/C/OP.8/KGZ/1, paras. 27, 42–43, 70; Human Rights Watch, Vol. 18 No. 9, Reconciled to Violence. State Failure to Stop Domestic Abuse and Abduction of Women in Kyrgyzstan, pp. 91–92.

[9] CEDAW Committee, *O.N. and D.P. v. Russian Federation*, 3 April 2020, UN Doc. CEDAW/C/75/D/119/2017, paras. 2.1–2.17, 7.7–7.8.

[10] CEDAW Committee, *Vertido v. The Philippines*, 22 September 2010, UN Doc. CEDAW/C/46/D/18/2008, paras. 2.1–2.9, 8.5–8.6; *R.K.B. v. Turkey*, UN Doc. CEDAW/C/51/D/28/2010, 13 April 2012, paras. 2.1–2.10, 8.7.

[11] CEDAW Committee, *L.C. v. Peru*, 4 November 2011, UN Doc. CEDAW/C/50/D/22/2009, paras. 1, 2.1–2.15, 8.15.

[12] CEDAW Committee, Summary of the inquiry concerning the Philippines under article 8 of the Optional Protocol to the Convention on the Elimination of All Forms of Discrimination against Women, August 2014, UN Doc. CEDAW/C/OP.8/PHL/1, paras. 1–3, 8–9.

Im Völkerrecht schützt Art. 5 lit. a CEDAW[13] Frauen vor Benachteiligungen aufgrund von Geschlechterstereotypen und Rollenbildern. Die CEDAW ist ein völkerrechtlicher Vertrag zum Schutz von Frauen vor jeder Form der Diskriminierung und trat am 3. September 1981 in Kraft. Sie wurde von 189 der 193 UN-Mitgliedstaaten ratifiziert.[14] Bei den Nicht-Vertragsstaaten der CEDAW handelt es sich um den Iran, Somalia, den Sudan und Tonga.[15]

Art. 5 lit. a CEDAW verlangt seinem Wortlaut nach von den Vertragsstaaten das Ergreifen aller geeigneten Maßnahmen, um einen Wandel in den sozialen und kulturellen Verhaltensmustern von Frauen und Männern herbeizuführen, um Vorurteile sowie auf der Vorstellung der Unter- oder Überlegenheit des einen oder anderen Geschlechts oder stereotyper Rollenverteilungen gründende Praktiken zu beseitigen. Erstaunlicher Weise spricht Art. 5 lit. a CEDAW weder von „Diskriminierung" noch von „Gleichheit" und präzisiert auch die von den Vertragsstaaten zu ergreifenden Maßnahmen nicht. Ob und falls ja, welche Pflichten der Art. 5 lit. a CEDAW für die Vertragsstaaten begründet und welche Bedeutung ihm für den Schutz vor Benachteiligungen aufgrund von Geschlechterstereotypen und Rollenbildern zukommt, ist damit zunächst unklar.

1.2 Untersuchungsstand

Dem Art. 5 lit. a CEDAW kommt in der völkerrechtlichen Literatur außerhalb des CEDAW-Kommentars in seiner Erst-[16] und Zweitauflage[17] wenig Beachtung zu. Dabei wird Art. 5 lit. a CEDAW als Norm mit einem radikalen Potenzial für die Gleichstellung von Frauen mit Männern bezeichnet („radical principle of the Convention"[18]/„radical provision"[19]), weil er annahmegemäß tiefgreifende Ver-

---

[13] Convention on the Elimination of All Forms of Discrimination Against Women, 1249 UNTS 13, entry into force 3 September 1981.

[14] United Nations Treaty Collection, Convention on the Elimination of All Forms of Discrimination against Women, https://treaties.un.org/doc/Publication/MTDSG/Volume%20I/Chapter%20IV/iv-8.en.pdf (zuletzt abgerufen am 03.12.2025).

[15] Ibid.

[16] Freeman/Chinkin/Rudolf (eds.), The UN Convention on the Elimination of All Forms of Discrimination Against Women and its Optional Protocol. A Commentary, Oxford University Press 2012.

[17] Schulz/Halperin-Kaddari/Rudolf/Freeman (eds.), The UN Convention on the Elimination of All Forms of Discrimination Against Women and its Optional Protocol. A Commentary, 2nd edition, Oxford University Press 2023.

[18] Holtmaat, Towards *Different* Law and Public Policy. The Significance of Article 5a CEDAW for the elimination of structural gender discrimination, p. 61.

[19] *Schulz/Halperin-Kaddari/Rudolf*, Introduction, in: Schulz et al. (eds.), CEDAW Commentary, 1 (13); *Timmer/Holtmaat*, Article 5, in: Schulz et al. (eds.), CEDAW Commentary, 221 (222).

änderungen in den gesellschaftlichen Strukturen der Vertragsstaaten verlangt („Article 5 demands deep-rooted change").[20]

Insbesondere von Holtmaat, der Kommentatorin bzw. Co-Kommentatorin des Art. 5 lit. a CEDAW in der Erst- und Zweitauflage des CEDAW-Kommentars, stammt eine Reihe von Werken, in denen sie die Bedeutung des Art. 5 lit. a CEDAW für die Beseitigung struktureller Benachteiligungen von Frauen darstellt.[21] Die diesbezüglichen Ansichten werden allerdings nicht nach den völkerrechtlichen Auslegungsregeln der Art. 31 bis 33 WVK[22] erarbeitet und begründet, sondern eher rechtspolitisch.

Von Cusack stammt ein Forschungsbericht im Auftrag des Hochkommissars für Menschenrechte (Abteilung für Frauenrechte und Gender), welcher Schlüsselbegriffe wie „Geschlechterstereotyp" und „Stereotypisierung" definiert und die diesbezüglichen Pflichten von Staaten unter acht der UN-Menschenrechtsverträge einschließlich der CEDAW darstellt.[23] Die diesbezüglichen Aussagen werden anhand des Wortlauts des Art. 5 lit. a CEDAW getroffen, wobei auch Art. 2 lit. f CEDAW, der in einem engen systematischen Zusammenhang zu Art. 5 lit. a CEDAW steht, erwähnt ist. Dem Forschungsbericht fehlt es allerdings an einer Bezugnahme auf die WVK und insbesondere an der teleologischen Auslegung des Art. 5 lit. a CEDAW.[24]

Weiterhin beschäftigt sich die Doktorarbeit von Biholar mit der Umsetzung von Art. 5 lit. a CEDAW zur Verwirklichung des Verbots von Gewalt gegen Frauen in Jamaika.[25] Die Arbeit untersucht den Art. 5 lit. a CEDAW jedoch nicht anhand der völkerrechtlichen Auslegungsregeln und der Abschnitt „Interpretation of Article 5(a) CEDAW" kommt, wie die Arbeit in Gänze, ohne jegliche Grundlage aus der WVK aus.[26]

---

[20] *Schulz/Halperin-Kaddari/Rudolf*, Introduction, in: Schulz et al. (eds.), CEDAW Commentary, 1 (13); *Timmer/Holtmaat*, Article 5, in: Schulz et al. (eds.), CEDAW Commentary, 221 (222).

[21] Holtmaat, Towards *Different* Law and Public Policy. The Significance of Article 5a CEDAW for the elimination of structural gender discrimination, pp. xii-xiii; The CEDAW: a holistic approach to women's equality and freedom, in: Hellum/Aasen (eds.), Women's Human Rights, 95 (95–96); European Women and the CEDAW-Convention: The Way Forward, Paper presented at the EWLA-Cofenrence, Paris 21–22 September 2002, pp. 12–14.

[22] Vienna Convention on the Law of Treaties 1969, 1155 UNTS 331, entry into force 27 January 1980.

[23] Cusack, Gender stereotyping as a human rights violation. Research report, Submitted to the Office of the High Commissioner for Human Rights on 14 October 2013, p. 5.

[24] Vgl. ibid., pp. 21–28.

[25] Biholar, Transforming Discriminatory Sex Roles and Gender Stereotyping. The Implementation of Article 5(a) CEDAW for the realisation of women's right to be free from gender-based violence in Jamaica, Dissertation, Utrecht University 2013.

[26] Ibid., pp. 27–33.

1.3 Arbeitshypothesen

Der Arbeit liegt die Hypothese zugrunde, dass Art. 5 lit. a CEDAW einen soziokulturellen Wandel in den Vertragsstaaten beabsichtigt, durch welchen die Ursachen für die Benachteiligung von Frauen in vertikalen und horizontalen Rechtsbeziehungen aufgrund von Geschlechterstereotypen und Rollenerwartungen beseitigt werden sollen. Da sich die Identität eines Staates vor allem durch seine Kultur konstituiert, ist zugleich davon auszugehen, dass der Schutz des Art. 5 lit. a CEDAW in einem erheblichen Ausmaß von der Umsetzungsbereitschaft der Vertragsstaaten abhängt. Es besteht die Vermutung, dass sich vor allem nicht-westliche, nicht-säkularisierte und islamische Vertragsstaaten den von Art. 5 lit. a CEDAW angestrebten gesellschaftlichen Umgestaltungen verwehren.

1.4 Methodik

Art. 5 lit. a CEDAW wird im Folgenden gemäß der völkergewohnheitsrechtlich geltenden und in Art. 31 bis 33 WVK kodifizierten Auslegungsregeln untersucht, um zu ermitteln, wie er Frauen völkerrechtlich vor Benachteiligungen aufgrund von Geschlechterstereotypen und Rollenbildern schützt. Art. 31 Abs. 1 WVK ist die Schlüsselbestimmung für die Auslegung völkerrechtlicher Verträge.[27] Danach ist Art. 5 lit. a CEDAW nach Treu und Glauben in Übereinstimmung mit der gewöhnlichen, seinen Bestimmungen in ihrem Zusammenhang zukommenden Bedeutung und im Lichte seines Zieles und Zweckes auszulegen. Art. 31 Abs. 1 WVK bestimmt damit die drei Hauptelemente der grammatikalischen, systematischen und teleologischen Auslegung, die gemeinsam mit dem Treu und Glauben-Grundsatz einen holistischen und nicht hierarchischen Auslegungsprozess darstellen.[28] Art. 31 Abs. 1 WVK legt der Auslegung dadurch einen objektiven Ansatz zugrunde, für die

---

[27] ICJ, *Territorial Dispute* (Libyan Arab Jamahiriya/Chad), Judgement, I.C.J. Reports 1994, 6 (21–22 para. 41); *Oil Platforms* (Islamic Republic of Iran v. United States of America), Preliminary Objection, Judgement, I.C.J. Reports 1996, 803 (812 para. 23); *Kasikili/Sedudu Island* (Botswana/Namibia), Judgement, I.C.J. Reports 1999, 1045 (1059 para. 18); Dahm/Delbrück/Wolfrum, Völkerrecht, Bd. I/3, § 153, 633 (640); *Dörr*, Article 31, in: Dörr/Schmalenbach (eds.), VCLT Commentary, para. 5; *Schulz/Halperin-Kaddari/Rudolf*, Introduction, in: Schulz et al. (eds.), CEDAW Commentary, 1 (22); *Sorel/Boré Eveno*, Article 31 Convention of 1969, in: Corten/Klein (eds.), VCLT Commentary, para. 29; *Kämmerer*, Begriff, Geschichte und Rechtsquellen des Völkerrechts in: Proelß (ed.), Völkerrecht, 1 (81–82 para. 115).

[28] *Dörr*, Article 31, in: Dörr/Schmalenbach (eds.), VCLT Commentary, paras. 5; *Schulz/Halperin-Kaddari/Rudolf*, Introduction, in: Schulz et al. (eds.), CEDAW Commentary, 1 (22); *Sorel/Boré Eveno*, Article 31 Convention of 1969, in: Corten/Klein (eds.), VCLT Commentary, para. 8; Dahm/Delbrück/Wolfrum, Völkerrecht, Bd. I/3, § 153, 633 (640); Linderfalk, On the Interpretation of Treaties, p. 61; *Kämmerer*, Begriff, Geschichte und Rechtsquellen des Völkerrechts in: Proelß (ed.), Völkerrecht, 1 (81–82 para. 115).

der historisch-subjektive Wille der CEDAW-Vertragsverfasser gegebenfalls unter den Voraussetzungen des Art. 32 WVK ergänzend berücksichtigt werden kann.[29]

Der Auslegung des Art. 5 lit. a CEDAW ist gemäß Art. 33 Abs. 1 WVK eine authentische Sprachfassung der CEDAW zugrunde zu legen.[30] Als jeweils gleichwertig authentische Sprachen bestimmt Art. 30 Abs. 1 CEDAW Arabisch, Chinesisch, Englisch, Französisch, Russisch und Spanisch.[31] In der Arbeit wird die englische Fassung der CEDAW als Standardform verwendet, weil sie als die Sprache mit der weitesten Verständnisreichweite gelten kann. An den gebotenen Stellen wird auch auf die Besonderheiten in den französischen, spanischen und russischen Textversionen des Art. 5 lit. a CEDAW eingegangen.

1.5 Gang der Untersuchung

Die Struktur der Arbeit ergibt sich aus den Auslegungsregeln der Art. 31 und 32 WVK. In Kap. 2 wird Art. 5 lit. a CEDAW zunächst nach seinem Wortlaut ausgelegt und in Kap. 3 in seinem systematischen Zusammenhang in der CEDAW. In Kap. 3 werden gemäß Art. 31 Abs. 3 lit. c WVK auch die allgemeinen Rechtssätze des Völkerrechts behandelt und dabei spätere Menschenrechtsnormen zu Geschlechterstereotypen und Rollenbildern wie in der Konvention von Belém do Para der OAS aus dem Jahr 1995[32] besprochen. Kap. 4 beinhaltet die teleologische Auslegung des Art. 5 lit. a CEDAW, wobei die Untersuchung seines transformativen Gleichheitsziels, seine Pflichtenarten, seine effektive Auslegung sowie seine evolutive Auslegbarkeit den Schwerpunkt bilden. In Kap. 5 wird Art. 5 lit. a CEDAW ergänzend gemäß Art. 32 WVK ausgelegt, wodurch seine in der allgemeinen Auslegung noch unklar gebliebenen Bedeutungen geklärt werden.

Kap. 6 enthält drei Fragestellungen, die sich im Verlauf der Arbeit als von allgemeiner Bedeutung für die Umsetzung der CEDAW erweisen, aber nicht unter die Auslegung des Art. 5 lit. a CEDAW gemäß der Art. 31 und 32 WVK gefasst werden können. Dabei handelt es sich um die extraterritoriale Anwendbarkeit der CEDAW, die Regelungen zu Vorbehalten und Interpretationserklärungen gemäß Art. 19 bis 23 WVK sowie die Frage nach der Vereinbarkeit der CEDAW mit dem Islam. Die Arbeit schließt mit der Zusammenfassung der Ergebnisse einschließlich Thesen.

[29] Dahm/Delbrück/Wolfrum, Völkerrecht, Bd. I/3, § 153, 633 (640); *Schulz/Halperin-Kaddari/Rudolf*, Introduction, in: Schulz et al. (eds.), CEDAW Commentary, 1 (22); *Kämmerer*, Begriff, Geschichte und Rechtsquellen des Völkerrechts in: Proelß (ed.), Völkerrecht, 1 (81–82 para. 115).

[30] *Papaux/Samson*, Article 33 Convention of 1969, in: Corten/Klein (eds.), VCLT Commentary, paras. 45-46; *Kämmerer*, Begriff, Geschichte und Rechtsquellen des Völkerrechts in: Proelß (ed.), Völkerrecht, 1 (82 para. 116); Villiger, Article 33, VCLT Commentary, paras. 5–6.

[31] *Kroworsch*, Article 30, in: Schuz et al. (eds.), CEDAW Commentary, 819 (819).

[32] Inter-American Convention on the Prevention, Punishment, and Eradication of Violence against Women (Convention of Belém do Pará), A-61, entry into force 3 May 1995.

Literatur

Ashmore, Richard D./Del Boca, Frances K.: Sex Stereotypes and Implicit Personality Theory: Toward a Cognitive-Social Psychological Conceptualization, in: Sex Roles: A Journal of Research 5(2), 1979, pp. 219–248

Bierhoff, Hans-Werner: Sozialpsychologie: Ein Lehrbuch, 6th edition, Stuttgart 2006

Biholar, Ramona: Transforming Discriminatory Sex Roles and Gender Stereotyping: The implementation of Article 5(a) CEDAW for the realisation of women's right to be free from gender-based violence in Jamaica, Cambridge/Antwerp/Portland 2013 (Dissertation Utrecht University 2013)

Corten, Olivier/Klein, Pierre (eds.): The Vienna Conventions on the Law of Treaties. A Commentary. Volume 1, Oxford 2011

Dahm, Georg/Delbrück, Jost/Wolfrum, Rüdiger: Völkerrecht, Vol. I/3, Die Formen des völkerrechtlichen Handelns: Die inhaltliche Ordnung der internationalen Gemeinschaft, 2nd edition, Berlin 2002

Dörr, Oliver/Schmalenbach, Kirsten (eds.): Vienna Convention on The Law of Treaties. A Commentary, 2nd edition, Berlin 2018

Eckes, Thomas: Geschlechterstereotype: Von Rollen, Identitäten und Vorurteilen, in: Becker, Ruth/Kortendiek, Beate (eds.), Handbuch Frauen- und Geschlechterforschung. Theorie, Methode, Empirie 3rd edition, Wiesbaden 2010, pp. 178–189

Freeman/Chinkin/Rudolf (eds.), The UN Convention on the Elimination of All Forms of Discrimination Against Women and its Optional Protocol. A Commentary, Oxford University Press 2012

Holtmaat, Rikki: Towards *Different* Law and Public Policy. The significance of Article 5a CEDAW for the elimination of structural gender discrimination, Leiden 2004

Holtmaat, Rikki: The CEDAW: a holistic approach to women's equality and freedom, in: Hellum, Anne/Aasen, Henriette Sindig (eds.), Women's Human Rights: CEDAW in International, Regional and National Law, Cambridge 2013, pp. 95–123

Holtmaat, Rikki: European Women and the CEDAW-Convention: The Way Forward, Paper presented at the EWLA-Conference, Paris 21–22 September 2002

Human Rights Watch: Vol. 18 No. 9, Reconciled to Violence. State Failure to Stop Domestic Abuse and Abduction of Women in Kyrgyzstan, New York, September 2006

Kleinbach, Russel/Ablezova, Mehrigiul/Aitieva, Medina: Kidnapping for marriage (ala kachuu) in a Kyrgyz village, in: Central Asian Survey 24(2), 2005, pp. 191–202

Linderfalk, Ulf: On the Interpretation of Treaties. The Modern International Law as Expressed in the 1969 Vienna Convention on the Law of Treaties, Dordrecht 2007

Proelß, Alexander (ed.): Völkerrecht, 9th edition, Berlin 2024

Schulz/Halperin-Kaddari/Rudolf/Freeman (eds.), The UN Convention on the Elimination of All Forms of Discrimination Against Women and its Optional Protocol. A Commentary, 2nd edition, Oxford University Press 2023

Kapitel 2
Grammatikalische Auslegung

2.1 „Social and cultural patterns of conduct"

Der Begriff „social" ist in Art. 5 lit. a CEDAW als Adjektiv verwendet und stammt vom lateinischen Wort „sociālis" ab, wonach ihm im allgemeinen Sprachgebrauch eine Reihe an Bedeutungen zukommen kann. Zum einen kann das „sozial" so verstanden werden, dass es sich auf das positivgesinnte Zusammenleben zwischen Menschen in einer Gemeinschaft bezieht.[1] Zum anderen kann das „sozial" auch die Zugehörigkeit eines Menschen in einer hierarchischen Gesellschaftsstruktur im Sinne eines „social rank" meinen.[2] In einem weiteren Verständnis kann „sozial" das Gemeinwohl in dem Sinne meinen, dass die Schwächeren einer Gesellschaft besonders zu schützen und zu fördern sind.[3] Für Art. 5 lit. a CEDAW ist „social" in der erstgenannten Variante zu verstehen, weil die CEDAW das Zusammenleben von Menschen in der Gemeinschaft und die Nicht-Diskriminierung von Frauen in diesem Zusammenleben regelt.

Der Begriff „cultural" wird in Art. 5 lit. a CEDAW ebenfalls als Adjektiv verwendet und bezeichnet die Art der Lebensweisen von Menschen, die sich insbesondere in ihren Verhaltensweisen, Traditionen und Einstellungen zueinander sowie in ihren moralischen und religiösen Überzeugungen ausdrückt.[4] In einer weiteren Bedeutung kann „cultural" auf die Traditionen und Errungenschaften einer Gesellschaft

[1] Dictionary, „social", https://www.dictionary.com/browse/social# (zuletzt abgerufen am 03.12.2025); Duden, „sozial", https://www.duden.de/rechtschreibung/sozial (zuletzt abgerufen am 03.12.2025).

[2] Ibid.

[3] Duden, „sozial", https://www.duden.de/rechtschreibung/sozial (zuletzt abgerufen am 03.12.2025).

[4] Cambridge Dictionary, „cultural", https://dictionary.cambridge.org/dictionary/english/cultural# (zuletzt abgerufen am 03.12.2025).

J. Bertram, *Der völkerrechtliche Diskriminierungsschutz gegen Benachteiligungen der Frau aufgrund von Geschlechterstereotypen und Rollenbildern*, https://doi.org/10.1007/978-3-662-73250-2_2

in Hinblick auf Kunst, Literatur, Musik und Theater bezogen sein.[5] Diese Bedeutungsvariante ist für Art. 5 lit. a CEDAW auszuschließen, was sich aus den nachfolgenden Textelementen ergibt. Danach bezieht sich „cultural“ auf die Verhaltensmuster von Männern und Frauen.

Die Formulierung „patterns of conduct“ bezeichnet zwei oder mehrere Handlungen oder Vorfälle mit einem gewissen zeitlichen Bezug zueinander[6] und wird im Englischen auch als spezifisch rechtlicher Begriff verwendet, der für eine Serie von Verhaltensweisen einer Person steht und beispielsweise im Kontext von Stalking-Tatbeständen verwendet wird.[7] Da Art. 31 Abs. 1 WVK auf die gewöhnliche Wortbedeutung abstellt, ist für Art. 5 lit. a CEDAW aber nicht das rechtsspezifische Verständnis von „patterns of conduct“ zugrunde zu legen, sondern das allgemeine Verständnis von mindestens zwei Verhaltensweisen mit einem zeitlichen Bezug zueinander.

2.2 „Men and women“

Die Formulierung „men and women“ geht mit einigen Fragen zum Geschlechtsverständnis der CEDAW einher. Klar sind zunächst nur zwei Punkte. Erstens, dass „men and women“ in Art. 5 lit. a CEDAW die Geschlechter „Mann“ und „Frau“ meint. Im Englischen kann „man“ bzw. „men“ zwar auch einen Menschen an sich bezeichnen.[8] Allerdings wird aus der In-Bezug-Setzung des „men“ zu „women“ deutlich, dass hier die Geschlechter gemeint sind und nicht Menschen im Allgemeinen. Andernfalls liefe auch die CEDAW an sich fehl, die als asymmetrischer Menschenrechtsvertrag gerade den Schutz von Frauen zum Ziel hat.[9] Asymmetrische Menschenrechtsverträge schützen ausschließlich und spezifisch bestimmte Personengruppen, welche in besonderem Maße von Benachteiligungen betroffen sind.[10] Neben der CEDAW ist beispielsweise die BRK[11] zum Schutz der Rechte von Menschen mit Behinderungen ein asymmetrischer Menschenrechtsvertrag, was deutlich durch die Zweckbestimmung der Konvention in Art. 1 BRK („Purpose“) zum Ausdruck kommt.[12]

---

[5] Ibid.

[6] Lawinsider, „pattern of conduct“ – definition, https://www.lawinsider.com/dictionary/pattern-of-conduct (zuletzt abgerufen am 03.12.2025).

[7] Ibid.

[8] Cambridge Dictionary, „man“, https://dictionary.cambridge.org/dictionary/english/man# (zuletzt abgerufen am 03.12.2025).

[9] *Byrnes/Kapai*, Article 1, in: Schulz et al. (eds.), CEDAW Commentary, 79 (80–81); *Schulz/Halperin-Kaddari/Rudolf*, Introduction, in: Schulz et al. (eds.), CEDAW Commentary, 1 (2).

[10] *Byrnes/Kapai*, Article 1, in: Schulz et al. (eds.), CEDAW Commentary, 79 (86).

[11] Convention on the Rights of Persons with Disabilities, 2515 UNTS 3, entry into force 3 May 2008.

[12] *Kakoullis/Ikehara*, Article 1, in: Bantekas/Stein/Anastasiou (eds.), CRPD Commentary, 35 (35–36).

Zweitens ist klar, dass die CEDAW weder eine Definition von „Frau“ und „Mann“ enthält noch Anhaltspunkte dafür liefert, anhand welcher Maßstäbe ein Mensch als „Frau“ oder „Mann“ einzuordnen ist, d. h. in den Schutzbereich der CEDAW fällt oder nicht.[13] Daraufhin stellt sich zunächst die Frage, welche Definitionen des Geschlechts überhaupt existieren. Die weitere Frage, welches Geschlechtsverständnis der CEDAW zugrunde liegt, klärt sich vollständig erst nach allen Auslegungsschritten einschließlich der ergänzenden Auslegung und den dort zu berücksichtigenden travaux préparatoires der CEDAW.[14]

2.2.1 Das Verständnis des Geschlechts in der Humanmedizin

Im westlichen Kulturkreis ist ein naturwissenschaftlich-humanmedizinisches Zweigeschlechtermodell vorherrschend. Danach können Menschen mit verhältnismäßiger Klarheit anhand biologischer Kriterien des Genotyps (chromosomale und gondonale bzw. hormonelle Merkmale) sowie des daraufhin entwickelten Phänotyps (morphologische bzw. physiologische Merkmale) einem Geschlecht „Frau“ oder „Mann“ zugeordnet werden.[15] Auf den Ausnahmefall intersexueller Personen, auf die diese Klarheit nicht zutrifft, wird sogleich eingegangen.[16]

Eine rein naturwissenschaftliche Deutung von „Frau“ und „Mann“ kann in der grammatikalischen Auslegung allerdings nicht als gesichert gelten, denn kein Nachschlagewerk definiert die Frau anhand der genannten Merkmale, sondern beschreibt sie schlicht als erwachsene weibliche Person („an adult female human being/person“).[17] Allerdings wird der Begriff „weiblich“ seinerseits überwiegend auf biologische Kriterien wie den Chromosomensatz gestützt.[18] Allein ein Nachschlage-

---

[13] *Schulz/Halperin-Kaddari/Rudolf*, Introduction, in: Schulz et al. (eds.), CEDAW Commentary, 1 (23).

[14] Abschn. 5.4.

[15] *Kinsley et al.*, Chromosomal and Endocrinological Origins of Sex, in: Neigh/Mitzelfelt (eds.), Sex Differences in Physiology, 5 (5–8); *Legato*, What determines biological sex?, in: Legato (ed.), The Plasticity of Sex. The Molecular Biology and Clinical Features of Genomic Sex, Gender Identity and Sexual Behavior, 1 (1, 12–13, 20–21); Richardson, Sex Itself. The Search for Male & Female in the Human Genome, 5–7; *Turner et al.*, Sex chromosomes, in: Miller/Hay (eds.), Principles of Sex-Based Differences in Physiology, 1 (1, 3–8, 12).

[16] Abschn. 2.2.2.

[17] Cambridge Dictionary, „woman“, https://dictionary.cambridge.org/dictionary/english/woman (zuletzt abgerufen am 03.12.2025); Collins Dictionary, „woman“, https://www.collinsdictionary.com/dictionary/english/woman (zuletzt abgerufen am 03.12.2025); Dictionary, „woman“, https://www.dictionary.com/browse/woman (zuletzt abgerufen am 03.12.2025); Merriam-Webster, „woman“, https://www.merriam-webster.com/dictionary/woman (zuletzt abgerufen am 03.12.2025).

[18] Cambridge Dictionary, „female“, https://dictionary.cambridge.org/dictionary/english/female (zuletzt abgerufen am 03.12.2025); Collins Dictionary, „female“, https://www.collinsdictionary.com/dictionary/english/female (zuletzt abgerufen am 03.12.2025); Dictionary, „female“, https://www.dictionary.com/browse/female# (zuletzt abgerufen am 03.12.2025).

werk[19] legt „weiblich" neben dem biologischen („sex") auch das soziale („gender") Geschlecht zugrunde und definiert „weiblich" nicht durch eine Abgrenzung zum männlichen Geschlecht.[20]

Gegen eine rein naturwissenschaftliche Deutung spricht auch, dass in den Naturwissenschaften selbst kein Konsens darüber besteht, ob nur eines der genannten Merkmale und falls ja, welches das Geschlecht definiert. Nachschlagewerke nennen eine Kombination aus allen Kriterien und bestimmen das Frausein insbesondere anhand der Gebärfähigkeit.[21]

Darüber hinaus wird die definitorische, dichotomisierende Endgültigkeit der Geschlechtszuordnung teilweise auch von Biologen kritisiert bzw. bezweifelt. Sie bezeichnen die Annahme eines absoluten körperlichen Dimorphismus als „platonisches Ideal" („Platonic ideal of physical dimorphism"[22]) und entwickelten Gegenmodelle wie das mit der Möbius-Schleife ausgedrückte Geschlechterkontinuum.[23] Nach diesem Modell kann das Geschlecht eines Menschen nicht endgültig zugeordnet werden, sondern ist als Kontinuum zwischen „männlich" und „weiblich" zu verstehen.[24]

Aus naturwissenschaftlich-humanmedizinischen Kriterien kann damit keine feststehende Definition für den Begriff „Frau" in Art. 5 lit. a CEDAW gewonnen werden. Umso relevanter wird daraufhin, welche Definitionen des Geschlechts in anderen und jüngeren Wissenschaften gelten. Die Bezeichnung „jüngere" Wissenschaft deutet schon darauf hin, dass sich das Geschlechtsverständnis seit der Entste-

---

[19] Merriam-Webster, „female", https://www.merriam-webster.com/dictionary/female (zuletzt abgerufen am 03.12.2025).

[20] Cambridge Dictionary, „female", https://dictionary.cambridge.org/dictionary/english/female (zuletzt abgerufen am 03.12.2025); Collins Dictionary, „female", https://www.collinsdictionary.com/dictionary/english/female (zuletzt abgerufen am 03.12.2025); Dictionary, „female", https://www.dictionary.com/browse/female# (zuletzt abgerufen am 03.12.2025).

[21] Cambridge Dictionary, „female", https://dictionary.cambridge.org/dictionary/english/female (zuletzt abgerufen am 03.12.2025); Collins Dictionary, „female", https://www.collinsdictionary.com/dictionary/english/female (zuletzt abgerufen am 03.12.2025); Dictionary, „female", https://www.dictionary.com/browse/female# (zuletzt abgerufen am 03.12.2025); Merriam-Webster, „female", https://www.merriam-webster.com/dictionary/female (zuletzt abgerufen am 03.12.2025).

[22] *Blackless et al.*, How Sexually Dimorphic Are We? Review and Synthesis, in: American Journal of Human Biology 12(2), 2000, 151 (161); *Fausto-Sterling*, The Five Sexes. Why Male and Female Are Not Enough, in: The Science 33(2), 1993, 20 (20–21); On the Critiques of the Concept of Sex. An Interview with Anne Fausto-Sterling, in: differences 27(1), 2016, 189 (193, 198); *Joel/Fausto-Sterling*, Beyond sex differences: new approaches for thinking about variation in brain structure and function, in: Philosophical Transactions of The Royal Society B: Biology Sciences 371, 2016, 1 (1–5); Fausto-Sterling, Why Sex Is Not Binary. The Complexity is more than cultural. It´s biological, too, in: The New York Times, Opinion, Oct. 25, 2018, https://www.nytimes.com/2018/10/25/opinion/sex-biology-binary.html (zuletzt abgerufen am 03.12.2025).

[23] *Fausto-Sterling*, The Five Sexes. Why Male and Female Are Not Enough, in: The Science 33(2), 1993, 20 (21).

[24] Ibid.; so auch Dettwyler, Cultural Anthropology & Human Experience. The Feast of Life, pp. 77–79; *Vigoya*, Sex/Gender, in: Disch/Hawkesworth (eds.), The Oxford Handbook of Feminist Theory, 852 (859).

hung des CEDAW-Vertragstextes in den Jahren 1972 bis 1979, welcher weitestgehend auf der Grundlage der rechtsunverbindlichen DEDAW[25] aus dem Jahr 1967 erarbeitet wurde,[26] geändert haben kann. Im Zeitverlauf geänderte Bedeutungen sind eine Frage des intertemporalen Rechts, welches in der teleologischen Auslegung behandelt wird.[27] Bedeutungsänderungen sind aber auch schon hier in der grammatikalischen Auslegung zu berücksichtigen, weil Art. 31 Abs. 1 WVK seinerseits nicht bestimmt, wonach und insbesondere an welchem zeitlichen Rahmen sich die gewöhnliche Bedeutung einer Norm bemisst.[28]

Für die Definition des Geschlechts in Art. 5 lit. a CEDAW sind als weitere Wissenschaften das Völkerrecht und die Sozialwissenschaften relevant. Die Betrachtung dieser beiden Bereiche zeigt, dass die Deutung von Geschlecht bzw. Geschlechtlichkeit zeit- und kulturabhängig ist und normative Autoritäten wie das Recht und die Medizin/Biologie die Vorstellung einer „natürlichen“ und „richtigen“ Geschlechtlichkeit wechselseitig hervorbringen und aufrechterhalten, aber auch zu ihrer Änderung beitragen können.

2.2.2 *Das Verständnis des Geschlechts im völkerrechtlichen Menschenrechtsschutz*

Für das völkerrechtliche Geschlechtsverständnis zeigt sich ein Kontrast zwischen dem status quo der universellen und regionalen Menschenrechtsverträge, welche die Ansicht eines naturwissenschaftlich-biologischen Zweigeschlechtermodells im eben erklärten Sinne zum Ausdruck bringen sowie der regionalen Rechtsprechung des EGMR und des IAGMR und dem Maputo-Protokoll.[29] Sie weichen vom humanmedizinischen Geschlechtsverständnis ab bzw. trennen das Geschlecht vollständig von medizinisch-biologischen Kriterien.

2.2.2.1 Der status quo in völkerrechtlichen Menschenrechtsverträgen

Das Geschlecht wird in universellen und regionalen Menschenrechtsverträgen weder definiert noch geben die Verträge Anhaltspunkte dafür, wie das Geschlecht zu bestimmen ist. Die mit Menschenrechtsverträgen geschützten Institutionen der Ehe und Familie implizieren allerdings ein biologisch-binäres Geschlechtsverständnis.

---

[25] Declaration on the Elimination of Discrimination against Women, 7 November 1967, UN Doc. A/Res/22/2263.

[26] *Schulz/Halperin-Kaddari/Rudolf*, Introduction, in: Schulz et al. (eds.), CEDAW Commentary, 1 (7–10).

[27] Abschn. 4.4.

[28] Linderfalk, On the Interpretation of Treaties, p. 63.

[29] Protocol to the African Charter on Human and Peoples´ Rights on the Rights of Women in Africa, OAU Doc. CAB/LEG/66.6, entry into force 25 November 2005.

Die „Familie" und die „Ehe" werden in Menschenrechtsverträgen zwar ihrerseits nicht definiert bzw. es besteht keine allgemeingültig-universelle Definition. Einigkeit besteht nur darüber, dass die „Familie" und die „Ehe" seit der Antike grundlegende soziale Einheiten darstellen und zeit- sowie kulturabhängig sind, d. h. beide wurden im Laufe der Zeit in unterschiedlichen Kulturen anders verstanden.[30]

Auf eine Definition[31] der „Ehe" und „Familie" kommt es hier aber auch nicht an. Entscheidend ist, dass sich die „Familie" und die „Ehe" in Menschenrechtsverträgen ausschließlich auf Männer und Frauen beziehen und ihre biologische Fortpflanzungsmöglichkeit als der Ursprung der Familie verstanden wird. Diese Ansicht kommt deutlich dadurch zum Ausdruck, dass universelle und regionale Menschenrechtsverträge die Familie als die natürliche Kernzelle der Gesellschaft bezeichnen („The *family is the natural and fundamental group unit of society* [Hervor. d. Verf.]"). Diese Formulierung findet sich verbatim oder in leicht abgewandelter Form in Art. 23 Abs. 1 IPbpR,[32] Art. 10 Abs. 1 Satz 1 IPwskR,[33] in Art. 17 Abs. 1 AMRK,[34] in Art. 18 Abs. 1 Banjul-Charter[35] und in Art. 12 EMRK[36] sowie in den Präambeln der KRK[37] (5. Absatz), der BRK (Absatz (x)) und der Eherechtskonvention (1. Absatz).[38] Auffälligerweise wiederholt die CEDAW diese Formulierung nicht.

Entscheidend für das biologische Geschlechtsverständnis ist der Begriff „natural" in den genannten Verträgen. Im Zusammenhang mit dem Begriff „family" vermittelt er die Ansicht, dass die Familie einen biologischen Ursprung hat, d. h. dass sie aus der Fortpflanzungsmöglichkeit der beiden Geschlechter „Mann" und „Frau" entsteht. Art. 23 Abs. 2 IPbpR bindet die Gründung einer „natürlichen Familie" im Sinne seines 1. Absatzes zudem an die Ehe zwischen zwei verschiedengeschlechtlichen Personen („The right of *men and women* [...] *to marry and to found a family*

---

30 Vgl. UN, Compilation of General Comments and General Recommendations Adopted by Human Rights Treaty Bodies, General Comments adopted by the Human Rights Committee, CCPR, General Comment No. 19: Article 23 (Thirty-ninth session, 1990), 29 July 1994, UN Doc. HRI/GEN/1/Rev. 1, pp. 28–29 paras. 1–2.

31 Dazu z. B. Human Rights Committee, *Shrin Aumeeruddy-Cziffra and 19 other Mauritian women*, 9 April 1981, UN Doc. CCPR/C/12/D/35/1978, paras. 9.2 (b) 2 (i), 9.2 (b) (ii) I; *Hendriks v. The Netherlands*, 12 August 1988, UN Doc. CCPR/C/33/D/201/1985, para. 10.3; Carlson/Gisvold, Practical Guide to the International Covenant on Civil and Political Rights, p. 138.

32 International Covenant on Civil and Political Rights, 999 UNTS 171, entry into force 23 March 1976.

33 International Covenant on Economic, Social and Cultural Rights, 993 UNTS 3, entry into force 3 January 1976.

34 American Convention on Human Rights, "Pact of San José, Costa Rica", 1144 UNTS 123, entry into force 18 July 1978.

35 African Charter on Human and Peoples´ Rights, "Banjul Charter", 1520 UNTS 217, entry into force 21 October 1986.

36 European Convention for the Protection of Human Rights and Fundamental Freedoms, ETS No. 5, entry into force 3 September 1953.

37 Convention on the Rights of the Child, 1577 UNTS 3, entry into force 2 September 1990.

38 Convention on Consent to Marriage, Minimum Age for Marriage and Registration of Marriages, 521 UNTS 231, entry into force 9 December 1964.

[…] [Hervor. d. Verf.]“). Art. 23 Abs. 2 IPbpR enthält damit die zwei Rechte, eine Ehe zu schließen und eine Familie zu gründen,[39] welche aber, wie die Singularform „the right“ impliziert, ein Recht darstellen. Art. 23 Abs. 1 und 2 IPbpR suggerieren dadurch, dass das Recht auf die Gründung einer Familie durch die Ehe zwischen Mann und Frau vermittelt wird, d. h. dass nur die Ehe zwischen zwei verschiedengeschlechtlichen Menschen als „natürliche Familie“ gelten kann. Diese Ansicht bringt auch der Menschenrechtsausschuss als das Vertragssorgan des IPbpR mit seiner rechtsunverbindlichen Allgemeinen Bemerkung Nr. 19 zum Ausdruck („Article 23, paragraph 2, of the Covenant reaffirms the right of men and women of marriageable age to *marry and to found a family*. […] The right to found a family implies, in principle, the possibilty to *procreate* and live together. [Hervor. d. Verf.]“[40]).

Bezüglich der Heteronormativität des Geschlechtsverständnisses in Art. 23 Abs. 2 IPbpR ist mit seinen travaux préparatoires aber zu bemerken, dass die Formulierung „men and women“ wohl nicht mit der Intention aufgenommen wurde, ihn auf eine verschiedengeschlechtliche Ehe zu begrenzen, sondern um die Gleichheit von Frauen und Männern in Bezug auf die Ehe herauszustellen.[41] In diesem Verständnis würde Art. 23 Abs. 2 IPbpR auch gleichgeschlechtliche Partnerschaften erfassen, was aber das naturwissenschaftlich-biologische Geschlechtsmodell, das sein Wortlaut zum Ausdruck bringt, nicht ändert bzw. damit sogar unvereinbar ist.[42] Das Schrifttum weist darauf hin, dass die Pluralformulierung „men and women“ es doch erlaube, gleichgeschlechtliche Ehen in Art. 23 Abs. 2 IPbpR einzubeziehen.[43] Diese Ansicht ist mangels Relevanz für die Auslegung des Art. 5 lit. a CEDAW nicht zu vertiefen.

Art. 10 Abs. 1 Satz 1 IPwskR spricht im identischen Wortlaut wie Art. 23 Abs. 1 IPbpR von der Familie als der „natural and fundamental group unit of society“, welcher der größtmögliche Schutz und Beistand zukommen soll. Anders als Art. 23 Abs. 1 IPbpR bezieht Art. 10 Abs. 1 Satz 1 IPwskR ausdrücklich Kinder in sein Verständnis der Familie ein. In Art. 10 Abs. 1 Satz 2 IPwskR ist die Familie ebenso in Verbindung zur Ehe gesetzt, beide stehen aber nicht in einem Abhängigkeitsverhältnis

---

[39] Carlson/Gisvold, Practical Guide to the International Covenant on Civil and Political Rights, p. 137.

[40] Human Rights Committee, CCPR General comment No. 19: Article 23 (The Family). Protection of the Family, the Right to Marriage and Equality of the Spouses, in: Compilation of General Comments and General Recommendations Adopted by Human Rights Treaty Bodies, 29 July 1994, UN Doc. HRI/GEN/1/Rev. 1, 28 (29 paras. 4 and 5).

[41] *Waaldijk*, The Right to Marry as a Right to Equality. About Same-Sex Couples, the Phrase "men and women", and the Travaux Préparatoires of *the Universal Declaration*, in: Blokker/Dam-de Jong/Prislan (eds.), Furthering the Frontiers of International Law: Sovereignty, Human Rights, Sustainable Development, 457 (457, 467).

[42] So auch Human Rights Committee, *Joslin et al. v. New Zealand*, 30 July 2002, UN Doc. CCPR/C/75/D/902/1999, paras. 8.2–8.3; *Paladini*, Same-Sex Couples before Quasi-Jurisdictional Bodies: The Case of the UN Human Rights Committee, in: Gallo/Paladini/Pustorino (eds.), Same-Sex Couples before National, Supranational and International Jurisdcitions, 533 (545).

[43] *Langford*, Same-sex marriage in polarized times: revisiting *Joslin v New Zealand* (HRC), in: Brems/Desmet (eds.), Integrated Human Rights in Practice. Rewriting Human Rights Decisions, 119 (123–124, 126–128).

zueinander bzw. stellen dem Wortlaut nach nicht ein Recht dar. Zwar sollte Art. 10 IPwskR nach den Entwürfen Italiens und Griechenlands auf Familien beschränkt sein, denen eine Ehe zugrunde liegt, da nur verheiratete Paare ihren Kindern den notwendigen Schutz gewähren könnten und es allgemein anerkannt sei, dass Familien aus einer Ehe hervorgehen („a ´universally admitted´ fact that family was based on marriage.“[44]).

Eine derartige Beschränkung wurde letztlich aber nicht aufgenommen. Der Grund dafür war zum einen, Art. 10 IPwskR und Art. 23 IPbpR widerspruchsfrei zu halten.[45] Der IPbpR und der IPwskR waren zunächst als ein Menschenrechtsvertrag gedacht, wurden infolge der ideologischen Differenzen der damaligen Ost- und Westblockstaaten über negative bürgerlich-politische und positive wirtschaftliche, soziale und kulturelle Rechte aber in zwei Verträge gefasst.[46] Zum anderen war die Beschränkung auf ehebasierte Familien von anderen Staaten kritisiert worden. Sie argumentierten, dass dadurch alle menschlichen Verbundenheiten außerhalb der Ehe wie unverheiratete Mütter und geschiedene oder verwitwete Eltern nicht von Art. 10 IPwskR erfasst würden.[47]

Im Ergebnis besteht damit eine Diskrepanz im Wortlaut des Art. 23 Abs. 2 IPbpR und des Art. 10 Abs. 1 IPwskR. Während die Familie nach Art. 23 Abs. 2 IPbpR eine auf der Ehe zwischen verschiedengeschlechtlichen Partnern gründende Institution darstellt, stehen die Familie und die Ehe in Art. 10 Abs. 1 IPwskR nicht in einem Abhängigkeitsverhältnis zueinander.

Im Vergleich zu Art. 23 Abs. 1 IPbpR fällt weiter auf, dass Art. 10 Abs. 1 Satz 2 IPwskR nicht von einer Ehe zwischen Mann und Frau spricht. Dies würde es auf den ersten Blick erlauben, auch gleichgeschlechtliche Partnerschaften als „natürliche Familie“ unter Art. 10 Abs. 1 IPwskR zu fassen. Allerdings spricht die Bezugnahme auf „children“ in Art. 10 Abs. 1 Satz 1 IPwskR für ein biologisch-heteronormatives Verständnis der Zweigeschlechtlichkeit, da Kinder nur aus der Fortpflanzungsmöglichkeit zweier unterschiedlicher Geschlechter hervorgehen können („[A]ssociation of family with children, such as addressing the rights of children in the same article or at the same time as the right to family life, also contains the concept of family as a reproductive unit and then indirectly promotes the binary concept of gender.“[48]).

Für die übrigen Menschenrechtsverträge gilt, dass sie allein aufgrund der eingangs genannten Verknüpfung von „natural“ und „family“ ein biologisches Zweigeschlechtermodell ausdrücken, sodass auf Vertiefungen der einzelnen Normen verzichtet werden kann. Wichtiger ist, dass der status quo der Menschenrechtsverträge seine Schutzsubjekte dadurch zwingend zu binär-geschlechtlichen Personen macht,

---

[44] Saul/Kinley/Mowbray, ICESCR Commentary, Cases, and Materials, p. 728.

[45] Ibid.

[46] GA, Sixth Session, Preparation of two Draft International Covenants on Human Rights, 5 February 1952, UN Doc. A/RES/543(VI); Saul/Kinley/Mowbray, ICESCR Commentary, Cases, and Materials, p. 1.

[47] Saul/Kinley/Mowbray, ICESCR Commentary, Cases, and Materials, p. 728.

[48] So auch Yahyaoui Krivenko, Gender and Human Rights. Expanding Concepts, p. 130 fn. 42.

denen jedenfalls dann nicht der volle menschenrechtsvertragliche Schutz zuteil wird, wenn sie nicht in dieses Modell eingeordnet werden können und oder sich nicht darin einordnen möchten. Identifiziert sich eine Person weder als männlich noch als weiblich oder kann sie aufgrund von Intersexualität nicht eindeutig einem Geschlecht zugeordnet werden, fehlt es ihr an einem (der beiden) Geschlecht(er), welches der Diskriminierungsschutz beispielsweise unter Art. 1 CEDAW (asymmetrisch), Art. 3 IPbpR, Art. 3 IPwskR und Art. 14 EMRK (symmetrisch) aber zwingend voraussetzt. Nach dem Wortlaut beispielsweise der Art. 23 Abs. 2 IPbpR, Art. 17 Abs. 2 AMRK und des Art. 12 EMRK würde ihr auch nicht das Recht zustehen, zu heiraten und eine Familie zu gründen.

Vom status quo der biologischen Zweigeschlechtlichkeit weicht bisher allein das Maputo-Protokoll ab. Das Maputo-Protokoll trat im Jahr 2004 als rechtsverbindliches Zusatzprotokoll zur Banjul-Charter (Art. 66) in Kraft und bezweckt als asymmetrischer Vertrag den Schutz von Frauen in der AU.[49] Art. 1 lit. k Maputo-Protokoll definiert 24 Jahre nach der CEDAW als erster völkerrechtlicher Vertrag den Begriff „woman“ und legt ihm ein nicht-naturwissenschaftliches Verständnis zugrunde („´Women´ means persons of female *gender*, including girls. [Herv. d. Verf.]“).[50] Durch diese Definition werden Frauen als soziale und nicht als biologische Gruppe herausgestellt und hervorgehoben, dass Benachteiligungen nicht auf der biologischen Andersartigkeit von Frauen zu Männern basieren, sondern auf sozialen und potenziell intersektional benachteiligenden Unterschiedskontruktionen, die an das Geschlecht geknüpft werden.[51]

Für Art. 3 Abs. 1 Istanbul Konvention,[52] dem Übereinkommen des Europarates zur Bekämpfung von Gewalt gegen Frauen und häuslicher Gewalt, stellt der erklärende Bericht des Rates klar, dass die Definition des „gender“ nicht die beiden *biologischen* Geschlechter „weiblich“ und „männlich“ ersetzt („two *sexes*, male and female [Hervor. d. Ver]“).[53] Die Verwendung des Begriffs „gender“ soll allein hervorheben, dass sozial konstruierte Rollenzuschreibungen und Stereotype existieren, welche Gewalt gegen Frauen als gesellschaftlich „akzeptabel“ erscheinen lassen können, ohne aber das biologische Verständnis der Zweigeschlechtlichkeit in Frage zu stellen.[54]

---

[49] *Rudman*, Introduction, in: Rudman/Musembi/Makunya (eds.), Maputo Protocol: A Commentary, 1 (4, 13–14).

[50] *Kamunyu*, Article 1, in: Rudman/Musembi/Makunya (eds.), Maputo Protocol: A Commentary, 42 (51); *Rudman*, Introduction, in: Rudman/Musembi/Makunya (eds.), Maputo Protocol: A Commentary, 1 (2).

[51] *Kamunyu*, Article 1, in: Rudman/Musembi/Makunya (eds.), Maputo Protocol: A Commentary, 42 (51).

[52] Council of Europe Convention on preventing and combating violence against women and domestic violence, CETS No. 210, entry into force 1 August 2014.

[53] Council of Europe, Explanatory Report to the Council of Europe Convention on preventing and combating violence against women and domestic violence, para. 43.

[54] Ibid.

2.2.2.2 Die Rechtsprechung regionaler Menschenrechtsgerichtshöfe

Der EGMR und der IAGMR haben das heteronormativ-biologische Zweigeschlechtermodell mit Wirkung für den regionalen Menschenrechtsschutz unter der EMRK und der AMRK in den vergangenen Jahrzehnten schrittweise aufgegeben bzw. weichen davon ab. Der EGMR hatte das Geschlecht in seiner früheren Rechtsprechung zunächst noch anhand biologisch-medizinischer Kriterien wie den Chromosomensatz definiert und es daraufhin selbst bei einer operativen Angleichung der Geschlechtsanatomie als unveränderbar verstanden, weil auch durch eine Operation niemals vollständig alle biologischen Kriterien des gewünschten anderen Geschlechts erfüllt werden könnten.[55]

In *Goodwin*[56] und *I. gegen das Vereinigte Königreich*[57] erkannte der EGMR das Geschlecht erstmals als änderbar an, definierte es allerdings noch anhand medizinischer Kriterien und setzte für die rechtliche Anerkennung des neuen Geschlechts das Krankheitsbild der Geschlechtsdysphorie und eine daraufhin durch das mitgliedstaatliche Gesundheitssystem gewährte geschlechtsangleichende Operation voraus.[58] Die Geschlechtsdysphorie wurde zum Zeitpunkt der Klagen in der Internationalen Klassifikation der Krankheiten von der WHO als Form einer psychischen Störung gelistet (ICD-10, F64, „Gender identity disorders").[59] In der

---

[55] ECtHR, *Rees v. United Kingdom*, 17 October 1986, Series A no. 106, paras. 23, 38, 42, 49 f.; *Cossey v. United Kingdom*, 27 September 1990, Series A no. 184, paras. 38 (b), 40, 43 (a); *Sheffield and Horsham v. United Kingdom* [GC], 30 July 1998, Reports of Judgements and Decisions 1998-V, paras. 53, 56; *Gonzalez-Salzberg*, The Accepted Transsexual and the Absent Transgender: A Queer Reading of the Regulation of Sex/Gender by the European Court of Human Rights, in: American University International Law Review 29(4), 2014, 797 (803–809); An Improved Protection for the (Mentally Ill) Trans Parent: A Queer Reding of *AP, Garçon and Nicot v France*, in: Modern Law Review 81(3), 2018, 526 (532, 537).

[56] ECtHR, *Christine Goodwin v. United Kingdom* [GC], no. 28957/95, ECHR 2002-VI, paras. 78, 81–82; 100.

[57] ECtHR, *I. v. United Kingdom* [GC], no. 25680/94, 36 EHRR 967, paras. 58, 61–62.

[58] So auch in ECtHR, *van Kück v. Germany*, no. 35968/97, ECHR 2003-VII, paras. 49–64; *Grant v. the United Kingdom*, no. 32570/03, ECHR 2006-VII, paras. 39–41; *L. v. Lithuania*, no. 27527/03, ECHR 2007-IV, paras. 56–59; *Hämäläinen v. Finland* [GC], no. 37359/09, 16 July 2014, paras. 58–59; *Gonzalez-Salzberg*, The Accepted Transsexual and the Absent Transgender: A Queer Reading of the Regulation of Sex/Gender by the European Court of Human Rights, in: American University International Law Review 29(4), 2014, 797 (805–807, 813, 815–819); An Improved Protection for the (Mentally Ill) Trans Parent: A Queer Reding of *AP, Garçon and Nicot v France*, in: Modern Law Review 81(3), 2018, 526 (532–533); *Sandland*, Crossing and Not Crossing: Gender, Sexuality and Melancholy in the European Court of Human Rights. Christine Goodwin v. United Kingdom (Application no. 28957/95 [2002] I.R.L.R. 664 [2002] 2 F.L.R. 487, [2002] 2 F.C.R. 577, (2002) 35 E.H.R.R. 18, 13 B.H.R.C. 120, (2002) 67 B.M.L.R. 199, I v. United Kingdom (Application no. 25690/94) [2002] 2 F.L.R. 518, [2002] 2 F.C.R. 613 (ECHR), in: Feminist Legal Studies 11(2), 2003, 191 (202–203).

[59] ICD-10 Version 2019, https://icd.who.int/browse10/2019/en#/F60-F69 (zuletzt abgerufen am 03.12.2025).

überarbeiteten und ab Januar 2022[60] gültigen ICD-11 wird sie nicht mehr als Krankheit, sondern unter „Conditions related to sexual health“ geführt (ICD-11, 17).[61]

Sowohl der vor- und nach-*Goodwin*-Rechtsprechung kann durch das Abstellen auf medizinisch-biologische Kriterien und das Erfordernis einer geschlechtsangleichenden Operation eine „normalisierende“ Funktion beigemessen werden. Die Normalisierung besteht darin, Menschen anhand anatomischer Kriterien entweder dem einen oder dem anderen Geschlecht zuzuordnen, um sie dadurch in das binär-heteronormative Geschlechtsmodell der EMRK[62] einfügen zu können und dadurch eine Inkongruenz zwischen dem rechtlichen und dem biologischen Geschlecht zu vermeiden („heterosexualized/homophobic“[63] „genitocentrism of the (case) law“[64]).

In *A.P., Garçon und Nicot gegen Frankreich*[65] gab der EGMR die Voraussetzung geschlechtsangleichender Operationen für die Anerkennung des Geschlechts und damit die zuvor unterstellte Kausalität zwischen anatomischen Kriterien und dem rechtlichen Geschlecht auf.[66] Diese Entscheidung argumentierte er damit, dass die Anerkennung des neuen Geschlechts in Frankreich zum Zeitpunkt der Klageerhebung die Sterilisation der Betroffenen oder jedenfalls geschlechtsangleichende Maßnahmen voraussetzte, die mit einem hohen Risiko des Unfruchtbarwerdens verbunden waren. Dies verletzte nach der Ansicht des EGMR das Recht der Klagenden

---

[60] WHO, International Statistical Classification of Diseases and Related Health Problems (ICD), ICD-11, International Classification of Diseases 11th Revision, https://www.who.int/standards/classifications/classification-of-diseases (zuletzt abgerufen am 03.12.2025).

[61] ICD-11 for Mortality and Morbidity Statistics, https://icd.who.int/browse/2024-01/mms/en#577470983 (zuletzt abgerufen am 03.12.2025).

[62] Abschn. 2.2.2.2.

[63] *Gonzalez-Salzberg*, The Accepted Transsexual and the Absent Transgender: A Queer Reading of the Regulation of Sex/Gender by the European Court of Human Rights, in: American University International Law Review 29(4), 2014, 797 (801, 811, 814, 819–821, 828); An Improved Protection for the (Mentally Ill) Trans Parent: A Queer Reding of *AP, Garçon and Nicot v France*, in: Modern Law Review 81(3), 2018, 526 (531–532); *Sandland*, Crossing and Not Crossing: Gender, Sexuality and Melancholy in the European Court of Human Rights. Christine Goodwin v. United Kingdom (Application no. 28957/95 [2002] I.R.L.R. 664 [2002] 2 F.L.R. 487, [2002] 2 F.C.R. 577, (2002) 35 E.H.R.R. 18, 13 B.H.R.C. 120, (2002) 67 B.M.L.R. 199, I v. United Kingdom (Application no. 25690/94) [2002] 2 F.L.R. 518, [2002] 2 F.C.R. 613 (ECHR), in: Feminist Legal Studies 11(2), 2003, 191 (201–205).

[64] *Gonzalez-Salzberg*, The Accepted Transsexual and the Absent Transgender: A Queer Reading of the Regulation of Sex/Gender by the European Court of Human Rights, in: American University International Law Review 29(4), 2014, 797 (817, 819, 825, 828); *Sandland*, Crossing and Not Crossing: Gender, Sexuality and Melancholy in the European Court of Human Rights. Christine Goodwin v. United Kingdom (Application no. 28957/95 [2002] I.R.L.R. 664 [2002] 2 F.L.R. 487, [2002] 2 F.C.R. 577, (2002) 35 E.H.R.R. 18, 13 B.H.R.C. 120, (2002) 67 B.M.L.R. 199, I v. United Kingdom (Application no. 25690/94) [2002] 2 F.L.R. 518, [2002] 2 F.C.R. 613 (ECHR), in: Feminist Legal Studies 11(2), 2003, 191 (200).

[65] ECtHR, *A.P., Garçon and Nicot v. France*, nos. 79885/12, 52471/13 and 52596, 6 April 2017, para. 135.

[66] *Ganzalez-Salzberg*, An Improved Protection for the (Mentally Ill) Trans Parent: A Queer Reding of *AP, Garçon and Nicot v France*, in: Modern Law Review 81(3), 2018, 526 (532–533).

auf Achtung ihrer körperlichen Integrität als Element des Rechts auf Privatsphäre unter Art. 8 EMRK.[67]

Die Loslösung von anatomischen Kriterien in *A.P., Garçon und Nicot* bedeutet aber nicht, dass der EGMR das Geschlecht gänzlich von medizinischen Kriterien trennte und der Selbstbestimmung einer Person überließ. Zwar knüpfte er das Geschlecht nicht mehr an die Anatomie, dafür aber immer noch an die Diagnose einer psychiatrischen Störung im Sinne der zu diesem Zeitpunkt gültigen ICD-10, F64 (Geschlechtsdysphorie).[68] Anders als geschlechtsangleichende Maßnahmen verletze die Diagnosestellung nach Ansicht des EGMR die Rechte der Betroffenen aus Art. 8 EMRK aber nicht bzw. jedenfalls nicht direkt.[69]

Der IAGMR hat das rechtliche Geschlecht in seinem von Costa Rica beauftragten Gutachten zur Klärung des Schutzes der Geschlechtsidentität und gleichgeschlechtlicher Partnerschaften unter der AMRK vollständig von medizinischen Kriterien gelöst.[70] Für das rechtliche Geschlecht unter der AMRK ist nach Ansicht des IAGMR allein das von der Person selbst empfundene Geschlecht maßgeblich, ohne dass es dafür auf eine medizinische oder psychiatrische Diagnose, eine Hormonbehandlung oder einen chirurgischen Eingriff zur Anatomieangleichung ankommt.[71] Diese Ansicht begründete der IAGMR damit, dass das Geschlecht einen wesentlichen Aspekt der Rechte auf persönliche Freiheit (Art. 7) und Privatsphäre (Art. 11) einer Person ausmacht,[72] was ihr Recht auf die Anerkennung des selbst empfundenen Geschlechts begründet.[73]

Jedenfalls im regionalen Menschenrechtsschutz unter der AMRK kann das Geschlecht demnach auch anhand nicht-medizinischer Kriterien definiert werden, was aber dem oben dargestellten status quo des IPbpR, des IPwskR, der AMRK, der Banjul-Charter und der EMRK sowie der KRK, der BRK und der Eherechtskonvention widerspricht, welche durch die Verknüpfung der Worte „natural" und „family" ein humanmedizinisch-binäres Geschlechtermodell vertreten.[74] Diese im Zeitverlauf entstandene Diskrepanz verdeutlicht die Intertemporalität des Völkerrechts und die damit aufgeworfene Frage, inwieweit gewandelte soziale, medizinische etc. Umstände zeitlich auf die Auslegung bzw. Anwendung von Normen

[67] ECtHR, *A.P., Garçon and Nicot v. France*, nos. 79885/12, 52471/13 and 52596, 6 April 2017, paras. 71, 100, 116–135.

[68] *Ganzalez-Salzberg*, An Improved Protection for the (Mentally Ill) Trans Parent: A Queer Reding of *AP, Garçon and Nicot v France*, in: Modern Law Review 81(3), 2018, 526 (532–535, 538).

[69] ECtHR, *A.P., Garçon and Nicot v. France*, nos. 79885/12, 52471/13 and 52596, 6 April 2017, paras. 139–144.

[70] IACtHR, *Gender identity, and equality and non-discrimination with regard to same-sex couples. State obligations in relation to change of name, gender identity, and rights deriving from a relationship between same-sex couples (Interpretation and scope of Articles 1(1), 3, 7, 11(2), 13, 17, 18 and 24, in relation to article 1, of the American Convention on Human Rights*, Advisory Opinion OC-24/17, 24 November 2017, Series A no. 24, paras. 1, 94, 160, 171.

[71] Ibid., paras. 160, 171.

[72] Ibid., para. 101 d).

[73] Ibid., para.. 229(2).

[74] Abschn. 2.2.2.1.

zurückerstreckt werden können, um den Menschenrechtsschutz unter dem jeweiligen Vertrag zu gewährleisten. In der Rechtsprechung des EGMR[75] und im IAGMR-Gutachten[76] ist diese Frage mit den Bezugnahmen auf die evolutive bzw. die dynamische Auslegung und der Bezeichnung der EMRK als ein „living instrument“ ersichtlich. Die diesbezüglichen Fragen werden in der teleologischen Auslegung vertieft.[77]

2.2.3 *Das Verständnis des Geschlechts in den Sozialwissenschaften*

Für die sozialwissenschaftliche Definition des Geschlechts sind Konzepte der sozialen Geschlechterkonstruktion relevant. Von „Konzepten“ im Plural muss gesprochen werden, weil seit den ersten Theorien[78] wie dem „doing gender“[79] eine Vielzahl weiterer sozialkonstruktivistischer Ansätze entstanden ist, unter die beispielsweise wissenssoziologische, diskurs- und interaktionstheoretische sowie dekonstruktivistische Richtungen fallen und die sich dementsprechend erheblich voneinander unterscheiden.[80]

Für das sozialwissenschaftliche Geschlechtsverständnis kommt es hier nicht auf ein konkretes dieser Konzepte an, sondern auf ihre gemeinsame erkenntnistheoretische Ausgangsperspektive. Diese besteht darin, das biologische und soziale Geschlecht als das einander wechselseitig konstituierende Ergebnis reflexiver sozialer Praxen zu verstehen.[81] Anders als Ansätze der Frauen- und Geschlechterforschung, die allein das Gender fokussieren, schreiben sozialkonstruktivistische Theorien den vermeintlichen Gegensatz von Natur vs. Kultur bzw. von Körper vs. Sozialem dadurch nicht fort, sondern gehen von einer Gleichursprünglichkeit des

---

[75] ECtHR, *Christine Goodwin v. United Kingdom* [GC], no. 28957/95, ECHR 2002-VI, para. 74; *I. v. United Kingdom*, [GC], no. 25680/94, 11 July 2002, para. 54; vgl. auch *Cossey v. United Kingdom*, 27 September 1990, Series A no. 184, Joint Dissenting Opinion of Judges Palm, Foighel and Pekkanen, para. 5; *Pätzold*, Art. 12 EMRK, in: Karpenstein/Mayer (eds.), EMRK, para. 29.

[76] IACtHR, *Gender identity, and equality and non-discrimination with regard to same-sex couples. State obligations in relation to change of name, gender identity, and rights deriving from a relationship between same-sex couples (Interpretation and scope of Articles 1(1), 3, 7, 11(2), 13, 17, 18 and 24, in relation to article 1, of the American Convention on Human Rights*, Advisory Opinion OC-24/17, 24 November 2017, Series A no. 24, paras. 58, 69, 175, 187.

[77] Abschn. 4.4.

[78] Garfinkel, Studies in Ethnomethodology, 1967; Kessler/McKenna, Gender: An Ethnomethodogical Approach, 1978; *Goffman*, The Arrangement between the Sexes, in: Theory and Society 4 (3), 1977, 301; *West/Zimmermann*, Doing Gender, in: Gender and Society 1 (2), 1987, 125.

[79] *West/Zimmermann*, Doing Gender, in: Gender and Society 1 (2), 1987, 125 (129–140).

[80] *Wetterer*, Konstruktion von Geschlecht: Reproduktionsweisen der Zweigeschlechtlichkeit, in: Becker/Kortendiek (eds.) Handbuch Frauen- und Geschlechterforschung, 126 (126, 129).

[81] Ibid., 126 (126).

biologischen und sozialen Geschlechts aus.[82] Die Annahme einer biologisch gegebenen „Natur des Menschen“ wird dementsprechend als „Null-Hypothese“ bezeichnet, womit ausgedrückt ist, dass es keine außer-kulturelle Geschlechtlichkeit gäbe.[83]

Die soziale Konstruktion des Geschlechts umfasst eine Vielzahl mikro-, meso- und makrosoziologischer Funktionsweisen und Mittler, die in den übergeordneten Mechanismen des „doing gender“,[84] der institutionalisierten Rahmenbedingungen[85] und der wissenschaftlichen Wissenssysteme[86] wechselbezüglich die Geschlechter „Mann“ und „Frau“ hervorbringen und ihren vermeintlich natürlichen Ursprung suggerieren.[87]

Das „doing gender“ bezeichnet die Bandbreite alltäglicher sozialer Interakationsprozesse wie der Kommunikation und des Verhaltens (z. B. männliche Dominanz vs. weibliche Subordination), der Selbstdarstellung per Kleidung, Frisur, Mimik etc.[88] sowie der Wahrnehmung dieser Interakationsprozesse und Selbstdarstellung, bei der ein bestimmter Ausdruck oder ein Verhalten mit einer männlichen oder weiblichen Bedeutung versehen werden.[89] Das „doing gender“ ist damit der Oberbegriff für jeweils sehr komplexe Darstellungs-, Wahrnehmungs- und Zuschreibungsprozesse, die ihrerseits auf Typisierungen und Klassifikationen basieren, die in die institutionellen Rahmenbedingungen und wissenschaftlichen Wissenssysteme eingebettet sind.[90]

Unter die institutionellen Rahmenbedingungen fällt beispielsweise die Umkleide- und Toilettentrennung für Männer und Frauen[91] sowie, signifikanter, die mit dem Ende der ständischen Gesellschaft bzw. dem Beginn der bürgerlichen Familie

---

[82] Ibid.

[83] Ibid.

[84] *West/Zimmermann*, Doing Gender, in: Gender and Society 1(2), 1987, 125 (129–140).

[85] *Goffman*, The Arrangement between the Sexes, in: Theory and Society 4 (3), 1977, 301 (313–319).

[86] *Hirschauer*, Wie sind Frauen? Wie sind Männer? Zweigeschlechtlichkeit als Wissenssystem, in: Eifert et al. (eds.), Was sind Frauen? Was sind Männer? Geschlechterkonstruktionen im historischen Wandel, 240 (241–242, 244–245).

[87] Lorber, Paradoxes of Gender, p. 32; Scott, Gender and the Politics of History, p. 43; *Gildemeister*, Doing Gender: eine mikrotheoretische Annäherung an die Kategorie Geschlecht, in: Kortendiek/Riegraf/Sabisch (eds.), Handbuch Interdisziplinäre Geschlechterforschung, 409 (410–412); *West/Zimmermann*, Doing Gender, in: Gender and Society 1(2), 1987, 125 (129–140).

[88] Dazu Garfinkel, Studies in Ethnomethodology, pp. 133–150, 180–185.

[89] *Hirschauer*, Wie sind Frauen? Wie sind Männer? Zweigeschlechtlichkeit als Wissenssystem, in: Eifert et al. (eds.), Was sind Frauen? Was sind Männer? Geschlechterkonstruktionen im historischen Wandel, 240 (248–250); *West/Zimmermann*, Doing Gender, in: Gender and Society 1(2), 1987, 125 (129–140).

[90] *Gildemeister*, Doing Gender: Soziale Praktiken der Geschlechterunterscheidung, in: Becker/Kortendiek (eds.), Handbuch Frauen- und Geschlechterforschung, 137 (137–138); *Hirschauer*, Wie sind Frauen? Wie sind Männer? Zweigeschlechtlichkeit als Wissenssystem, in: Eifert et al. (eds.), Was sind Frauen? Was sind Männer? Geschlechterkonstruktionen im historischen Wandel, 240 (248–250).

[91] *Goffman*, The Arrangement between the Sexes, in: Theory and Society 4(3), 1977, 301 (315–316).

einsetzende Arbeitsteilung.[92] Mit der Arbeitsteilung wurden bestimmte Berufe aufgrund ihres mutmaßlich natürlichen Geschlechtscharakters als „männlich“ oder „weiblich“ klassifiziert und Frauen vor allem Tätigkeiten in der Pflege oder zumeist unbezahlte Hausarbeitsverhältnisse zur Erziehung und Sorge von Kindern und Familienangehörigen zugeschrieben.[93] Wissenschaftliches Wissen als Medium der Geschlechtskonstruktion beinhaltet die Definitionsmacht normativer Strukturen wie dem Recht und der Biologie/Medizin einschließlich ihrer jeweiligen Diskurse, Personenregistrierungs- und Normalisierungspraxen.[94]

2.2.4 Zwischenergebnis

Angesichts der Erkenntnisse der vorstehenden Abschnitte kann vertreten werden, dass dem Recht und der Biologie/Medizin eine große Bedeutung für das Verständnis von Geschlechtlichkeit zukommt. So vermittelte die Medizin über die diagnostische Einordnung von Transvestitismus, Homo- und Transsexualität als Krankheit (ICD-10, F64) noch eine vermeintlich objektive Klarheit darüber, dass diese Darstellungs-, Klassifizierungs- und Identifizierungsweisen von Geschlecht „nicht normal“ sind.[95] Der status quo der oben genannten Menschenrechtsverträge (IPbpR, IPwskR, BRK, KRK, Eherechtskonvention, AMRK, Banjul-Charter, EMRK) setzt die Existenz zweier heterosexuell lebender Geschlechter voraus[96] und institutionalisiert dadurch, sozialkonstruktivistisch gesehen, die Annahme einer natürlichen, binär-heteronormativen Geschlechtlichkeit.

Insbesondere der Begriff „natural“ in den genannten Verträgen und der EGMR mit seinen Bezugnahmen auf die ICD-10 haben dabei die Biologie in das Recht transferiert, was die institutionelle Reflexivität in der Geschlechtskonstruktion verdeutlicht,[97] d. h. den wechselseitigen Mechanismus, wie die beiden Wissenssysteme

[92] *Wetterer*, Konstruktion von Geschlecht: Reproduktionsweisen der Zweigeschlechtlichkeit, in: Becker/Kortendiek (eds.), Handbuch Frauen- und Geschlechterforschung, 126 (131).

[93] Ibid., 126 (131–132); *Notz*, Arbeit: Hausarbeit, Ehrenamt, Erwerbsarbeit, in: Becker/Kortendiek (eds.), Handbuch Frauen- und Geschlechterforschung, 480 (480–482).

[94] *Baer*, Recht: Normen zwischen Zwang, Konstruktion und Ermöglichung – Gender-Studien zum Recht, in: Becker/Kortendiek (eds.), Handbuch Frauen- und Geschlechterforschung, 555 (555); *Hirschauer*, Wie sind Frauen? Wie sind Männer? Zweigeschlechtlichkeit als Wissenssystem, in: Eifert et al. (eds.), Was sind Frauen? Was sind Männer? Geschlechterkonstruktionen im historischen Wandel, 240 (241–245); *Palm*, Biologie: Geschlechterforschung zwischen Reflexion und Intervention, in: Becker/Kortendiek (eds.), Handbuch Frauen- und Geschlechterforschung, 851 (851, 854–855); *Smart*, The Woman of Legal Discourse, in: Social & Legal Studies 1(1), 1992, 29 (34–35); vgl. auch *Timmer/Holtmaat*, Article 5, in: Schulz et al. (eds.), CEDAW Commentary, 221 (226).

[95] Abschn. 2.2.2.2.

[96] Abschn. 2.2.2.1.

[97] *Gildemeister*, Doing Gender: Soziale Praktiken der Geschlechterunterscheidung, in: Becker/Kortendiek (eds.), Handbuch Frauen- und Geschlechterforschung, 137 (138); *Goffman*, The Arrangement between the Sexes, in: Theory and Society 4(3), 1977, 301 (302, 313–319, 325).

unter Einbezug einer Reihe weiterer Institutionen wie den mitgliedstaatlichen Gesundheitssystemen bestimmte Vorstellungen über das Geschlecht bzw. die Geschlechtlichkeit als mutmaßlich „normal-natürlich“ oder als pathologische und behandlungsbedürftige Abweichung erscheinen lassen.[98] Die Normalisierungsfunktion, welche der EGMR-Rechtsprechung bis zu *A.P., Garçon und Nicot* beigemessen wurde, entsprach der medizinischen und auf die Normalisierung des Geschlechtszustands ausgerichteten Behandlungspraxis, die reflexiv in den mitgliedsstaatlichen Rechtsordnungen in Form der geschlechtsangleichenden Operation bzw. der psychiatrischen Diagnose der Geschlechtsdysphorie für die Geschlechtsklassifikation vorausgesetzt wurde.[99]

Für die grammatikalische Auslegung der Begriffe „men“ und „women“ in Art. 5 lit. a CEDAW ist festzuhalten, dass körperliche Merkmale wie der Chromosomensatz und die Anatomie als Zeichen für die Geschlechtszugehörigkeit gelten können. Dass dem so ist, gilt allerdings nur deshalb, weil diese Merkmale im heutigen westlichen Kulturkreis als ein solches Zeichen gesehen werden. Andere Kulturen bestimmen das Geschlecht beispielsweise nicht anhand körperlicher Merkmale, sondern weisen es einer Person im Jugendalter durch soziale Initionsriten erst zu[100] oder reklassifizieren unfruchtbare Frauen als Männer.[101] Bis zur frühen Neuzeit galt auch in Europa ein auf die griechische Antike zurückgehendes Eingeschlechtermodell, in dem Frauen als Abweichung des einen, männlichen Grundtyps galten.[102] Anatomisch-biologische Merkmale zur Geschlechtsdifferenzierung wurden erst mit der Überführung des Ein- in das Zweigeschlechtermodell im Zuge der Aufklärung herangezogen.[103]

Das Geschlecht ist daraufhin als Ausdruck historischer und kultureller Bedeutungszuschreibungen zu verstehen, d. h. es richtet sich weder originär noch

---

[98] Abschn. 2.2.2.2; so auch *Timmer/Holtmaat*, Article 5, in: Schulz et al. (eds.), CEDAW Commentary, 221 (226); *Gildemeister*, Doing Gender: Soziale Praktiken der Geschlechterunterscheidung, in: Becker/Kortendiek (eds.), Handbuch Frauen- und Geschlechterforschung, 137 (137–138); *Goffman*, The Arrangement between the Sexes, in: Theory and Society 4(3), 1977, 301 (302, 325); *Hirschauer*, Wie sind Frauen? Wie sind Männer? Zweigeschlechtlichkeit als Wissenssystem, in: Eifert et al. (eds.), Was sind Frauen? Was sind Männer? Geschlechterkonstruktionen im historischen Wandel, 240 (245); *Kotthoff*, Geschlecht als Interaktionsritual? Nachwort von Helga Kotthoff, in: Knoblauch (eds.), Erving Goffman. Interaktion und Geschlecht, 159 (162); *Liebscher et al.*, Wege aus der Essentialismusfalle: Überlegungen zu einem postkategorialen Antidiskriminierungsrecht, in: Kritische Justiz 45(2), 2012, 204 (206).

[99] Abschn. 2.2.2.2.

[100] *Hirschauer*, Wie sind Frauen? Wie sind Männer? Zweigeschlechtlichkeit als Wissenssystem, in: Eifert et al. (eds.), Was sind Frauen? Was sind Männer? Geschlechterkonstruktionen im historischen Wandel, 240 (244); *Wetterer*, Konstruktion von Geschlecht: Reproduktionsweisen der Zweigeschlechtlichkeit, in: Becker/Kortendiek (eds.), Handbuch Frauen- und Geschlechterforschung, 126 (127–128).

[101] *Hirschauer*, Wie sind Frauen? Wie sind Männer? Zweigeschlechtlichkeit als Wissenssystem, in: Eifert et al. (eds.), Was sind Frauen? Was sind Männer? Geschlechterkonstruktionen im historischen Wandel, 240 (244).

[102] Laqueur, Making Sex. Body and Gender From the Greeks to Freud, pp. 39–40.

[103] Ibid., pp. 69–70, 149–150.

universell nach körperlichen Merkmalen, sondern nach der Bedeutung, die der Mensch und seine Kultur diesen Merkmalen im historischen Kontext zuschreiben. Dieser Punkt ist für Art. 5 lit. a CEDAW sehr wichtig, weil Diskriminierungen im Verständnis der CEDAW nicht auf die biologische Andersartigkeit von Frauen zu Männern an sich zurückzuführen sind, sondern auf die sozio-kulturellen Unterschiedskonstruktionen in Form von Stereotypen und Rollenbildern, die an das biologische Geschlecht geknüpft werden. Dies wird in der systematischen Auslegung des Art. 5 lit. a CEDAW gezeigt.[104] Dass der CEDAW gleichwohl ein biologisches Geschlechtsverständnis als vordiskursive Kategorie zugrunde liegt, wird mit der ergänzenden Auslegung ihrer travaux préparatoires ersichtlich.[105]

2.3 „Prejudices and customary and all other practices“

Art. 5 lit. a CEDAW enthält weiterhin die Begriffe „Vorurteile“ und „herkömmliche Praktiken“. Für sie ist fraglich, ob den „herkömmlichen Praktiken“ i. S. d. Art. 5 lit. a CEDAW eine quasi-Rechtskraft beizumessen ist und ob „Vorurteile“ definitorisch auf ein bestimmtes (nicht-)wissenschaftliches Wissen zu beziehen sind.

2.3.1 Vorurteile als nicht-wissensbasierte Ansichten

„Prejudices“ bezeichnet in seiner gewöhnlichen Bedeutung unvernünftige und unfaire Meinungen oder Gefühle, die nicht auf Wissen basieren.[106] Diese Meinungen oder Gefühle können insbesondere gegen bestimmte Gruppen von Menschen gerichtet sein.[107] Ein Lexikon definiert „prejudices“ spezifischer anhand ihrer Folgen. „Prejudices“ sind demnach die Verletzungen und der Schaden, der aus einer vorurteilsbehafteten Meinung gegenüber einem anderen Menschen oder die Missachtung seiner Rechte entsteht.[108] Die Begriffe „Verletzungen“ und „Schaden“ sind hier in einem rechtlichen Verständnis gebraucht und als weitere Variante werden „preju-

---

[104] Abschn. 3.4.

[105] Abschn. 5.4.1. und 5.4.2.

[106] Cambridge Dictionary, „prejudice“, https://dictionary.cambridge.org/dictionary/english/prejudice# (zuletzt abgerufen am 03.12.2025); Collins Dictionary, „prejudices”, https://www.collinsdictionary.com/dictionary/english/prejudice (zuletzt abgerufen am 03.12.2025); Dictionary, „prejudice”, https://www.dictionary.com/browse/prejudice# (zuletzt abgerufen am 03.12.2025); Merriam-Webster, „prejudice“, https://www.merriam-webster.com/dictionary/prejudice#:~:text=2-,a,prejudice (zuletzt abgerufen am 03.12.2025).

[107] Ibid.

[108] Merriam-Webster, „prejudice“, https://www.merriam-webster.com/dictionary/prejudice#:~:text=2-,a,prejudice (zuletzt abgerufen am 03.12.2025).

dices" als Benachteiligung einer Person in ihren Rechten und Ansprüchen definiert.[109]

Eine Definition anhand der Folgen bzw. von der (Rechts-)Folgenseite her zu bilden, kann allerdings weder als gewöhnliche Wortbedeutung i. S. v. Art. 31 Abs. 1 WVK gelten, noch wird sie in anderen Nachschlagewerken verwendet. Im Ergebnis sind deshalb diejenigen Definitionen zugrunde zu legen, die Vorurteile als eine nicht auf Wissen beruhende und zumeist negative Meinung und ein Gefühl der Abneigung gegenüber anderen Menschen erklären.

2.3.2 *Die Bindungskraft von Traditionen*

Der Begriff „customary" ist in Art. 5 lit. a CEDAW als Adjektiv des Nomens „custom" gebraucht und bezeichnet Traditionen und Gewohnheiten im Verhalten eines Menschen oder einer Gesellschaft.[110] Für diese Traditionen und Gewohnheiten sei es typisch, dass sie sich über eine lange Zeit innerhalb einer bestimmten Gruppe von Menschen entwickelt haben[111] und auf überlieferten Bräuchen und Sitten und nicht auf rechtlichen Normen beruhen.[112]

Die nicht-rechtliche Grundlage von Traditionen und Gewohnheiten muss allerdings differenziert betrachtet werden, weil ihnen gleichwohl eine mit dem Recht vergleichbare, mutmaßlich moralische Bindungskraft zukommen kann. Dies ergibt sich durch einen Blick auf das Nomen „custom". In Nachschlagewerken wird „custom" als über einen langen Zeitraum entwickelte Praktiken und Bräuche definiert, die dadurch als ungeschriebenes Recht anzusehen seien.[113] Eine weitere Definition von „custom" geht so weit und schreibt ihm eine Rechtskraft zu.[114] Andere Lexika definieren den Begriff als eine über lange Zeit gewachsene Tradition, Sitte und Bräuche, ohne dass diesen aber eine rechtliche bzw. mit dem Recht vergleichbare Bindungswirkung zugesprochen wird.[115]

---

[109] Ibid.

[110] Cambridge Dictionary, „customary", https://dictionary.cambridge.org/dictionary/english/customary# (zuletzt abgerufen am 03.12.2025); Collins Dictionary, „customary", https://www.collinsdictionary.com/dictionary/english/customary# (zuletzt abgerufen am 03.12.2025); Merriam-Webster, „customary", https://www.merriam-webster.com/dictionary/customary (zuletzt abgerufen am 03.12.2025).

[111] Ibid.

[112] Dictionary, „customary", https://www.dictionary.com/browse/customary# (zuletzt abgerufen am 03.12.2025).

[113] Merriam-Webster, „custom", https://www.merriam-webster.com/dictionary/custom (zuletzt abgerufen am 03.12.2025).

[114] Dictionary, „custom", https://www.dictionary.com/browse/custom# (zuletzt abgerufen am 03.12.2025).

[115] Cambridge Dictionary, „custom", https://dictionary.cambridge.org/dictionary/english/custom (zuletzt abgerufen am 03.12.2025); Collins Dictionary, „custom", https://www.collinsdictionary.com/dictionary/english/custom (zuletzt abgerufen am 03.12.2025).

Aus dem Wortlaut des Art. 5 lit. a CEDAW ist nicht ohne Weiteres ersichtlich, ob er Sitten und Gebräuche mit oder ohne eine dem Recht vergleichbare Bindungskraft meint. Die Unterscheidung zwischen „customs" und „all other practices" in Art. 5 lit. a CEDAW impliziert aber, dass „custom" als auf einer solch lang entwickelten Tradition beruhende Sitten und Gebräuche meint, dass ihnen die gesellschaftliche und/oder moralische Kraft eines ungeschriebenen Gesetzes zukommt und den „all other practices" nicht. Diese Ansicht bestätigt sich in der systematischen Auslegung des Art. 5 lit. a CEDAW und seinem Verhältnis zu Art. 2 lit. f CEDAW.[116]

Für die grammatikalische Auslegung ist hier festzuhalten, dass „customs and all other practices" in einer gemeinsamen Schnittmenge aller Definitionen als die über eine lange Zeit entwickelten Gebräuche und Sitten einer Bevölkerungsgruppe oder einzelner Personen zu verstehen ist.

2.4 „Which are based on the idea of the inferiority or the superiority of either of the sexes"

Art. 5 lit. a CEDAW stellt auf diejenigen Vorurteile, Traditionen und Gebräuche ab, die auf dem Gedanken eines Unter- oder Übergeordneten-Verhältnisses zwischen den Geschlechtern beruhen. Mit dem Begriff „sexes" sind die Geschlechter „Mann" und „Frau" gemeint, die oben in ihren unterschiedlichen Deutungsvarianten besprochen wurden.[117] Hier zu ermitteln bleibt das gewöhnliche Begriffsverständnis von „idea", „inferiority" und „superiority".

Dem Begriff „idea" können im allgemeinen Sprachgebrauch vielfältige Bedeutungen zukommen. Er kann im Sinne eines Vorschlags, als Kundgabe von Wissen, als Glaube bzw. Ideal und nicht-wissensbasierte Überzeugung oder als zweckgerichtete Überlegung zu verstehen sein.[118] Nicht weiter behandelt wird in Lexika, welches „Wissen" einer Idee zugrunde liegt. „Inferiority" meint den Zustand zwischen zwei Personen oder Personengruppen, in dem der einen Person oder Personengruppe ein geringer Rang, eine niedrigere Position oder Qualität zugesprochen wird als der anderen, weil sie nicht so „gut" wie die andere sei.[119] Der Begriff

[116] Abschn. 3.6.

[117] Abschn. 2.2.

[118] Cambridge Dictionary, „idea", https://dictionary.cambridge.org/dictionary/english/idea# (zuletzt abgerufen am 03.12.2025); Collins Dictionary, „idea", https://www.collinsdictionary.com/dictionary/english/idea (zuletzt abgerufen am 03.12.2025); Merriam-Webster, „idea", https://www.merriam-webster.com/dictionary/idea# (zuletzt abgerufen am 03.12.2025).

[119] Cambridge Dictionary, „inferiority", https://dictionary.cambridge.org/dictionary/english/inferiority# (zuletzt abgerufen am 03.12.2025); Collins Dictionary, „inferior", https://www.collinsdictionary.com/dictionary/english/inferior (zuletzt abgerufen am 03.12.2025); Dictionary, „inferiority", https://www.dictionary.com/browse/inferiority# (zuletzt abgerufen am 03.12.2025); Merriam-Webster: „inferiority", https://www.merriam-webster.com/dictionary/inferiority (zuletzt abgerufen am 03.12.2025).

„superiority“ ist definiert als der Zustand, in dem einer Person oder Personengruppe ein höherer Rang zugeschrieben wird oder sie als „besser“, „stärker“ etc. angesehen wird als die andere Person oder Personengruppe.[120]

Keine der Definitionen zu „inferiority“ und „superiority“ gibt eine Erklärung oder Beispiele dafür, worauf die Annahme einer Über- bzw. Unterlegenheit anderer Personen oder Personengruppen beruht. Die umgangssprachliche Formulierung „nicht so gut“ in diesen Definitionen verdeutlicht aber, welche der Begriffsvarianten von „idea“ in Art. 5 lit. a CEDAW gemeint ist. Die Klarstellung ergibt sich daraus, dass Annahmen, Frauen seien „nicht so gut“ wie Männer, regelmäßig nicht auf wissenschaftlichem Wissen basieren. Die vorherigen Textbestandteile des Art. 5 lit. a CEDAW deuten ebenso darauf hin, dass es sich bei den „ideas“ um ein traditionelles nicht-wissenschaftliches Wissen handelt.

Zusammengelesen ist die Formulierung „idea of the inferiority“ bzw. „superiority“ demnach als die Überzeugung zu verstehen, dass Frauen im Verhältnis zu Männern qualitativ minderwertig seien. Dieser Schluss wird durch den folgenden Textbestandteil „stereotyped roles for men and women“ bestätigt.

2.5 „Or on stereotyped roles for men and women“

In englisch-sprachigen Lexika existiert kein Eintrag zu „stereotyped roles“, sondern nur zu den einzelnen Begriffskomponenten. Die Komponente „stereotyped“ bzw. „stereotype“ ist definiert als eine fixe Annahme darüber, wie ein Mensch ist und welche Eigenschaften er aufweist.[121] Das Verständnis von „stereotyped“ scheint damit auf einem nicht-wissenschaftlichen Wissen zu beruhen, wie es eben für die Bedeutung der „idea of the inferiority“ bzw. „superiority“ festgestellt wurde.

Durch die Trennung mit „or“ grenzt Art. 5 lit. a CEDAW die „stereotyped roles“ von „idea of the inferiority or the superiority“ ab. Diese Abgrenzung in der Syntax impliziert, dass Art. 5 lit. a CEDAW inhaltlich zwischen Geschlechterstereotypen einerseits und Rollenbildern andererseits unterscheidet. Bekräftigt ist dies dadurch, dass „idea of the inferiority or the superiority“ nach den obigen Überlegungen als nicht-wissenschaftliches Wissen zu verstehen ist, d. h. als geschlechtsbezogene Überzeugungen, die letztlich nichts anderes meinen als Geschlechterstereotype. Davon zu unterscheiden sind die Rollenbilder, welche den Vorurteilen, herkömm-

[120] Cambridge Dictionary, „superiority“, https://dictionary.cambridge.org/dictionary/english/superiority# (zuletzt abgerufen am 03.12.2025); Collins Dictionary, „superiority“, https://www.collinsdictionary.com/dictionary/english/superiority (zuletzt abgerufen am 03.12.2025).

[121] Cambridge Dictionary, „stereotype“, https://dictionary.cambridge.org/dictionary/english/stereotype# (zuletzt abgerufen am 03.12.2025); Collins Dictionary, „stereotype“, https://www.collinsdictionary.com/dictionary/english/stereotype (zuletzt abgerufen am 03.12.2025); Dictionary, „stereotype“, https://www.dictionary.com/browse/stereotype (zuletzt abgerufen am 03.12.2025); Merriam-Webster, „stereotype“, https://www.merriam-webster.com/dictionary/stereotype (zuletzt abgerufen am 03.12.2025).

lichen und sonstigen Praktiken nach dem Wortlaut des Art. 5 lit. a CEDAW auch zugrunde liegen können.

Interessanterweise findet sich in englisch-sprachigen Wörterbüchern kein Eintrag zu „stereotyped roles“, dafür aber für „gender roles“. Diese sind definiert als die Rolle, die ein Mensch aufgrund der Zuordnung zum männlichen oder weiblichen Geschlecht einnimmt.[122] Diese Nachschlagewerke greifen dadurch die Differenzierung zwischen dem biologischen und dem sozialen Geschlecht als dem Ergebnis menschlicher Zuschreibungspraxen auf, welche oben zum Geschlechtsverständnis des Art. 5 lit. a CEDAW besprochen wurde.[123]

Für die Formulierung „stereotyped roles“ ist im semantischen Zusammenhang mit den zuvor untersuchten Textbestandteilen des Art. 5 lit. a CEDAW davon auszugehen, dass damit Rollen gemeint sind, die einem Menschen auf der Grundlage eines traditionellen und nicht-wissenschaftlichen Wissens zugeschrieben werden.

2.6 „To modify […] with a view to achieving the elimination“

„Modify“ meint seiner gewöhnlichen Bedeutung nach, eine bestimmte Sache, Verhaltensweise, einen Plan oder ein Gesetz zu ändern, um typischerweise eine Verbesserung herbeizuführen.[124] „Achieve“ ist definiert als das erfolgreiche Herbeiführen eines gewünschten Ergebnisses.[125] Dieses Ergebnis besteht bei Art. 5 lit. a CEDAW in der „elimination [of all prejudices which are based on the idea of the inferiority or the superiority of either of the sexes or on stereotyped roles for men and women]“. „Elimination“ meint seiner gewöhnlichen Bedeutung nach das Entfernen oder das Beseitigen eines bestimmten Zustands.[126]

[122] Collins Dictionary, „gender role“, https://www.collinsdictionary.com/dictionary/english/gender-role (zuletzt abgerufen am 03.12.2025); Dictionary, „gender role“, https://www.dictionary.com/browse/gender-role# (zuletzt abgerufen am 03.12.2025); The Free Dictionary: „gender role“, https://www.thefreedictionary.com/Gender+(role) (zuletzt abgerufen am 03.12.2025).

[123] Abschn. 2.2.

[124] Cambridge Dictionary, „modify“, https://dictionary.cambridge.org/dictionary/english/modify# (zuletzt abgerufen am 03.12.2025); Collins Dictionary, „modify“, https://www.collinsdictionary.com/dictionary/english/modify (zuletzt abgerufen am 03.12.2025); Dictionary, „modify“, https://www.dictionary.com/browse/modify# (zuletzt abgerufen am 03.12.2025); Merriam-Webster, „modify“, https://www.merriam-webster.com/dictionary/modify (zuletzt abgerufen am 03.12.2025).

[125] Cambridge Dictionary, „achieve“, https://dictionary.cambridge.org/dictionary/english/achieve (zuletzt abgerufen am 03.12.2025); Collins Dictionary, „achieve“, https://www.collinsdictionary.com/dictionary/english/achieve (zuletzt abgerufen am 03.12.2025); Dictionary, „achieve“, https://www.dictionary.com/browse/achieve (zuletzt abgerufen am 03.12.2025); Merriam-Webster.com, „achieve“, https://www.merriam-webster.com/dictionary/achieve (zuletzt abgerufen am 03.12.2025).

[126] Cambridge Dictionary, „elimination“, https://dictionary.cambridge.org/dictionary/english/elimination# (zuletzt abgerufen am 03.12.2025); Collins Dictionary, „elimination“, https://www.collinsdictionary.com/dictionary/english/elimination (zuletzt abgerufen am 03.12.2025).

Im allgemeinen Begriffsverständnis ist „[t]o modify […] with a view to achieving the elimination“ als das Ziel des Art. 5 lit. a CEDAW zu verstehen. Dieses Ziel besteht dem Wortlaut nach darin, bestimmte Zustände (Vorurteile, herkömmliche und sonstige Praktiken) zu beseitigen, was wiederum durch einen Wandel in den sozialen und kulturellen Verhaltensmustern von Männern und Frauen erreicht werden soll. Welche Mittel die Vertragsstaaten dazu anzuwenden haben, ergibt sich aus dem letzten zu untersuchenden Textbestandteil.

2.7 „Shall take all appropriate measures“

Um den Wandel in den sozialen und kulturellen Verhaltensmustern herbeizuführen, haben die Vertragsstaaten gemäß dem Obersatz des Art. 5 lit. a CEDAW alle geeigneten Maßnahmen zu ergreifen. Beachtenswert an der Formulierung „shall take all appropriate measures“ sind zunächst die semantischen Unterschiede in den englischen, französischen, spanischen und russischen Sprachfassungen.

2.7.1 Die semantischen Unterschiede in den authentischen Sprachfassungen

In der französischen, spanischen und russischen Fassung ist das Ergreifen von Maßnahmen jeweils im konjugierten Indikativ formuliert („Les Etats parties *prennent* toutes les mesures appropriées pour“, „Los Estados Partes *tomarán* todas las medidas apropiadas para“, „Государства-участники *принимают* все соответств ующие меры с целью“, Hervor. d. Verf.). Die englische Sprachfassung spricht von „*shall* take all appropriate measures“, d. h. von einem „sollen“. Der Indikativ ist der grammatikalische Normalmodus bzw. die „Wirklichkeitsform“ und suggeriert in der französischen, spanischen und russischen Version einen eindeutigen Ist-Zustand („ergreifen Maßnahmen“), wohingegen „sollen“ auf den ersten Blick als weniger verbindlicher Appell erscheint.

Nach den Definitionen in Nachschlagewerken wird „shall“ allerdings regelmäßig dafür verwendet, um eine rechtliche Verpflichtung kenntlich zu machen.[127] Zwar könnte „shall take“ auch so verstanden werden, dass die Autoren dieser Formulierung in der Zukunftsform sprechen.[128] Synonym hätte der Obersatz des Art. 5 lit. a CEDAW nach diesem Begriffsverständnis also auch lauten können „*we*, [the States parties] *will* take all appropriate measures“. Weiterhin kann „shall“ auch meinen,

[127] Collins Dictionary, „shall“, https://www.collinsdictionary.com/dictionary/english-word/shall (zuletzt abgerufen am 03.12.2025); Merriam-Webster, „shall“, https://www.merriam-webster.com/dictionary/shall (zuletzt abgerufen am 03.12.2025).

[128] Ibid.; Cambridge Dictionary, „shall“, https://dictionary.cambridge.org/dictionary/english/shall# (zuletzt abgerufen am 03.12.2025).

dass etwas mit einer bestimmten Gewissheit eintreten soll, muss oder geschehen wird.[129] Ausgeschlossen ist für Art. 5 lit. a CEDAW das Verständnis von „shall“ als ein Vorschlag, da dieses nur in Fragen verwendet wird.[130]

Für Art. 5 lit. a CEDAW ist von der ersten Bedeutungsvariante auszugehen, d. h. dass die Vertragsstaaten Maßnahmen aufgrund der völkerrechtlichen Verbindlichkeit der CEDAW ergreifen. Im Ergebnis folgen aus den semantischen Unterschieden in den verschiedenen Sprachfassungen deshalb keine Abweichungen in der Wortbedeutung, was Art. 33 Abs. 3 WVK entspricht. Nach Art. 33 Abs. 3 WVK ist davon auszugehen, dass Formulierungen in jeder authentischen Sprachfassung dieselbe Bedeutung haben.[131]

2.7.2 Die Angemessenheit und Art der Maßnahmen

„All appropriate“ im Obersatz des Art. 5 lit. a CEDAW ist eine prädeterminierte Adjektivformulierung, in der „all“ als Pronomen das Ausmaß bzw. die Menge des in bezuggenommenen Nomens („measures“) konkretisiert.[132] „Appropriate“ meint, dass etwas in einer bestimmten Situation „passend“, „richtig“ oder „akzeptabel“ ist.[133] „Measures“ als Pluralform des Nomens „measure“ wird in Lexika als das Mittel definiert, mit dem etwas erreicht oder mit dem eine bestimmte Situation gehandhabt wird.[134] „Measures“ kann zudem als Maßstab verstanden werden, mit denen Situationen beurteilt werden.[135] Ausgeschlossen ist für Art. 5 lit. a CEDAW die Be-

---

[129] Cambridge Dictionary, „shall“, https://dictionary.cambridge.org/dictionary/english/shall# (zuletzt abgerufen am 03.12.2025); Collins Dictionary, „shall“, https://www.collinsdictionary.com/dictionary/english-word/shall (zuletzt abgerufen am 03.12.2025).

[130] Ibid.

[131] *Papaux/Samson*, Article 33 Convention of 1969, in: Corten/Klein (eds.), VCLT Commentary, paras. 72–73; Villiger, Article 33, VCLT Commentary, para. 8; *Kämmerer*, Begriff, Geschichte und Rechtsquellen des Völkerrechts in: Proelß (ed.), Völkerrecht, 1 (82 para. 116).

[132] Cambridge Dictionary, „all“, https://dictionary.cambridge.org/dictionary/english/all (zuletzt abgerufen am 03.12.2025); Collins Dictionary, „all“, https://www.collinsdictionary.com/dictionary/english/all (zuletzt abgerufen am 03.12.2025); Dictionary, „all“, https://www.dictionary.com/browse/all (zuletzt abgerufen am 03.12.2025); Merriam-Webster, „all“, https://www.merriam-webster.com/dictionary/all (zuletzt abgerufen am 03.12.2025).

[133] Cambridge Dictionary, „appropriate“, https://dictionary.cambridge.org/dictionary/english/appropriate# (zuletzt abgerufen am 03.12.2025); Collins Dictionary, „appropriate“, https://www.collinsdictionary.com/dictionary/english/appropriate (zuletzt abgerufen am 03.12.2025); Merriam-Webster, „appropriate“, https://www.merriam-webster.com/dictionary/appropriate (zuletzt abgerufen am 03.12.2025).

[134] Cambridge Dictionary, „measure“, https://dictionary.cambridge.org/dictionary/english/measure# (zuletzt abgerufen am 03.12.2025); Collins Dictionary, „measure“, https://www.collinsdictionary.com/dictionary/english/measure (zuletzt abgerufen am 03.12.2025); Merriam-Webster, „measure“, https://www.merriam-webster.com/dictionary/measure (zuletzt abgerufen am 03.12.2025).

[135] Ibid.

deutung von „measure" als einer Maß- und Mengeneinheit.[136] Im Zusammenhang mit den übrigen Textbestandteilen ist „measures" als die Arten von Mitteln zu verstehen, mit denen die Vertragsstaaten das Ziel[137] des Art. 5 lit. a CEDAW erreichen (Wandel in den sozialen und kulturellen Verhaltensmustern von Männern und Frauen).

Bereits hier in der grammatikalischen Auslegung wird damit deutlich, dass die „all appropriate measures" unter Art. 5 lit. a CEDAW kontextabhängig sind, d. h. sie hängen von der Verbreitung benachteiligender Geschlechterstereotype und Rollenbilder in einem Vertragsstaat sowie ihrer Verbindung zu den besonderen Diskriminierungsverboten der Art. 6 bis 16 CEDAW ab. Diese Kontextabhängigkeit wird durch den im Wortlaut manifestierten Ermessensspielraum deutlich, welcher den Vertragsstaaten durch „appropriate" zugestanden ist.[138] Zudem kommen zur Zielerreichung[139] des Art. 5 lit. a CEDAW verschiedene Arten von Maßnahmen in Betracht.[140]

Typischweise werden unter Art. 5 lit. a CEDAW Maßnahmen wie die Überarbeitung von Lehrmaterialien[141] sowie Aufklärungs- und Informationskampagnen zur nicht-stereotypen Wahrnehmung von Frauen[142] gefasst. In Fällen, in denen

---

[136] Ibid.

[137] Dazu Abschn. 4.2. („Die Pflichtenarten der Vertragsstaaten").

[138] Vgl. *Schulz/Halperin-Kaddari/Rudolf*, Introduction, in: Schulz et al. (eds.), CEDAW Commentary, 1 (28).

[139] Dazu Abschn. 4.2. („Die Pflichtenarten der Vertragsstaaten").

[140] Vgl. *Timmer/Holtmaat*, Article 5, in: Schulz et al. (eds.), CEDAW Commentary, 221(247–253).

[141] Z. B. CEDAW Committee, Concluding comments of the Committee on the Elimination of Discrimination against Women: Estonia, 10 August 2007, UN Doc. CEDAW/C/EST/CO/4, para. 13; Concluding comments of the Committee on the Elimination of Discrimination against Women: France, 8 April 2008, UN Doc. CEDAW/C/FRA/CO/6, para. 18; Concluding comments of the Committee on the Elimination of Discrimination against Women: Lebanon, 8 April 2008, UN Doc. CEDAW/C/LBN/CO/3, para. 24; Concluding comments of the Committee on the Elimination of Discrimination against Women: Belgium, 7 November 2008, UN Doc. CEDAW/C/BEL/CO/6, para. 24.

[142] Z. B. CEDAW Committee, *Vertido v. The Philippines*, 22 September 2010, UN Doc. CEDAW/C/46/D/18/2008, para. 8.9(b)(iii), (iv); *L.C. v. Peru*, 4 November 2011, UN Doc. CEDAW/C/50/D/22/2009, para. 12(b)(ii); *R.K.B. v. Turkey*, 13 April 2012, UN Doc. CEDAW/C/51/D/28/2010, para. 8.10(b)(ii); *V.P.P. v. Bulgaria,* 24 November 2012, UN Doc. CEDAW/C/53/D/31/2011, para. 10(2)(e); *González v. Spain*, 15 August 2014, UN Doc. CEDAW/C/58/D/47/2012, para. 11(b)(iii); *O.N. and D.P. v. Russian Federation*, 3 April 2020, UN Doc. CEDAW/C/75/D/119/2017, para. 9(b); Report on Mexico produced by the Committee on the Elimination of Discrimination against Women under article 8 of the Optional Protocol to the Convention, and reply from the Government of Mexico, 27 January 2005, UN Doc. CEDAW/C/2005/OP.8/MEXICO, paras. 288, 290; Summary of the inquiry concerning the Philippines under article 8 of the Optional Protocol to the Convention on the Elimination of All Forms of Discrimination against Women, August 2014, UN Doc. CEDAW/C/OP.8/PHL/1, para. 52(ix); Report of the inquiry concerning Canada of the Committee on the Elimination of Discrimination against Women under article 8 of the Optional Protocol to the Convention on the Elimination of All Forms of Discrimination against Women, 30 March 2015, UN Doc. CEDAW/C/OP.8/CAN/1, para. 217 lit. (t); Inquiry concerning the United Kingdom of Great Britain and Northern Ireland under article 8 of the Optional Protocol to the Convention on the Elimination of All Forms of Discrimination against

Stereotype und Rollenbilder ausdrücklich als Ursache der Diskriminierung von Frauen und Verletzung eines der besonderen Diskriminierungsverbote der Art. 6 bis 16 CEDAW herausgestellt wurden,[143] fallen unter Art. 5 lit. a i. V. m. Art. 2 lit. f CEDAW beispielsweise auch Gesetzgebungsmaßnahmen zum Schutz von Frauen vor häuslicher und sexueller Gewalt.[144]

2.8 Zusammenfassung

Nach der grammatikalischen Auslegung des Art. 5 lit. a CEDAW ergibt sich das folgende gewöhnliche Verständnis seines Wortlauts: die CEDAW-Vertragsstaaten haben alle geeigneten Maßnahmen zu ergreifen, um die über einen längeren Zeitraum kulturell und sozial gewachsenen Überzeugungen und Verhaltensweisen von Männern und Frauen zu ändern. Mit dieser Änderung sollen sie erreichen, dass Vorurteile und alle anderen, in Traditionen begründeten Praktiken beseitigt werden, die auf Geschlechterstereotypen und Rollenbildern basieren.

Die grammatikalische Auslegung lässt noch eine Vielzahl an Punkten unbeantwortet, darunter die Frage, in welchem Zusammenhang Geschlechterstereotype und Rollenbilder überhaupt zur Diskriminierung von Frauen stehen. Insbesondere unklar bleibt nach der grammatikalischen Auslegung das Geschlechtsverständnis des Art. 5 lit. a CEDAW. Sein Wortlaut „men und women" impliziert ein naturwissenschaftlich-binäres Verständnis, auch wenn Menschen danach nicht zwangsläufig und eindeutig einem Geschlecht zugeordnet werden können. Deutlich wurde in der

---

Women. Report of the Committee, 6 March 2018, UN Doc. CEDAW/C/OP.8/GBR/1, para. 86(f), (g); Inquiry concerning Kyrgyzstan under article 8 of the Optional Protocol to the Convention on the Elimination of All Forms of Discrimination against Women. Report of the Committee, 21 September 2018, UN Doc. CEDAW/C/OP.8/KGZ/1, para. 97(a), (c); Inquiry concerning Mali under article 8 of the Optional Protocol to the Convention on the Elimination of All Forms of Discrimination against Women. Report of the Committee, 24 December 2019, UN Doc. CEDAW/C/IR/MLI/1, paras. 86(a)-(h); Inquiry concerning South Africa conducted under article 8 of the Optional Protocol to the Convention. Report of the Committee, 14 May 2021, UN Doc. CEDAW/C/ZAF/IR/1, paras. 120(f)(iii), 122(a)-(d).

[143] Z. B. CEDAW Committee, Inquiry Concerning Kyrgsyzstan under article 8 of the Optional Protocol to the Convention on the Elimination of All Forms of Discrimination against Women, 21 September 2018, UN Doc. CEDAW/C/OP.8/KGZ/1, para. 23; Human Rights Watch, Vol. 18 No. 9, Reconciled to Violence. State Failure to Stop Domestic Abuse and Abduction of Women in Kyrgyzstan, pp. 95–97.

[144] Z. B. CEDAW Committee, *Vertido v. The Philippines*, 22 September 2010, UN Doc. CEDAW/C/46/D/18/2008, para. 8.9(b)(i),(ii); *V.P.P. v. Bulgaria*, 24 November 2012, UN Doc. CEDAW/C/53/D/31/2011, para. 10(2)(a); *González v. Spain*, 15 August 2014, UN Doc. CEDAW/C/58/D/47/2012, para. 11(b)(i); Inquiry concerning Kyrgyzstan under article 8 of the Optional Protocol to the Convention on the Elimination of All Forms of Discrimination against Women. Report of the Committee, 21 September 2018, UN Doc. CEDAW/C/OP.8/KGZ/1, para. 92(a)-(f); Inquiry concerning South Africa conducted under article 8 of the Optional Protocol to the Convention. Report of the Committee, 14 May 2021, UN Doc. CEDAW/C/ZAF/IR/1, para. 118(a), (b), (d).

grammatikalischen Auslegung aber auch, dass die Bedeutung des Geschlechts vom wissenschaftlichen Blickwinkel und damit vom Kulturkreis sowie dem Zeitpunkt der Auslegung abhängt. Mit dem letztgenannten Punkt ist die Intertemporalität des Völkerrechts angesprochen, d. h. im Kern die Frage danach, ob der Auslegung des Art. 5 lit. a CEDAW die zu seinem Zeitpunkt vorherrschenden Verhältnisse zugrunde zu legen sind, oder ob die zu einem späteren Zeitpunkt auftretenden Entwicklungen in der Auslegung berücksichtigt werden können. Diese und weitere Fragen klären sich in der weiteren Auslegung des Art. 5 lit. a CEDAW.

Literatur

Baer, Susanne: Recht: Normen zwischen Zwang, Konstruktion und Ermöglichung – Gender Studies zum Recht, in: Becker, Ruth/Kortendiek, Beate (eds.), Handbuch Frauen- und Geschlechterforschung. Theorie, Methoden, Empirie, 3rd edition, Wiesbaden 2010, pp. 555–563

Bantekas, Ilias/Stein, Michael Ashley/Anastasiou, Dimitris (eds.): The UN Convention on the Rights of Persons with Disabilities. A Commentary, Oxford 2018

Blackless, Melanie/Charuvastra, Anthony/Derryck, Amanda/Fausto-Sterling, Anne/Lauzanne, Karl/Lee, Ellen: How Sexually Dimorphic Are We? Review and Synthesis, in: American Journal of Human Biology 12(2), 2000, pp. 151–166

Carlson, Scott N./Gisvold, Gregory: Practical Guide to the International Covenant on Civil and Political Rights, Ardsley (NY) 2003

Dettwyler, Katherine A.: Cultural Anthropology & Human Experience. The Feast of Life, Long Grove (IL) 2011

Corten, Olivier/Klein, Pierre (eds.): The Vienna Conventions on the Law of Treaties. A Commentary. Volume 1, Oxford 2011

Fausto-Sterling, Anne: The Five Sexes. Why Male and Female Are Not Enough, in: The Science 33(2), 1993, pp. 20–24

Fausto-Sterling, Anne: On the Critique of the Concept of Sex. An Interview with Anne Fausto-Sterling, in: differences 27(1), 2016, pp. 189–205

Garfinkel, Harold: Studies in Ethnomethodology, New Jersey 1967

Gildemeister, Regine: Doing Gender: Soziale Praktiken der Geschlechterunterscheidung, in: Becker, Ruth/Kortendiek, Beate (eds.), Handbuch Frauen- und Geschlechterforschung. Theorie, Methoden, Empirie, 3rd edition, Wiesbaden 2010, pp. 137–145

Gildemeister, Regine: Doing Gender: eine mikrotheoretische Annäherung an die Kategorie Geschlecht, in: Kortendiek, Beate/Riegraf, Birgit/Sabisch, Katja (eds.), Handbuch Interdisziplinäre Geschlechterforschung, , Wiesbaden 2019, pp. 409–417

Goffman, Erving: The Arrangement between the Sexes, in: Theory and Society 4(3), 1977, pp. 301–331

Gonzalez-Salzberg, Damian A.: The Accepted Transsexual and the Absent Transgender: A Queer Reading of the Regulation of Sex/Gender by the European Court of Human Rights, in: American University International Law Review 29(4), 2014, pp. 797–829

Gonzalez-Salzberg, Damian A.: An Improved Protection for the (Mentally Ill) Trans Parent: A Queer Reading of AP, Garçon and Nicot v France, in: Modern Law Review 81(3), 2018, pp. 526–538

Hirschauer, Stefan: Wie sind Frauen? Wie sind Männer? Zweigeschlechtlichkeit als Wissenssystem, in: Eifert, Christian/Epple, Angelika/Kessel, Martina/Michaelis, Marlies/Nowak, Claudia/Schicke, Katharina/Weltecke, Dorothea (eds.), Was sind Frauen? Was sind Männer? Geschlechterkonstruktionen im historischen Wandel, Frankfurt a. M. 1996, pp. 240–256

Joel, Daphna/Fausto-Sterling, Anne: Beyond sex differences: new approaches for thinking about variation in brain structure and function, in: Philosophical Transactions of The Royal Society B: Biology Sciences 371, 2015, pp. 1–9

Kessler, Suzanne J./McKenna, Wendy: Gender: An Ethnomethodogical Approach, New York 1978

Kinsley, Craig/Bardi, Massimo/Neigh, Gretchen N./Lambert, Kelly: Chromosomal and Endocrinological Origins of Sex, in: Neigh, Gretchen N./Mitzelfelt, Megan (eds.), Sex Differences in Physiology, London et al. 2016, pp. 5–15

Kotthoff, Helga: Geschlecht als Interaktionsritual? Nachwort von Helga Kotthoff, in: Knoblauch, Hubert A. (ed.), Erving Goffman. Interaktion und Geschlecht, Frankfurt a.M./New York 2001, pp. 159–192

Langford, Malcolm: Same-sex marriage in polarized times: revisiting Joslin v. New Zealand (HRC), in: Brems, Eva/Desmet, Ellen (eds.), Integrated Human Rights in Practice. Rewriting Human Rights Decisions, Cheltenham/Northampton 2017, pp. 119–143

Laqueur, Thomas: Making Sex. Body and Gender From the Greeks to Freud, Cambridge/London 1992

Legato, Marianne J.: What determines biological sex?, in: Legato, Marianne J. (ed.), The Plasticity of Sex. The Molecular Biology and Clinical Features of Genomic Sex, Gender Identity and Sexual Behavior, London et al. 2020, pp. 1–23

Liebscher, Doris/Naguib, Tarek/Plümecke, Tino/Remus, Juana: Wege aus der Essentialismusfalle: Überlegungen zu einem postkategorialen Antidiskriminierungsrecht, in: Kritische Justiz 45(2), 2012, pp. 204–218

Linderfalk, Ulf: On the Interpretation of Treaties. The Modern International Law as Expressed in the 1969 Vienna Convention on the Law of Treaties, Dordrecht 2007

Lorber, Judith: Paradoxes of Gender, New Haven 1994

Notz, Gisela: Arbeit: Hausarbeit, Ehrenamt, Erwerbsarbeit, in: Becker, Ruth/Kortendiek, Beate (eds.), Handbuch Frauen- und Geschlechterforschung. Theorie, Methoden, Empirie, 3rd edition, Wiesbaden 2010, pp. 480–488

Palm, Kerstin: Biologie: Geschlechterforschung zwischen Reflexion und Intervention, in: Becker, Ruth/Kortendiek, Beate (eds.), Handbuch Frauen- und Geschlechterforschung. Theorie, Methoden, Empirie, 3rd edition, Wiesbaden 2010, pp. 851–859

Proelß, Alexander (ed.): Völkerrecht, 9th edition, Berlin 2024

Richardson, Sarah S.: Sex Itself. The Search for Male & Female in the Human Genome, Chicago/London 2013

Rudman, Annika/Musembi, Celestine Nyamu/Makunya, Trésor Muhindo (eds.): The Protocol to the African Charter on Human and Peoples´ Rights on the Rights of Women in Africa: A Commentary, Pretoria 2023

Sandland, Ralph: Crossing and Not Crossing: Gender, Sexuality and Melancholy in the European Court of Human Rights. Christine Goodwin v. United Kingdom (Application no. 28957/95 [2002] I.R.L.R. 664 [2002] 2 F.L.R. 487, [2002] 2 F.C.R. 577, (2002) 35 E.H.R.R. 18, 13 B.H.R.C. 120, (2002) 67 B.M.L.R. 199, I v. United Kingdom (Application no. 25690/94) [2002] 2 F.L.R. 518, [2002] 2 F.C.R. 613 (ECHR), in: Feminist Legal Studies 11(2), 2003, pp. 191–209

Saul, Ben/Kinley, David/Mowbray, Jacqueline: The International Covenant on Economic, Social and Cultural Rights. Commentary, Cases, and Materials, Oxford 2014

Schulz, Patricia/Halperin-Kaddari, Ruth/Rudolf, Beate/Freeman, Marsha A. (eds.): The UN Convention on the Elimination of All Forms of Discrimination Against Women. A Commentary, 2nd edition, Oxford 2022

Scott, Joan Wallach: Gender and the Politics of History, New York 2018

Smart, Carol Christine: The Woman of Legal Discourse, in: Social & Legal Studies 1(1), 1992, pp. 29–44

Turner, Monte E./Jenkins, Cathy/Milsted, Amy/Ely, Daniel L.: Sex chromosomes, in: Miller, Virginia/Hay, Meredith (eds.), Principles of Sex-Based Differences in Physiology, Amsterdam et al. 2004, pp. 1–14

Vigoya, Maria Viveros: Sex/Gender in: Disch, Lisa/Hawkesworth, Mary (eds.), The Oxford Handbook of Feminist Theory, New York 2016, pp. 852–873

Villiger, Mark Eugen: Commentary on the 1969 Vienna on the Law of Treaties, Leiden 2009

Waaldijk, Kees: The Right to Marry as a Right to Equality. About Same-Sex Couples, the Phrase "men and women", and the Travaux Préparatoires of *the Universal Declaration*, in: Blokker, Niels/Dam-de Jong, Daniella/Prislan, Vid (eds.), Furthering the Frontiers of International Law: Sovereignty, Human Rights, Sustainable Development. Liber Amicorum Nico Schrijver, Leiden 2021, pp. 457–472

West, Candace/Zimmermann, Don H.: Doing Gender, in: Gender and Society 1(2), 1987, pp. 125–151

Wetterer, Angelika: Konstruktion von Geschlecht: Reproduktionsweisen der Zweigeschlechtlichkeit, in: Becker, Ruth/Kortendiek, Beate (eds.), Handbuch Frauen- und Geschlechterforschung. Theorie, Methoden, Empirie, 3rd edition, Wiesbaden 2010, pp. 126–136

Yahyaoui Krivenko, Ekatarina: Gender and Human Rights. Expanding Concepts, Cheltenham/Northampton 2020

Kapitel 3
Systematische Auslegung

3.1 Die „volle" Gleichheit zwischen Frauen und Männern

Bereits in der Einleitung wurde darauf hingewiesen, dass Art. 5 lit. a CEDAW erstaunlicherweise weder von „Diskriminierung" noch von „Gleichheit" spricht und das, obwohl er annahmegemäß eine „radical provision" für die Beseitigung der Benachteiligungen von Frauen und ihrer Gleichstellung zu Männern darstellt. Dass die Gleichheit die Kehrseite der Nicht-Diskriminierung ist, wird in der teleologischen Auslegung gezeigt.[1] In der hiesigen vertragsintern-systematischen Auslegung des Art. 5 lit. a CEDAW ist zuvor bedeutsam, dass die CEDAW nur in wenigen ihrer anderen Artikel Begriffe und Formulierungen verwendet, wie sie in Art. 5 lit. a CEDAW vorkommen. Vor allem in der CEDAW-Präambel sind aber Textbestandteile des Art. 5 lit. a CEDAW zu finden. Eine Präambel stellt die Erwägungsgründe des Vertrags heraus und verdeutlicht, welcher Zweck mit ihm erfüllt und welche Ziele mit ihm erreicht werden sollen, ohne selbst unmittelbare Pflichten für die Vertragsstaaten zu begründen.[2] Nach Art. 31 Abs. 2 WVK ist die CEDAW-Präambel eine für die systematische Auslegung des Art. 5 lit. a CEDAW ausdrücklich heranzuziehende Quelle.[3]

Der 15. Präambel-Absatz der CEDAW knüpft an die ihr vorausgegangene rechtsunverbindliche DEDAW an und stellt klar, die dort stipulierten Ziele umsetzen zu

[1] Abschn. 4.1.

[2] *Chinkin/Rudolf*, Preamble, in: Schulz et al. (eds.), CEDAW Commentary, 62 (63–64); *Clifford*, Equality, in: Shelton (ed.), The Oxford Handbook of International Human Rights Law, 420 (431–432).

[3] *Chinkin/Rudolf*, Preamble, in: Schulz et al. (eds.), CEDAW Commentary, 61 (64); *Sorel/Boré Eveno*, Article 31 Convention of 1969, in: Corten/Klein (eds.), VCLT Commentary, para. 38; *Kämmerer*, Begriff, Geschichte und Rechtsquellen des Völkerrechts in: Proelß (ed.), Völkerrecht, 1 (81–82 para. 115).

J. Bertram, *Der völkerrechtliche Diskriminierungsschutz gegen Benachteiligungen der Frau aufgrund von Geschlechterstereotypen und Rollenbildern*, https://doi.org/10.1007/978-3-662-73250-2_3

wollen.[4] Der 14. Präambel-Absatz stellt heraus, dass der Sinn und Zweck der CEDAW nicht nur in der Herstellung von Gleichheit, sondern in der *vollen* Gleichheit zwischen Frauen und Männern besteht („full equality").[5] Die explizite Nennung der vollen Gleichheit ist beachtenswert, weil weder die Präambel zur DEDAW noch andere UN-Menschenrechtsverträge vergleichbare Formulierungen enthalten. Die Präambel zur ebenfalls asymmetrischen BRK beispielsweise spricht zwar unter anderem von dem „full enjoyment of all human rights and fundamental freedoms" (lit. r und s) und der „full protection of persons with disabilities" (lit. u). Sie nennt aber nicht die „full equality" zwischen Menschen mit Behinderungen und Menschen ohne Behinderung als ihre Zielbestimmung.

Der Grund dafür, weshalb die CEDAW-Präambel neben der Gleichheit von der vollen Gleichheit spricht, wird im Schrifttum nicht thematisiert. Allerdings impliziert der Unterschied in der Wortwahl ein Verständnis der „full equality" als materielle Gleichheit, die von der formalen Rechtsanwendungsgleichheit abzugrenzen ist. Diese Ansicht bestätigt sich in der teleologischen Auslegung des Art. 5 lit. a CEDAW.[6] Dort wird gezeigt, dass vor allem die Zulässigkeit von zeitweiligen Sondermaßnahmen nach Art. 4 Abs. 1 CEDAW ein deutlicher Ausdruck der materiellen Gleichheit in der CEDAW ist, wobei Art. 4 Abs. 1 CEDAW durch die Formulierung „de facto equality" an die „full equality" der Präambel anknüpft.[7] Die Wortwahl „full equality" in der Präambel deutet insofern bereits auf das der CEDAW zugrunde liegende materielle Gleichheitsmodell hin, welches sich im pflichtenbegründenden Vertragsteil der CEDAW unter anderem durch Art. 4 Abs. 1 CEDAW fortsetzt.[8]

Art. 4 Abs. 1 CEDAW könnte aufgrund seiner engen Verbindung[9] zu Art. 5 lit. a CEDAW sowie den übrigen Grundlagenartikeln (Art. 1 bis 5, 24 CEDAW)[10] prinzipiell auch hier in der systematischen Auslegung behandelt werden. Da diese Verbindung aber insbesondere in dem transformativen Gleichheitsziel besteht, welches auch Art. 4 Abs. 1 CEDAW zu eigen ist,[11] wird er in der teleologischen Auslegung im Verhältnis zu Art. 5 lit. a CEDAW besprochen.[12]

---

[4] *Chinkin/Rudolf*, Preamble, in: Schulz et al. (eds.), CEDAW Commentary, 61 (66).

[5] Ibid., 61 (76).

[6] Abschn. 4.1.2.

[7] Ibid.

[8] Ibid.

[9] *Lembke*, Article 4, in: Schulz et al. (eds.), CEDAW Commentary, 173 (174–175).

[10] CEDAW Committee, General Recommendation No. 25: Article 4, paragraph 1, of the Convention on the Elimination of All Forms of Discrimination against Women (temporary special measures), 12 May 2004, UN Doc. HRI/GEN/1/Rev.7, 282 (283 para. 6); *Schulz/Halperin-Kaddari/Rudolf*, Introduction, in: Schulz et al. (eds.), CEDAW Commentary, 1 (13); *Timmer/Holtmaat*, Article 5, in: Schulz et al. (eds.), CEDAW Commentary, 221 (222).

[11] *Lembke*, Article 4, in: Schulz et al. (eds.), CEDAW Commentary, 173 (174–176, 180, 182–183, 188–189).

[12] Abschn. 4.1.5.

Die generelle Bezugnahme auf die „normale" Gleichheit in der CEDAW-Präambel entspricht den Präambeln der übrigen UN-Menschenrechtsverträge sowie der rechtsunverbindlichen AEMR.[13] Der IPbpR (1. Präambel-Absatz), der IPwskR (1. Präambel-Absatz), die BRK (lit. a, e, f, k, r, x und y der Präambel), die Anti-Rassismuskonvention[14] (1., 2. und 3. Präambel-Absatz) sowie die AEMR (1. und 5. Absatz-Präambel) nennen die Herstellung von Gleichheit als ihre Zielbestimmung.

Innerhalb der UN-Menschenrechtsverträge besteht allerdings der Unterschied, dass die Präambeln der asymmetrischen CEDAW und der BRK über diejenigen des IPbpR und des IPwskR hinausgehen, indem sie benennen, welchen spezifischen Ungleichbehandlungen ihre jeweiligen Schutzsubjekte ausgesetzt sind und wie ihre Gleichstellung zu erreichen ist. Die Präambel der BRK adressiert im 5., 11., 12. und 22. Absatz die Barrieren, die Menschen mit Behinderungen in ihrer gesellschaftlichen Teilhabe beeinträchtigen sowie die Notwendigkeit, diese Barrieren zu beseitigen. Die CEDAW-Präambel spricht die Förderung der Gleichstellung von Frauen mit Männern in allen Lebensbereichen an (Absatz 3 und 7 f.).

Die Gleichheit als Zielbestimmung in der CEDAW-Präambel sowie den Präambeln der übrigen UN-Menschenrechtsverträge ist eine der Facetten, welche die Gleichheit als das zentrale menschenrechtliche Strukturprinzip herausstellt („equality as a preambular objective"[15]). Die beiden weiteren Facetten, d. h. die Kodifizierung der Gleichheit in einem Menschenrechtsvertrag wie der CEDAW sowie die Gleichheit in ihrer auslegungsanleitenden Funktion für Menschenrechte (z. B. Art. 2 Abs. 1, 3, 14 Abs. 1, 23 Abs. 4, 26 IPbpR, Art. 2 Abs. 2, 3, 7, 12 Abs. 1, 13 lit. c IPwskR)[16] werden in der teleologischen Auslegung des Art. 5 lit. a CEDAW behandelt.[17]

3.2 Der Zusammenhang zwischen Geschlechterstereotypen, Rollenbildern und der Diskriminierung von Frauen

Für die Auslegung des Art. 5 lit. a CEDAW sind der 13. und 14. Absatz der CEDAW-Präambel bedeutsam, weil sie den Zusammenhang zwischen Geschlechterstereotypen, Rollenbildern und der Diskriminierung von Frauen aufzeigen. Der 14. Präambel-Absatz setzt Geschlechterrollen in Bezug zur Gleichheit und verdeutlicht, dass in der Familie und Gesellschaft bestehende Rollenbilder dem Diskriminierungs-

[13] GA, Resolution 217A (III), Universal Declaration of Human Rights, UN Doc. A/RES/217 (III) (10 December 1948).

[14] International Convention on the Elimination of All Forms of Racial Discrimination, 660 UNTS 195, entry into force 4 January 1969.

[15] *Clifford*, Equality, in: Shelton (ed.), The Oxford Handbook of International Human Rights Law, 420 (431–432).

[16] Ibid., 420 (431–437); *Ramcharan*, Equality and Nondiscrimination, in: Henkin (ed.), The International Bill of Rights: The Covenant on Civil and Political Rights, 246 (246–247, 250).

[17] Abschn. 4.1.

schutz der CEDAW entgegenstehen können.[18] Der 13. Präambel-Absatz stellt seinem Wortlaut nach auf den ersten Blick keinen offensichtlichen Bezug zwischen Geschlechterrollen und Gleichheit her. Gleichwohl geht er von einem Zusammenhang aus, indem er Geschlechterrollen von der Kehrseite der Gleichheit her, d. h. dem Diskriminierungsverbot betrachtet („[...] and aware that the role of women in procreation should *not be a basis for discrimination* [...] [Hervor. d. Verf.].").

Dem 13. Absatz liegt dadurch dieselbe Erwägung zugrunde wie dem 14. Absatz mit dem Unterschied, dass er die Gleichheit als Diskriminierungsverbot umschreibt. Denn wenn Geschlechterrollen nach dem 13. Absatz nicht die Basis für Benachteiligungen von Frauen bilden dürfen,[19] ist damit nichts anderes ausgedrückt als ein Zustand, in dem Frauen nicht aufgrund von geschlechterrollenstereotypen Annahmen diskriminiert werden. Eben jener Zustand der Nicht-Diskriminierung korrespondiert spiegelbildlich mit der Gleichheit, d. h. er ist sowohl die Voraussetzung als auch das Ergebnis der CEDAW-Zielbestimmung.[20]

Zusammengelesen drücken der 13. und 14. Präambel-Absatz damit zum einen die Anerkenntnis aus, dass Geschlechterstereotype und Rollenbilder den Benachteiligungen von Frauen zugrunde liegen können. Zum anderen ist ihnen die Ansicht zu entnehmen, dass Gleichheit als Zustand der Nicht-Diskriminierung nur dann erreicht werden kann, wenn benachteiligende Geschlechterstereotype und Rollenbilder beseitigt werden. Art. 5 lit. a CEDAW ist somit als Fortführung der Erwägungen des 13. und 14. Absatzes zu verstehen, weil er verlangt, dass die Vertragsstaaten geeignete Maßnahmen für einen Wandel von Geschlechterstereotypen und Rollenbildern ergreifen, d. h. diejenigen Umstände ändern, welche das Erreichen des Nicht-Diskriminierungsziels der CEDAW beeinträchtigen.[21]

3.3 Geschlechterstereotype und Rollenbilder als Diskriminierung

Die Definition der Diskriminierung in Art. 1 CEDAW zeigt, dass das „Zugrundeliegen" i. S. d. 13. und 14. Präambel-Absatzes Geschlechterstereotype und Rollenbilder an sich zu einer Benachteiligung der Frau machen kann. Art. 1 CEDAW enthält ein nicht-akzessorisches[22] Diskriminierungsverbot und definiert die Diskriminierung der Frau als jede mit dem Geschlecht begründete Unterscheidung, Ausschließung oder Beschränkung, die es als Wirkung oder zum Ziel hat, Frauen in

[18] Vgl. *Chinkin/Rudolf*, Preamble, in: Schulz et al. (eds.), CEDAW Commentary, 61 (76).

[19] Ibid.

[20] Abschn. 4.1.

[21] So i.E. auch *Chinkin/Rudolf*, Preamble, in: Schulz et al. (eds.), CEDAW Commentary, 61 (76); *Holtmaat*, The CEDAW: a holistic approach to women's equality and freedom, in: Hellum/Aasen (eds.), Women's Human Rights, 95 (108–109).

[22] *Byrnes/Kapai*, Article 1, in: Schulz et al. (eds.), CEDAW Commentary, 79 (90).

der Ausübung ihrer Menschenrechte im politischen, wirtschaftlichen, sozialen, kulturellen, staatsbürgerlichen oder jedem sonstigen Bereich zu beeinträchtigen.

Art. 1 CEDAW orientiert sich an der Definition der „Rassendiskriminierung" in Art. 1 Abs. 1 Anti-Rassismuskonvention, die im Gegensatz zur CEDAW symmetrisch konzipiert ist.[23] Im Vergleich zwischen Art. 1 CEDAW und Art. 1 Abs. 1 Anti-Rassismuskonvention fällt auf, dass die Definition der Diskriminierung der Frau nicht auf die öffentlich-rechtliche Sphäre beschränkt ist, sondern sich auch auf das horizontale Verhältnis nicht-staatlicher Akteure (natürliche und juristische Personen des Privatrechts) insbesondere innerhalb der Familie erstreckt.[24] Dies folgt daraus, dass Art. 1 CEDAW auch Benachteiligungen „in [...] any other field" verbietet, d. h. in nicht auf vertikale Rechtsbeziehungen begrenzte Bereichen.[25]

Die Ausweitung des Diskriminierungsverbots auch auf horizontale Rechtsbeziehungen ist für völkerrechtliche Menschenrechtsverträge, denen grundsätzlich keine unmittelbare Drittwirkung zukommt, unüblich und wird sogleich vertieft.[26] Hier ist bedeutsam, dass Art. 1 CEDAW einen weiten Diskriminierungsbegriff normiert, der mit einem formellen und materiellen Gleichheitsgebot korrespondiert.[27] Das Diskriminierungsverbot des Art. 1 CEDAW erfasst dementsprechend nicht nur unmittelbare Benachteiligungen aufgrund des Frauseins, sondern auch alle Maßnahmen, die eine Beeinträchtigung faktisch bewirken, ohne dass diese aber bezweckt wäre, d. h. mittelbare Benachteiligungen.[28] Auch formell gleiche bzw. neutrale Maßnahmen und Regelungen können deshalb als Diskriminierung i. S. v. Art. 1 CEDAW zu qualifizieren sein, wenn sie sich für Frauen benachteiligend auswirken.[29]

Daraus folgt, dass Geschlechterstereotype und Rollenbilder an sich eine Diskriminierung i. S. d. Art. 1 CEDAW darstellen können. Nach dem Diskriminierungsbegriff des Art. 1 CEDAW ist es nämlich egal, ob ein Stereotyp oder eine Rollenzuweisung die Diskriminierung der Frau beabsichtigt. Dies dürfte jedenfalls für Geschlechterstereotype in aller Regel auch nicht der Fall sein, da ihre kognitive Aktivierung nur selten willentlich kontrolliert werden kann.[30] Entscheidend ist, dass

---

[23] Ibid., 79 (86); *Schulz/Halperin-Kaddari/Rudolf*, Introduction, in: Schulz et al. (eds.), CEDAW Commentary, 1 (9, 13).

[24] *Byrnes/Kapai*, Article 1, in: Schulz et al. (eds.), CEDAW Commentary, 79 (86).

[25] Ibid.

[26] Abschn. 3.6.2. und 3.6.3.

[27] Dazu vertieft Abschn. 4.1.1. und 4.1.2; *Byrnes/Kapai*, Article 1, in: Schulz et al. (eds.), CEDAW Commentary, 79 (87); *Otto*, Women's Rights, in: Moeckli/Shah/Sivakumaran (eds.), International Human Rights Law, 316 (322–323).

[28] *Byrnes/Kapai*, Article 1, in: Schulz et al. (eds.), CEDAW Commentary, 79 (87–88); *Otto*, Women's Rights, in: Moeckli/Shah/Sivakumaran (eds.), International Human Rights Law, 316 (322–323).

[29] Ibid.

[30] Bierhoff, Sozialpsychologie. Ein Lehrbuch, p. 361; Brown, Prejudice: Its Social Psychology, pp. 91–93; *Eckes*, Geschlechterstereotype: Von Rollen, Identitäten und Vorurteilen, in: Becker/Kortendiek (eds.), Handbuch Frauen- und Geschlechterforschung, 178 (178); *Ashmore/Del Boca*, Sex Stereotypes and Implicit Personality Theory: Toward a Cognitive-Social Psychological Con-

sich Geschlechterstereotype und Rollenbilder negativ für Frauen auswirken und sie in der Ausübung ihrer Menschenrechte beeinträchtigen. Ist dies der Fall, stellen das Geschlechterstereotyp bzw. Rollenbild für sich selbst genommen eine Diskriminierung i. S. d. Art. 1 CEDAW dar („discriminatory stereotypes",[31] „discriminatory in themselves"[32]/„discrimination in itself"[33]).

3.4 Biologische und sozial konstruierte Unterschiede

Die systematische Auslegung von Art. 5 lit. a und des unmittelbar auf ihn folgenden lit. b verdeutlicht, dass die CEDAW sozial konstruierte Unterschiede als die Ursache der Diskriminierung von Frauen ansieht und nicht die biologische Andersartigkeit zu Männern an sich. Art. 5 lit. b CEDAW behandelt die Mutterschaft sowie Elternrollen und verlangt von den Vertragsstaaten das Ergreifen aller geeigneten Maßnahmen, die zu einem richtigen Verständnis der Mutterschaft als einer sozialen Aufgabe und zur Anerkennung der gemeinsamen Verantwortung von Mann und Frau für die Erziehung und Entwicklung ihrer Kinder beitragen.

Wie Art. 5 lit. a CEDAW verwendet lit. b den Begriff „social", wobei beiden Begriffen dieselbe Bedeutung zukommt.[34] Daraufhin ist anzunehmen, dass der Formulierung „social function" in Art. 5 lit. b CEDAW ebenfalls ein Verständnis der sozialen „Gemachtheit" der Mutterrolle zugrunde liegt, d. h. dass es sich dabei um eine der Frau gesellschaftlich zugeschriebene Rolle handelt. Für dieses Verständnis spricht auch, dass Art. 5 lit. b CEDAW die gemeinsame Verantwortung der Eltern in der Kindererziehung erreichen will, worauf die Vertragsstaaten durch Familien-Bildungsmaßnahmen hinwirken sollen. Das Ergreifen von Bildungsmaßnahmen impliziert, dass Überzeugungen über die Rolle der Frau als Mutter und darauf gründende Benachteiligungen geändert bzw. beseitigt werden können.

ceptualization, in: Sex Roles: A Journal of Research 5(2), 1979, 219 (236); *Devine*, Stereotypes and Prejudice: Their Automatic and Controlled Components, in: Journal of Personality and Social Psychology 56(1), 1989, 5 (12–13, 15); *Timmer/Holtmaat*, Article 5, in: Schulz et al. (eds.), CEDAW Commentary, 221 (228).

[31] CEDAW Committee, Concluding observations on the second periodic report of Qatar, 30 July 2019, UN Doc. CEDAW/C/QAT/CO/2, para. 25.

[32] *Holtmaat*, Article 5, in: Freeman/Chinkin/Rudolf (eds.), CEDAW Commentary, 141 (144); The CEDAW: a holistic approach to women's equality and freedom, in: Hellum/Aasen (eds.), Women's Human Rights, 95 (109).

[33] *Timmer/Holtmaat*, Article 5, in: Schulz et al. (eds.), CEDAW Commentary, 221 (230); so i.E. auch *Cusack/Cook*, Combating Discrimination Based on Sex and Gender in: Krause/Scheinin (eds.), International Protection of Human Rights, 205 (222).

[34] Gardiner, Treaty Interpretation, p. 209.

Art. 5 lit. b CEDAW stellt *lex specialis* zu lit. a dar, weil er Elternrollenstereotype als spezielle Erscheinungsform geschlechterstereotyper Überzeugungen herausgreift. Dieses Spezialitätsverhältnis deutet zum einen darauf hin, dass Elternrollenstereotypen im Vergleich zu den unspezifischen Geschlechterstereotypen und Rollenbildern des Art. 5 lit. a ein gesondertes Benachteiligungspotenzial beizumessen ist, welches von den Vertragsstaaten andere Maßnahmen erfordert.[35] Zum anderen bricht es die Verknüpfung zwischen „Frau" und „Mutter" auf und erreicht dadurch, dass Frauen nicht von vorneherein als Mütter betrachtet und auf ihre biologische Fortpflanzungsfunktion beschränkt werden. Denn indem Art. 5 CEDAW die Mutterschaft in lit. b gesondert adressiert, trennt er das biologische Merkmal der Fortpflanzungsfähigkeit der Frau strukturell von der daran sozio-kulturell geknüpften Rolle und den damit verbundenen Erwartungen.

Damit bringen Art. 5 lit. a und b CEDAW insgesamt zum Ausdruck, dass es nicht die biologischen Unterschiede sind, welche Frauen benachteiligen, sondern gesellschaftlich und durch Rollenbilder konstruierte Unterschiede. Art. 5 lit. a und b CEDAW knüpfen dadurch auch an die 13. und 14. Absätze der CEDAW-Präambel an, welche die Bedeutung der Mutterschaft hervorheben, gleichzeitig aber betonen, dass die Rolle als Mutter, d. h. eine sozial zugeschriebene Rolle i. S. v. Art. 5 lit. b CEDAW, nicht die Basis von Diskriminierungen bilden darf.[36]

Die Ansicht, dass sozio-kulturelle Unterschiedskonstruktionen die Ursache der Diskriminierung von Frauen darstellen, vertritt auch der CEDAW-Ausschuss. Dies kommt deutlich mit seiner Allgemeinen Empfehlung Nr. 28[37] zum Ausdruck, in welcher er über den Wortlaut der CEDAW hinaus Benachteiligungen aufgrund des Gender, d. h. aufgrund sozialer Geschlechtszuschreibungen in den Schutzbereich der CEDAW einbezieht.[38] Dies leitet er ohne weitere Erklärungen aus Art. 1 i. V. m. Art. 2 lit. f und 5 lit. a CEDAW her.[39]

> „The term gender refers to *socially constructed identities, attributes and roles for women and men and society's social and cultural meaning for these biological differences* resulting in hierarchical relationships between women and men and in the distribution of rights and powers favouring men and disadvantaging women [Hervor. d. Verf.]."[40]

Soweit diese Zuschreibungen zu einer Benachteiligung führen, begründen sie im Verständnis des Ausschusses eine unter der CEDAW verbotene „gender-based di-

35 Vgl. *Holtmaat*, Article 5, in: Freeman/Chinkin/Rudolf (eds.), CEDAW Commentary, 141 (142–143, 157–158, 166).

36 Abschn. 3.2.

37 CEDAW Committee, General recommendation No. 28 on the core obligations of States parties under article 2 of the Convention on the Elimination of All Forms of Discrimination against Women, 16 December 2010, UN Doc. CEDAW/C/GC/28.

38 Ibid., para. 3.

39 Ibid., para. 5.

40 Ibid.

scrimination“[41] einschließlich der „gender-based violence“.[42] Deutlich wird mit der Hervorhebung im obigen Zitat die Anknüpfung sozio-kultureller Bedeutungen an die biologischen Unterschiede zwischen Frauen und Männern („society´s social and cultural meaning for these biological differences“). Damit gemeint ist letztlich nichts anderes als die Geschlechterstereotype und Rollenbilder, die der Diskriminierung von Frauen im Verständnis der CEDAW zugrunde liegen („root cause“[43]) und die Art. 5 lit. a CEDAW beseitigen bzw. ändern will.

3.5 Der sozio-kulturelle Wandel als nicht-akzessorische Zielbestimmung

Der von Art. 5 lit. a CEDAW beabsichtigte Wandel bzw. die Beseitigung benachteiligender Stereotype und Rollenbilder stellt eine generelle Zielbestimmung dar, welche für die besonderen Diskriminierungsverbote der Art. 6 bis 16 CEDAW obligatorisch zu berücksichtigen ist. Dies folgt aus der Ausstrahlungswirkung des Art. 5 lit. a CEDAW als CEDAW-Grundlagenartikel. Die CEDAW-Grundlagenartikel (Art. 1 bis 5, 24 CEDAW) bilden einen zusammenzulesenden Korpus grundsätzlicher Staatenpflichten und sind in der Auslegung und Anwendung der besonderen Diskriminierungsverbote stets zu beachten.[44]

In seiner Position als Grundlagenartikel inkorporiert Art. 5 lit. a CEDAW die generelle Annahme, dass das Nicht-Diskriminierungsziel der CEDAW nur durch einen Wandel bzw. die Beseitigung von Geschlechterstereotypen und Rollenverteilungen erreicht werden kann, in die besonderen Diskriminierungsverbote. So ver-

---

41 CEDAW Committee, General recommendation No. 27 on older women and protection of their human rights, 16 December 2010, UN Doc. CEDAW/C/GC/27, para. 20; General recommendation No. 28 on the core obligations of States parties under article 2 of the Convention on the Elimination of All Forms of Discrimination against Women, 16 December 2010, UN Doc. CEDAW/C/GC/28, para. 5; *R.K.B. v. Turkey*, 13 April 2012, UN Doc. CEDAW/C/51/D/28/2010, paras. 2.6, 2.8, 3.1, 5.3, 7.7, 8.4–8.9; *O.N. and D.P. v. Russian Federation*, 3 April 2020, UN Doc. CEDAW/C/75/D/119/2017, para. 7.10.

42 CEDAW Committee, General recommendation No. 28 on the core obligations of States parties under article 2 of the Convention on the Elimination of All Forms of Discrimination against Women, 16 December 2010, UN Doc. CEDAW/C/GC/28, para. 19; *Goekce v. Austria*, 6 August 2007, UN Doc. CEDAW/C/39/D/5/2005, para. 12.2; *González v. Spain*, 15 August 2014, UN Doc. CEDAW/C/58/D/47/2012, para. 9.6; *L.C. v. Peru*, 4 November 2011, UN Doc. CEDAW/C/50/D/22/2009, para. 6.11; *O.N. and D.P. v. Russian Federation*, 3 April 2020, UN Doc. CEDAW/C/75/D/119/2017, paras. 5.11, 7.3–7.4, 7.7, 7.9, 9.

43 CEDAW Committee, Concluding comments of the Committee on the Elimination of Discrimination against Women: New Zealand, 10 August 2007, UN Doc. CEDAW/C/NZL/CO/6, para. 22.

44 CEDAW Committee, General Recommendation No. 25: Article 4, paragraph 1, of the Convention on the Elimination of All Forms of Discrimination against Women (temporary special measures), 12 May 2004, UN Doc. HRI/GEN/1/Rev.7, 282 (283 para. 6); *Schulz/Halperin-Kaddari/Rudolf*, Introduction, in: Schulz et al. (eds.), CEDAW Commentary, 1 (13); *Timmer/Holtmaat*, Article 5, in: Schulz et al. (eds.), CEDAW Commentary, 221 (222).

langt beispielsweise Art. 10 lit. c CEDAW von den Vertragsstaaten alle geeigneten Maßnahmen, um jede stereotype Auffassung über die Rollenverteilung von Frauen und Männern auf allen Bildungsebenen und in allen Unterrichtsformen zu beseitigen. Art. 10 lit. c CEDAW spricht von der „elimination of any stereotyped concept of the roles of men and women" und zielt damit auf eine strukturelle Veränderung des Bildungssystems und seiner Inhalte ab.[45] Art. 16 Abs. 1 CEDAW betrifft die Benachteiligung von Frauen im Bereich der Heirat und der familiären Beziehungen und setzt ebenfalls einen sozio-kulturellen Wandel i. S. d. Art. 5 lit. a CEDAW voraus, da nur durch die Beseitigung auch geschlechterstereotyper Überzeugungen und Rollenverteilungen in der Ehe das Verbot aller Formen der Diskriminierung der Frau verwirklicht wird.[46]

Ebenso stellen die weiteren besonderen Diskriminierungsverbote beispielsweise im Berufsleben (Art. 11),[47] im Gesundheitswesen (Art. 12)[48] oder im wirtschaftlichen und sozialen Leben (Art. 13)[49] eine spezifische Anwendung des von Art. 5 lit. a CEDAW beabsichtigten Wandels dar.[50] Dies kommt im Kommentar zu Art. 11 CEDAW prägnant zum Ausdruck:

> „The elimination of gender stereotyping or prejudices based on the inferiority of either of the sexes is required under Article 5(a) of the Convention. Article 11 is in its essence *an application of this requirements* to all issues of women´s participations in the labour market [Hervor. d. Verf.]."[51]

Der von Art. 5 lit. a CEDAW anvisierte Wandel in Hinblick auf Geschlechterstereotype und Rollenverteilungen bildet damit eine generelle Zielbestimmung, welche auf die besonderen CEDAW-Diskriminierungsverbote ausstrahlt und dort einen spezifischen Anwendungsfall im jeweiligen Lebensbereich darstellt. Dieses Regelungsziel ist selbst nicht rechtsverbindlich, sondern erst die Pflicht zum Ergreifen von Maßnahmen, um es zu erreichen. Dieser Punkt wird in der teleologischen Auslegung bei den Pflichtenarten des Art. 5 lit. a CEDAW vertieft.[52] Hier ist festzuhalten, dass das Regelungsziel nach einem sozio-kulturellen Wandel den Art. 5 lit. a CEDAW zu einer nicht-akzessorischen Norm der CEDAW macht, da diese Zielbestimmung unabhängig von seiner Geltendmachung bei einer Verletzung der besonderen Diskriminierungsverbote besteht und ihm einen eigenständigen materiellrechtlichen Wert verleiht, der über seine auslegungsanleitende Funktion als Grundlagenartikel hinausgeht.[53]

---

[45] *Bailey/Gbedemah*, Article 10, in: Schulz et al. (eds.), CEDAW Commentary, 365 (370–373).

[46] *Halperin/Freeman*, Article 16, in: Schulz et al. (eds.), CEDAW Commentary, 577 (622).

[47] *Raday/Oksenberg*, Article 11, in: Schulz et al. (eds.), CEDAW Commentary, 415 (452).

[48] *Undurraga/Cook*, Article 12, in: Schulz et al. (eds.), CEDAW Commentary, 459 (477).

[49] *Rudolf*, Article 13, in: Schulz et al. (eds.), CEDAW Commentary, 487 (510–511, 513).

[50] Vgl. so auch *Timmer/Holtmaat*, Article 5, in: Schulz et al. (eds.), CEDAW Commentary, 221 (222–223).

[51] *Raday/Oksenberg*, Article 11, in: Schulz et al. (eds.), CEDAW Commentary, 415 (417).

[52] Abschn. 4.2.

[53] So i.E. auch *Timmer/Holtmaat*, Article 5, in: Schulz et al. (eds.), CEDAW Commentary, 221 (222).

3.6 Geschlechterstereotype und Rollenbilder in horizontalen Rechtsbeziehungen

Weiterhin von großer Bedeutung für die Auslegung des Art. 5 lit. a CEDAW ist Art. 2 CEDAW. Dieser begründet in seinen lit. a bis g einen umfangreichen Pflichtenkatalog, der ihn zu einer essenziellen Norm zur Verwirklichung der CEDAW macht („crucial to the full implementation of the Convention"/„the very essence of the obligations of States parties under the Convention"[54]). Innerhalb des Art. 2 CEDAW stechen lit. e und f hervor, weil sie die vertragsstaatlichen Pflichten auf Handlungen nicht-staatlicher Akteure (natürliche und juristische Personen des Privatrechts) sowie auf die Gepflogenheiten und Praktiken erstrecken, die nicht der staatlichen Sphäre zuzurechnen sind. Art. 2 lit. e und f haben dadurch zwei wichtige Implikationen für Art. 5 lit. a CEDAW.

Die erste Implikation bezieht sich auf die in der grammatikalischen Auslegung geäußerte Ansicht, dass Gepflogenheiten und Praktiken aufgrund ihrer kulturell/religiösen und/oder moralischen Autorität eine quasi-Rechtskraft zukommen kann.[55] Diese Ansicht bestätigt Art. 2 lit. f CEDAW. Er spricht im identischen Wortlaut wie Art. 5 lit. a CEDAW von „customs (customary)" und „practices", wobei diesen Begriffen dieselbe Bedeutung zukommt.[56] Art. 2 lit. f CEDAW nennt die Gepflogenheiten und Praktiken unmittelbar nach den rechtsverbindlichen Gesetzen und Verordnungen und impliziert dadurch, dass sie eine quasi-Rechtsbindung aufweisen können („customary laws"/„religious law", „customary, traditional, or religious laws"/„customary right").[57]

Die zweite Implikation bezieht sich darauf, dass Art. 2 lit. e CEDAW die Diskriminierungsverbote der CEDAW ausdrücklicher als Art. 1 CEDAW auf horizontale Rechtsbeziehungen erstreckt. Dies ergibt sich daraus, dass Art. 1 CEDAW private Rechtsbeziehungen nur implizit durch die Erstreckung des Diskriminierungsverbots auf „any other field" erfasst, wohingegen Art. 2 lit. e CEDAW ausdrücklich von „any person, organization or enterprise" spricht. Diese Einbeziehung der privatrechtlichen Sphäre in den Diskriminierungsschutz der CEDAW bringt Art. 2 lit. e CEDAW in einen engen Zusammenhang zu Art. 5 lit. a CEDAW,[58] welcher durch seine Zielbestimmung eines sozio-kulturellen Wandels in den Verhaltensmustern von Frauen und Männern ebenfalls private Rechtsbeziehungen betrifft. In Art. 5 lit. a CEDAW weist schon der Wortlaut „conduct of men and women" darauf hin, dass

[54] CEDAW Committee, General recommendation No. 28 on the core obligations of States parties under article 2 of the Convention on the Elimination of All Forms of Discrimination against Women, 16 December 2010, UN Doc. CEDAW/C/GC/28, paras. 6 and 41.

[55] Abschn. 2.3.2.

[56] Gardiner, Treaty Interpretation, p. 209.

[57] *Byrnes/Campbell*, Article 2, in: Schulz et al. (eds.), CEDAW Commentary, 109 (132–134); *Holtmaat*, Article 5, in: Freeman/Chinkin/Rudolf (eds.), CEDAW Commentary, 141 (154–155, 156–157); *Timmer/Holtmaat*, Article 5, in: Schulz et al. (eds.), CEDAW Commentary, 221 (230–231).

[58] *Byrnes/Campbell*, Article 2, in: Schulz et al. (eds.), CEDAW Commentary, 109 (127).

er die Rechtsbeziehungen natürlicher Privatpersonen berührt. Bei den Gepflogenheiten und Praktiken i. S. v. Art. 2 lit. f CEDAW handelt es sich gleichfalls um das Verhalten von natürlichen Personen, auch wenn dies in der Norm nicht expressiv verbis durch einen vergleichbaren Zusatz wie in Art. 2 lit. e („any person") oder Art. 5 lit. a CEDAW („men and women") zum Ausdruck kommt. Dies folgt aber daraus, dass Gepflogenheiten und Praktiken ein Verhalten meinen, welches der Natur der Sache nach nur durch natürliche Personen vermittelt werden kann.

In Verbindung mit Art. 5 lit. a CEDAW begründen Art. 2 lit. e und f CEDAW eine Schutzpflicht der Vertragsstaaten gegen Benachteiligungen aufgrund von Geschlechterstereotypen und Rollenbildern in horizontalen Rechtsbeziehungen.[59] Die territoriale Geltung dieser Schutzpflicht bzw. die Frage, ob und falls ja, unter welchen Voraussetzungen die Schutzpflicht auch extraterritorial anwendbar sein kann, ist genereller Art und wird deshalb im abschließenden Kapitel nach der Auslegung des Art. 5 lit. a CEDAW behandelt.[60] Im Folgenden ist die Schutzpflicht der Vertragsstaaten aus Art. 2 lit. e und f i. V. m. Art. 5 lit. a CEDAW in Hinblick auf ihren Inhalt sowie ihre Begründbarkeit angesichts der völkerrechtlichen Staatenverantwortlichkeit zu untersuchen.

3.6.1 Der Inhalt der Schutzpflicht

Die Schutzpflicht aus Art. 2 lit. e und f CEDAW verlangt von den Vertragsstaaten ein positives Tun in Form des Ergreifens aller geeigneten Maßnahmen, um Menschenrechtsverletzungen von Frauen durch Private zu verhindern, zu verfolgen und zu sanktionieren.[61] Die Schutzpflicht steht dadurch in einem Gegensatz zu den Achtungspflichten der CEDAW-Vertragsstaaten. Achtungspflichten bezeichnen die negative Verpflichtung der Vertragsstaaten, keine Handlungen wie das Erlassen von Gesetzen und Verordnungen vorzunehmen, welche unmittelbar oder mittelbar in die gleichberechtigte Wahrnehmung der Menschenrechte von Frauen eingreifen, d. h. eine Diskriminierung i. S. v. Art. 1 CEDAW begründen.[62]

Eine Schutzpflicht zugunsten von Frauen war bereits in Art. 4 lit. c der rechtsunverbindlichen DEDAW enthalten, auf der die CEDAW zu weiten Teilen beruht.[63] In Art. 4 lit. c DEDAW war die Schutzpflicht allerdings auf Gewalt gegen Frauen

[59] Sogleich Abschn. 3.6.1.

[60] Abschn. 6.1.

[61] CEDAW Committee, General recommendation No. 28 on the core obligations of States parties under article 2 of the Convention on the Elimination of All Forms of Discrimination against Women, 16 December 2010, UN Doc. CEDAW/C/GC/28, paras. 13, 17; *Byrnes/Campbell*, Article 2, in: Schulz et al. (eds.), CEDAW Commentary, 109 (126–132); *Nowak/Januszewski*, Non-State Actors and Human Rights, in: Noortmann/Reinisch/Ryngaert (eds.), Non-State Actors in International Law, 113 (142).

[62] *Byrnes/Kapai*, Article 1, in: Schulz et al. (eds.), CEDAW Commentary, 79 (87, 88).

[63] *Schulz/Halperin-Kaddari/Rudolf*, Introduction, in: Schulz et al. (eds.), CEDAW Commentary, 1 (9).

begrenzt. Die Schutzpflicht der CEDAW geht darüber auf zweierlei Art und Weise hinaus. Zum einen, weil sie inhaltlich nicht auf die Gewalt gegen Frauen beschränkt ist und zum anderen, weil die Position der Art. 2 lit. e und f CEDAW als Grundlagenartikel die Schutzpflicht auf die besonderen Diskriminierungsverbote der Art. 6 bis 16 CEDAW erstreckt. Den CEDAW-Vertragsstaaten obliegt dadurch die Pflicht, Verletzungen aller, d. h. des allgemeinen Diskriminierungsverbots aus Art. 1 CEDAW sowie der besonderen Diskriminierungsverbote aus Art. 6 ff. CEDAW durch Private wie Familienangehörige[64] oder den Arbeitgeber[65] zu verhindern, zu verfolgen und zu sanktionieren. Dies schließt es auf einer ersten und allgemeinen Ebene ein, dass die Vertragsstaaten für eine ausreichende individualschützende Rechtsordnung einschließlich Strafgesetzgebung sorgen.[66] Auf der zweiten Ebene verpflichtet die Schutzpflicht die Vertragsstaaten dazu, bei Rechtsbeeinträchtigungen im Einzelfall konkret einzuschreiten.[67]

Art. 2 lit. e und f CEDAW wirken dadurch ebenso in die horizontalen Rechtsbeziehungen Privater hinein wie Art. 5 lit. a CEDAW, welcher von den Vertragsstaaten das Herbeiführen eines Wandels in den Verhaltensmustern von Männern und Frauen, d. h. in einem originär privatrechtlichen Bereich verlangt. Art. 2 lit. e und f sind dadurch als Schutzverstärkung des Art. 5 lit. a CEDAW zu verstehen, weil Art. 2 CEDAW im Allgemeinen das Ergreifen von Maßnahmen, anders als Art. 5 lit. a CEDAW, zu einer unverzüglichen Pflicht erklärt („without delay"). Zudem nennt

---

[64] Z. B. CEDAW Committee, *González v. Spain*, 15 August 2014, UN Doc. CEDAW/C/58/D/47/2012.

[65] Z. B. CEDAW Committee, *R.K.B. v. Turkey*, 13 April 2012, UN Doc. CEDAW/C/51/D/28/2010.

[66] CEDAW Committee, Report on Mexico produced by the Committee on the Elimination of Discrimination against Women under article 8 of the Optional Protocol to the Convention, and reply from the Government of Mexico, 27 January 2005, UN Doc. CEDAW/C/2005/OP.8/MEXICO, paras. 292, 294; Summary of the inquiry concerning the Philippines under article 8 of the Optional Protocol to the Convention on the Elimination of All Forms of Discrimination against Women, August 2014, UN Doc. CEDAW/C/OP.8/PHL/1, para. 51; Report of the inquiry concerning Canada of the Committee on the Elimination of Discrimination against Women under article 8 of the Optional Protocol to the Convention on the Elimination of All Forms of Discrimination against Women, 30 March 2015, UN Doc. CEDAW/C/OP.8/CAN/1, paras. 217 (a), (c)-(e), (g)-(k), (m)-(r); Inquiry concerning the United Kingdom of Great Britain and Northern Ireland under article 8 of the Optional Protocol to the Convention on the Elimination of All Forms of Discrimination against Women. Report of the Committee, 6 March 2018, UN Doc. CEDAW/C/OP.8/GBR/1, paras. 85–86; Inquiry concerning Kyrgyzstan under article 8 of the Optional Protocol to the Convention on the Elimination of All Forms of Discrimination against Women. Report of the Committee, 21 September 2018, UN Doc. CEDAW/C/OP.8/KGZ/1, paras. 92–96; Inquiry concerning Mali under article 8 of the Optional Protocol to the Convention on the Elimination of All Forms of Discrimination against Women. Report of the Committee, 24 December 2019, UN Doc. CEDAW/C/IR/MLI/1, paras. 81–83; Inquiry concerning South Africa conducted under article 8 of the Optional Protocol to the Convention. Report of the Committee, 14 May 2021, UN Doc. CEDAW/C/ZAF/IR/1, paras. 118–121; *Goekce v. Austria*, 6 August 2007, UN Doc. CEDAW/C/39/D/5/2005, paras. 12.3 (a), (b); *V.P.P. v. Bulgaria*, 24 November 2012, UN Doc. CEDAW/C/53/D/31/2011, para. 10 (2) (a)-(e).

[67] Z. B. CEDAW Committee, *Goekce v. Austria*, 6 August 2007, UN Doc. CEDAW/C/39/D/5/2005), paras. 12.1.3–12.1.4; *V.P.P. v. Bulgaria*, 24 November 2012, UN Doc. CEDAW/C/53/D/31/2011, para. 9.9.

Art. 2 lit. f CEDAW als in Betracht kommende Maßnahmen regelbeispielhaft Legislativakte, wohingegen Art. 5 lit. a CEDAW die zu ergreifenden Maßnahmen nicht präzisiert und den Vertragsstaaten dadurch einen weiteren Ermessensspielraum belässt.[68] Dieser Punkt wird bei der Untersuchung der Pflichtenarten des Art. 5 lit. a CEDAW vertieft.[69]

Da die CEDAW-Grundlagenartikel (Art. 1 bis 5, 24) als zusammenzulesender Korpus der allgemeinen Staatenpflichten unter der CEDAW wirken, folgt aus Art. 2 lit. e und f i. V. m. Art. 5 lit. a CEDAW eine unverzüglich umzusetzende Pflicht der Vertragsstaaten, Frauen durch alle geeigneten Maßnahmen einschließlich der Gesetzgebung in horizontalen Rechtsbeziehungen vor Benachteiligungen aufgrund von Geschlechterstereotypen und Rollenbildern zu schützen.

3.6.2 Die Staatenverantwortlichkeit für Handlungen Privater

Das Hineinwirken in private Rechtsbeziehungen wirft die Frage auf, in welchem Verhältnis die Schutzpflicht aus Art. 2 lit. e und f i. V. m. Art. 5 lit. a CEDAW zur völkergewohnheitsrechtlichen Staatenverantwortlichkeit bzw. Art. 1 ILC-ASR[70] steht. Nach Art. 1 ILC-ASR setzt die völkerrechtliche Verantwortung eines Vertragsstaates eine völkerrechtswidrige Handlung voraus,[71] welche gemäß Art. 2 ILC-ASR dann vorliegt, wenn ihm die Handlung (Tun oder Unterlassen) zurechenbar[72] ist (lit. a) und eine Verletzung seiner völkerrechtlichen Verpflichtung darstellt (lit. b).[73]

Aufgrund des nur empfehlenden Charakters von UN-Resolutionen gemäß Art. 13 Abs. 1 UN-Charta[74] sind die ILC-ASR zwar rechtsunverbindlich. Allerdings

---

[68] Vgl. *Timmer/Holtmaat*, Article 5, in: Schulz et al. (eds.), CEDAW Commentary, 221 (247–248); *Holtmaat*, Towards *Different* Law and Public Policy. The Significance of Article 5a CEDAW for the elimination of structural gender discrimination, pp. 76–78.

[69] Abschn. 4.2.

[70] GA, Resolution. Adopted by the General Assembly, 56/83. Responsibility of States for internationally wrongful acts, 28 January 2002, UN Doc. A/RES/56/83.

[71] Crawford, The International Law Commission's Articles on State Responsibility. Introduction, Text, and Commentaries, p. 77 para. 1, p. 81 para. 1.

[72] Ibid., pp. 81–83 paras. 1, 4–6; *Frouville*, Chapter 19.3: Attribution of Conduct to the State: Private Individuals, in: Crawford/Pellet/Olleson (eds.), The Law of International Responsibility, 257 (261); *Stern*, Chapter 17: Elements of an Internationally Wrongful Act, in: Crawford/Pellet/Olleson (eds.), The Law of International Responsibility, 193 (200–201); *Thiele*, Das Verhältnis zwischen Staatenverantwortlichkeit und Menschenrechten, in: AvR 49(4), 2011, 343 (365).

[73] Crawford, The International Law Commission's Articles on State Responsibility. Introduction, Text, and Commentaries, p. 81 para. 1, p. 83–84 paras. 7–8; *Nishimura*, Chapter 25: Source of the Obligation, in: Crawford/Pellet/Olleson (eds.), The Law of International Responsibility, 365 (365–366); *Stern*, Chapter 17: Elements of an Internationally Wrongful Act, in: Crawford/Pellet/Olleson (eds.), The Law of International Responsibility, 193 (209–214); *Thiele*, Das Verhältnis zwischen Staatenverantwortlichkeit und Menschenrechten, in: AvR 49(4), 2011, 343 (344).

[74] Charter of the United Nations, 1 UNTS XVI, entry into force 24 October 1945.

hat das Gros ihrer Bestimmungen völkergewohnheitsrechtlichen Charakter.[75] Da Menschenrechtsverträge wie die CEDAW durch ihren drittschützenden Zweck einen anderen Regelungsgegenstand aufweisen als zwischenstaatliche Verträge (horizontales vs. vertikales Rechtsverhältnis), stellt sich zunächst die Frage nach der Anwendbarkeit der ILC-ASR auf Menschenrechtsverträge.[76]

Nach Art. 55 ILC-ASR sind die Staatenverantwortlichkeitsregeln der ILC-ASR dann nicht anwendbar, wenn und soweit die Voraussetzungen einer Primärnormverletzung und ihre Rechtsfolgen durch spezielle Vorschriften geregelt werden, welche als verschieden starke Ausprägungen von *lex specialis* vorliegen können.[77] Unter Verweis auf die *dicta* des IGH in *Barcelona Traction*[78] und im *Nicaragua*-Fall[79] wurde insbesondere von den Mitgliedstaaten des Warschauer Vertrags (1955–1991),[80] sozialistischen Völkerrechtlern[81] und teilweise auch im Schrifttum der post-Blockkonfrontation[82] vertreten, dass Menschenrechte außerhalb von *erga omnes*-wirkenden Normen ein in-sich-geschlossenes Ordnungssystem i. S. d. der Definition des IGH im *Teheraner-Geiselfall*[83] darstellen (self-contained regime), deren

[75] *Chirwa*, State Responsibility for Human Rights, in: Baderin/Ssenyonjo (eds.), International Human Rights Law, 397 (398); *Schröder*, Verantwortlichkeit, Völkerstrafrecht, Streitbeilegung und Sanktionen, in: Proelß (ed.), Völkerrecht, 823 (832–833 para. 6, 841 para. 22); *Thiele*, Das Verhältnis zwischen Staatenverantwortlichkeit und Menschenrechten, in: AvR 49(4), 2011, 343 (343).

[76] *Thiele*, Das Verhältnis zwischen Staatenverantwortlichkeit und Menschenrechten, in: AvR 49(4), 2011, 343 (345–347).

[77] ILC, Document A/56/10: Report of the International Law Commission on the work of its fifty-third session (23 April-1 June and 2 July-10 August 2001), YBIL 2001, Vol. II, Part Two, UN Doc. A/CN.4/SER.A/2001/Add.1 (Part 2), 1 (140–141 paras. 1–6); Crawford, State Responsibility, pp. 114–115; *Marks/Azizi*, Chapter 51.1, International Mechanisms, in: Crawford/Pellet/Olleson (eds.), The Law of International Responsibility, 725 (725); *Simma/Pulkowski*, Of Planets and the Universe: Self-contained Regimes in International Law, in: European Journal of International Law 17(3), 2006, 483 (490–491); *Thiele*, Das Verhältnis zwischen Staatenverantwortlichkeit und Menschenrechten, in: AvR 49(4), 2011, 343 (345–346).

[78] ICJ, *Barcelona Traction, Light and Power Company, Limited* (Belgium v. Spain), Judgement, I.C.J. Reports 1970, 3 (47 para. 91).

[79] ICJ, *Military and Paramilitary Activities in and against Nicaragua* (Nicaragua v. United States), Merits, Judgement, I.C.J. Reports 1986, 14 (134 para. 267).

[80] Treaty of friendship, co-operation and mutual assistance between the People's Republic of Albania, the People's Republic of Bulgaria, the Hungarian's People's Republic, the German Democratic Republic, the Polish People's Republic, the Romanian People's Republic, the Union of Soviet Socialist Republics and the Czechoslovak Republic, 219 UNTS 3, entry into force 6 June 1955.

[81] Graefrath, Menschenrechte und internationale Kooperation. 10 Jahre Praxis des Internationalen Menschenrechtskomitees, pp. 18–19, 21–22, 34–39; Internationale Zusammenarbeit und Menschenrechte. Zum 25. Jahrestag der Allgemeinen Erklärung der Menschenreche, in: Neue Justiz 27 (1. Dezemberheft), 1973, 683 (688); *Mohr*, Mittel und Methoden der Normdurchsetzung im Völkerrecht der Gegenwart, in: Graefrath (ed.), Probleme des Völkerrechts 1987, 213 (215–218, 223, 242).

[82] *Frowein*, The Interrelationship Between the Helsinki Final Act, the International Covenants on Human Rights, and the European Convention on Human Rights, in: Buergenthal (ed.), Human Rights, International Law and the Helsinki Accord, 71 (79–80).

[83] ICJ, *Case Concerning United States Diplomatic and Consular Staff in Tehran* (United States of America v. Iran), Judgement, I.C.J Reports 1980, 3 (38–40, para. 86).

Primärnormverletzung allein dem vertragsspezifischen Verantwortlichkeitssystem unterliegt (Exklusivitätsthese, exclusivity thesis).[84] Internationale Sanktionsmöglichkeiten im Rahmen der völkerrechtlichen Staatenverantwortlichkeit wurden bzw. werden dementsprechend nur bei einer Verletzung von *ius cogens*-Normen und *erga omnes*-Verpflichtungen bejaht, weil diese eine Schwere erreichten, die den internationalen Frieden und die Sicherheit gefährden. Dies wurde beispielsweise für die in *Barcelona Traction* als *erga omnes*-Pflichten herausgestellten Verbote des Völkermords und der Sklaverei und daraufhin für die Apartheid in Südafrika sowie das „Smith-Regime in Rhodesien" angenommen, die eine „internationale Angelegenheit" darstellten und zu Sanktionen durch die internationale Staatengemeinschaft berechtigen würden.[85]

Allerdings stellen die Menschenrechte kein *lex specialis* i. S. v. Art. 55 ILC-ASR dar, da Menschenrechtsverträge den sekundärrechtlichen Rückgriff auf die allgemeine Staatenverantwortlichkeit nicht ausschließen. So greift Art. 29 Abs. 1 CEDAW als Zuständigkeitsklausel der Konvention auf die mit Art. 33 Abs. 1 UN-Charter vorgesehenen Verfahren zurück, indem zwischenstaatliche Streitigkeiten[86] nach gescheiterten Verhandlungs- und Schlichtungsversuchen der IGH-Gerichtsbarkeit übertragen werden können.[87] Weitere Zuständigkeitsklauseln in Menschenrechtsverträgen sind beispielsweise Art. IX Völkermordkonvention,[88]

---

[84] ILC, Document A/CN.4/328 and Add.1–4: Observations and comments of Governments on chapters I, II and III of part 1 of the draft articles on State responsibility for internationally wrongful acts, YBIL 1980, Vol. II, Part One, UN Doc. A/CN.4/SER.A/1980/Add.1 (Part 1), 87 (103 para. 3 (Ukrainian Soviet Socialist Republic), 103–104 (Union of Soviet Socialist Republics), 104–105 para. 5, 106 paras. 19–20 (Yugoslavia)); Document A/CN.4/414: Comments and observations of Governments on part 1 of the draft articles on State responsibility for internationally wrongful acts, YBIL 1988, Vol. II, Part One, UN Doc. A/CN.4/SER.A/1988/Add.1 (Part 1), 1 (4 paras. 35–36 (German Democratic Republic)).

[85] Ibid.; Graefrath, Menschenrechte und internationale Kooperation. 10 Jahre Praxis des Internationalen Menschenrechtskomitees, pp. 21–22, 34–35, 38–37; *Mohr*, Mittel und Methoden der Normdurchsetzung im Völkerrecht der Gegenwart, in: Graefrath (ed.), Probleme des Völkerrechts 1987, 213 (217–218, 239).

[86] Zur Definition und den Voraussetzungen zum Vorliegen einer „Streitigkeit" ("dispute") PCIJ, *Mavrommatis Palestine Concessions* (Greece v. Britain), Judgement No. 2, 1924, P.C.I.J., Series A, No. 2, p. 11; ICJ, *South West Africa Cases* (Ethiopia v. South Africa; Liberia v. South Africa), Preliminary Objections, Judgement, I.C.J. Reports 1962, 319 (328); *Armed Activities on the Territory of the Congo (New Application: 2002)* (Democratic Republic of the Congo v. Rwanda), Jurisdiction and Admissibility, Judgement, I.C.J. Reports 2006, 6 (40 para. 90); *Application of the International Convention on the Elimination of all Forms of Racial Discrimination* (Georgia v. Russian Federation), Preliminary Objections, Judgement, I.C.J. Reports 2011, 70 (84 para. 30).

[87] ICJ, *Armed Activities on the Territory of the Congo (New Application: 2002)* (Democratic Republic of the Congo v. Rwanda), Jurisdiction and Admissibility, Judgement, I.C.J. Reports 2006, 6 (38–39 para. 97); *Kroworsch*, Article 29, in: Schulz et al. (eds.), CEDAW Commentary, 815 (815–816); *Tomuschat*, Article 36, in: Zimmermann/Tams (eds.), The Statute of the International Court of Justice. A Commentary, paras. 35, 39.

[88] Convention on the Prevention and Punishment of the Crime of Genocide, 78 UNTS 277, entry into force 12 January 1951; ICJ, *Application of the International Convention on the Elimination of all Forms of Racial Discrimination* (Georgia v. Russian Federation), Preliminary Objections, Judgement, I.C.J. Reports 2011, 70 (81 para. 21); *Application of the Convention on the Prevention and*

Art. 22 Anti-Rassismuskonvention[89] sowie Art. 30 Abs. 1 Anti-Folterkonvention,[90] welche Verletzungen des jeweiligen Vertrags, unter variierenden Voraussetzungen, der Jurisdiktion des IGH und insofern der allgemeinen Staatenverantwortlichkeit i. S. d. ILC-ASR unterwerfen.

In Anwendbarkeit der ILC-ASR besteht eine völkerrechtliche Verantwortlichkeit gemäß Art. 2 lit. a ILC-ASR nur dann, wenn dem Staat die Normverletzung zurechenbar ist.[91] Demnach kann den CEDAW-Vertragsstaaten eine Verletzung von negativen Achtungspflichten verhältnismäßig unproblematisch zugerechnet werden,[92] wenn sie Frauen i. S. v. Art. 1 CEDAW benachteiligen. Eine Zurechnung des Verhaltens Privater an den Staat kommt nur nach Art. 8 bis 11 ILC-ASR in Betracht, d. h. bei einem Verhalten des Privaten unter der Leitung oder Kontrolle des Staates (Art. 8), bei der faktischen Wahrnehmung hoheitlicher Befugnisse während der Abwesenheit oder des Ausfalls staatlicher Stellen (Art. 9) oder bei einer nachträglichen Anerkennung des Handelns Privater als ein Verhalten durch den Staat (Art. 11).[93] Die Zurechnung unter Art. 8 bis 11 ILC-ASR setzt jeweils eine Verbindung zwischen dem Staat und der Person, welche die völkerrechtswidrige Handlung begeht

Punishment of the Crime of Genocide (The Gambia v. Myanmar), Application Instituting Proceedings and Request for Provisional Measures, 2019, General List No. 178, paras. 16–24; *Allegations of Genocide under the Convention on the Prevention and Punishment of the Crime of Genocide* (Ukraine v. Russian Federation), Application Instituting Proceedings, 2022, General List No. 182, paras. 4–12; *Application of the Convention on the Prevention and Punishment of the Crime of Genocide in the Gaza Strip* (South Africa v. Israel), Application Instituting Proceedings, 2023, General List No. 192, paras. 8–17.

[89] ICJ, *Application of the International Convention on the Elimination of all Forms of Racial Discrimination* (Georgia v. Russian Federation), Preliminary Objections, Judgement, I.C.J. Reports 2011, 70 (80–81 para. 20); *Application of the International Convention on the Elimination of All Forms of Racial Discrimination* (Qatar v. United Arab Emirates), Preliminary Objections, Judgement, I.C.J. Reports 2021, 71 (86–87 paras. 35–37).

[90] Convention against Torture and Other Cruel, Inhuman or Degrading Treatment or Punishment, 1465 UNTS 85, entry into force 26 June 1987; ICJ, *Questions relating to the Obligation to Prosecute or Extradite* (Belgium v. Senegal), Judgement, I.C.J. Reports 2012, 422 (440–448 paras. 42–63); *Application of the Convention against Torture and Other Cruel, Inhuman or Degrading Treatment or Punishment* (Canada and Netherlands v. Syrian Arab Republic), Provisional Measures, Order, I.C.J. Reports 2023, 587 (594–602 paras. 21–47).

[91] Crawford, The International Law Commission's Articles on State Responsibility. Introduction, Text, and Commentaries, pp. 81–83 paras. 1, 4–6; *Frouville*, Chapter 19.3: Attribution of Conduct to the State: Private Individuals, in: Crawford/Pellet/Olleson (eds.), The Law of International Responsibility, 257 (261); *Stern*, Chapter 17: Elements of an Internationally Wrongful Act, in: Crawford/Pellet/Olleson (eds.), The Law of International Responsibility, 193 (200–201); *Thiele*, Das Verhältnis zwischen Staatenverantwortlichkeit und Menschenrechten, in: AvR 49(4), 2011, 343 (344, 365).

[92] Vgl. *Chirwa*, The Doctrine of State Responsibility as a Potential Means of Holding Private Actors Accountable for Human Rights, in: Melbourne Journal of International Law 5(1), 2004, 1 (5–9).

[93] *Frouville*, Chapter 19.3: Attribution of Conduct to the State: Private Individuals, in: Crawford/Pellet/Olleson (eds.), The Law of International Responsibility, 257 (265–275); *Thiele*, Das Verhältnis zwischen Staatenverantwortlichkeit und Menschenrechten, in: AvR 49(4), 2011, 343 (367).

sowie die Kontrolle des Staates über die Person voraus („effective control")[94] und erfasst alle völkerrechtlichen Pflichtverletzungen, d. h. auch Verletzungen im Bereich der Menschenrechte.[95]

Beachtlich ist die Vorbehaltsklausel des Art. 58 ILC-ASR, weil sie die grundsätzliche Möglichkeit einer völkerrechtlichen Verantwortung von Privatpersonen impliziert. Art. 58 ILC-ASR findet sich wie Art. 55 ILC-ASR im abschließenden vierten Teil der Staatenverantwortlichkeitsregeln (General Provisions) und bestimmt, dass die ILC-ASR Fragen der individuellen völkerrechtlichen Verantwortlichkeit von Personen, die im Auftrag eines Staates handeln, unberührt lässt. Art. 58 ILC-ASR setzt zwar explizit ein Handeln „on behalf of a State" voraus, ihm kann aber auch kein Verbot der Individualverantwortung einzelner Individuen für ein völkerrechtswidriges Verhalten ohne staatlichen Auftrag entnommen werden, d. h. für ein rein privates Verhalten. Die Kommentierung der ILC-ASR legt im Gegenteil nahe, dass Art. 58 ILC-ASR bewusst als Öffnungsklausel für eine Individualverantwortung aufgenommen wurde, um etwaigen Rechtsentwicklungen in diese Richtung nicht entgegenzustehen.[96]

Im Völkerrecht existiert eine individuelle völkerrechtliche Verantwortung *de lege lata* allerdings allein im Völkerstrafrecht gemäß Art. 1 Satz 2, 25 Abs. 1 und 2 Rom-Statut des IStGH[97] und den Statuten von ad hoc Tribunalen wie dem Nürnberger Gerichtshof sowie den Internationalen Strafgerichtshöfen für das ehemalige Jugoslawien (IStGHJ) und Ruanda (IStGHR).[98] Wie die Verfahren vor allem im

[94] ICJ, *Military and Paramilitary Activities in and against Nicaragua* (Nicaragua v. United States of America, Merits, Judgement, I.C.J. Reports 1986, 14 (64–65 para. 115); *Application of the Convention on the Prevention and Punishment of the Crime of Genocide* (Bosnia and Herzegovina v. Serbia and Montenegro), Judgement, I.C.J. Reports 2007, 43 (204–205 para. 391); *Frouville*, Chapter 19.3: Attribution of Conduct to the State: Private Individuals, in: Crawford/Pellet/Olleson (eds.), The Law of International Responsibility, 257 (265–275); *Thiele*, Das Verhältnis zwischen Staatenverantwortlichkeit und Menschenrechten, in: AvR 49(4), 2011, 343 (367).

[95] ICJ, *Application of the Convention on the Prevention and Punishment of the Crime of Genocide* (Bosnia and Herzegovina v. Serbia and Montenegro), Judgement, I.C.J. Reports 2007, 43 (204–208 paras. 391–399); *Thiele*, Das Verhältnis zwischen Staatenverantwortlichkeit und Menschenrechten, in: AvR 49(4), 2011, 343 (367); vgl. so auch schon ILC, Summary records of the twenty-seventh session, 5 May-25 July 1975, YBIL 1975, Vol. 1, UN Doc. A/CN.4/SER.A/1975, 1306th meeting State responsibility (*continued*), Draft articles submitted by the Special Rapporteur, Article 10 (Conduct of organs acting outside their competence or contrary to the provisions concerning their activity) (*continued*), p. 16 para. 5.

[96] ILC, Document A/56/10: Report of the International Law Commission on the work of its fifty-third session (23 April-1 June and 2 July-10 August 2001), YBIL 2001, Vol. II, Part 2, UN Doc. A/56/10, 1 (142 para. 2); Crawford, The International Law Commission's Articles on State Responsibility. Introduction, Text, and Commentaries, p. 312.

[97] Rome Statute of the International Criminal Court, 2187 UNTS 3, entry into force 1 July 2002.

[98] *Ambos*, Article 25, in: Ambos (ed.), Rome Statute of the International Criminal Court, paras. 1, 4–5; *Triffterer/Bohlander*, Article 1, in: Ambos (ed.), Rome Statute of the International Criminal Court, paras. 15–16; *Tomuschat*, Chapter 23.1: The Responsibility of other Entities: Private Individuals, in: Crawford/Pellet/Olleson (eds.), The Law of International Responsibility, 317 (317, 321–322).

Zusammenhang mit dem Jugoslawien-[99] und dem Zweiten Kongokrieg[100] vor dem IGH und dem IStGH/IStGHJ sowie zuletzt zum Vorwurf des Völkermords an den Rohingya in Myanmar[101] zeigen, bestehen die völkerrechtliche Staatenverantwortlichkeit sowie die völkerstrafrechtliche Individualverantwortung unter unterschiedlichen Rechtsregimes mit verschiedenen Zielsetzungen nebeneinander,[102] wobei der IStGH anders als der IGH kein Rechtsprechungsorgan der UN ist.

Die Dualität an Verantwortlichkeitenregimes bereitet dem Grunde nach keine größere funktionelle Konfusion;[103] eine gegenseitige Ergänzung beider Regimes ist durch die Öffnungsklauseln des Art. 58 ILC-ASR und seinem Pendant in Art. 25 Abs. 4 Rom-Statut angelegt, sodass beide einander gar „verfeinern"[104] können. Art. 25 Abs. 1 und 2 Rom-Statut normieren die völkerstrafrechtliche

---

[99] ICJ: *Application of the Convention on the Prevention and Punishment of the Crime of Genocide* (Bosnia and Herzegovina v. Serbia and Montenegro), Judgement, I.C.J. Reports 2007, 43; *Application of the Convention on the Prevention and Punishment of the Crime of Genocide* (Croatia v. Serbia), Judgement, I.C.J. Reports 2015, 3; ICTY: z. B. *Prosecutor v. Zejnil Delalić, Zdravko Mucić also known as „Pavo", Hazim Delić, Esd Landžo also known as „Zenga", Trial* Judgement, 16 November 1998, IT-96-21-T; *Prosecutor v. Anto Furundzija, Trial* Judgement, 10 December 1998, IT-95-17/1-T; *The Proesecutor v. Duško Tadić*, Appeals Chamber, Judgement, 15 July 1999, IT-94-I-A; *The Prosecutor v. Zejnil Delalić, Zdravko Mucić, Hazim Delić and Esad Landžo (Čelebići), Appeals Chamber, Judgement, 20 February 2001, IT-96-21-A; Prosecutor v. Dragoljub Kunarac, Radomir Kovač and Zoran Vuković*, Judgement, 22 February 2001, IT-96-23-T and IT-96-23/1-T; *Prosecutor v. Radislav Krstić*, Trial Judgement, 2 August 2001, IT-98-33-T.

[100] ICJ: *Armed Activities on the Territory of the Congo (New Application: 2002)* (Democratic Republic of the Congo v. Rwanda), Jurisdiction and Admissibility, Judgement, I.C.J. Reports 2006, 6; *Armed Activities on the Territory of the Congo* (Democratic Republic of the Congo v. Uganda), Judgement, I.C.J. Reports 2005, 168; ICC: z. B. *The Prosecutor v. Thomas Lubanga Dyilo*, ICC-01/04-01/06; *The Prosecutor v. Germain Katanga*, ICC-01/04-01/07; *The Prosecutor v. Bosco Ntaganda*, ICC-01/04-02/06.

[101] ICJ, *Application of the Convention on the Prevention and Punishment of the Crime of Genocide* (The Gambia v. Myanmar), Preliminary Objections, Judgement, I.C.J. Reports 2022, 477 (518–519 para. 115); ICC, Decision Pursuant to Article 15 of the Rome Statute on the Authorisation of an Investigation into the Situation in the People's Republic of Bangladesh/Republic of the Union of Myanmar, 14 November 2019, Pre-Trial Chamber III, Decision, ICC-01/19-27, p. 58; Statement of ICC Prosecutor Karim A.A. Khan KC: Application for an arrest warrant in the situation in Bangladesh/Myanmar, 27 November 2024, https://www.icc-cpi.int/news/statement-icc-prosecutor-karim-aa-khan-kc-application-arrest-warrant-situation-bangladesh (zuletzt abgerufen am 03.12.2025).

[102] ICJ, *Application of the Convention on the Prevention and Punishment of the Crime of Genocide* (Croatia v. Serbia), Judgement, I.C.J. Reports 2015, 3 (61 para. 129).

[103] *Frouville*, Chapter 19.3: Attribution of Conduct to the State: Private Individuals, in: Crawford/Pellet/Olleson (eds.), The Law of International Responsibility, 257 (257); kritischer: *Espiell*, International Responsibility of the State and Individual Criminal Responsibility in the International Protection of Human Rights, in: Ragazzi (ed.), International Responsibility Today: Essays in Memory of Oscar Schachter, 151 (152–160); *Franck*, Individual Criminal Liability and Collective Civil Responsibility: Do They Reinforce or Contradict One Another?, in: Washington University Global Studies Law Review 6(3), 2007, 567 (567–573).

[104] *Schröder*, Verantwortlichkeit, Völkerstrafrecht, Streitbeilegung und Sanktionen, in: Proelß (ed.), Völkerrecht, 823 (849 para. 38).

Individualverantwortung natürlicher Personen,[105] wovon die Verantwortlichkeit von Staaten laut Absatz 4 der Norm aber unberührt bleibt.[106] Das Nebeneinander beider Regimes birgt allerdings die Gefahr auslegungsbezogener Völkerrechtsfragmentierungen, wie sie insbesondere in der unterschiedlichen Bewertung des Zurechnungskriteriums in Art. 8 ILC-ASR durch den IGH und den IStGHJ ersichtlich wird.[107]

Im Ergebnis ist festzuhalten, dass Art. 58 ILC-ASR keine völkerrechtliche Individualverantwortung vorsieht. Somit bleibt es dabei, dass das völkerrechtswidrige Verhalten von Privatpersonen einem CEDAW-Vertragsstaat zurechenbar sein muss, um seine völkerrechtliche Verantwortung unter Art. 1 und 2 ILC-ASR auszulösen.

3.6.3 *Die Staatenverantwortlichkeit für das pflichtwidrige Unterlassen*

Im völkerrechtlichen Menschenrechtsschutz ist es anerkannt, dass eine Verletzung vertragsstaatlicher Schutzpflichten eine eigene Pflichtverletzung des Staates in Form des Unterlassens darstellt.[108] Das heißt der Vertragsstaat haftet gerade nicht für das völkerrechtswidrige Tun eines anderen, nämlich des Privaten, sondern für sein *eigenes Unterlassen*, die ihm in diesem Zusammenhang obliegende Schutz-

[105] *Ambos*, Article 25, in: Ambos (ed.), Rome Statute of the International Criminal Court, paras. 1, 4–5.

[106] Ibid., para. 47.

[107] ICJ, *Application of the Convention on the Prevention and Punishment of the Crime of Genocide* (Bosnia and Herzegovina v. Serbia and Montenegro), Judgement, I.C.J. Reports 2007, 43 (208–211 paras. 399–407), weist den „overall control"-Test des ICTY zurück und erhält den „effective control"-Maßstab für die Zurechnung unter Art. 8 ILC-ASR aufrecht; *Thiele*, Fragmentierung des Völkerrechts als Herausforderung für die Staatengemeinschaft, in: AVR 46(1), 2008, 1 (2, 13–14) zur „effective control" als Voraussetzung der Staatenverantwortlichkeit unter Art. 8 ILC-ASR in ICJ, *Military and Paramilitary Activities in and against Nicaragua* (Nicaragua v. United States), Merits, Judgement of 27 June 1986, I.C.J. Reports 1986, 14 (62 para. 109) und ICTY, *The Proesecutor v. Duško Tadić*, Case No.: IT-94-I-A, Appeals Chamber, Judgement, 15 July 1999, para. 117.

[108] Grundlegend: IACHR, *Velásquez-Rodriguez v. Honduras*, Judgement of July 29, 1988 (Merits), IACHR Series C No 4, para. 172; weiterhin z. B. ICJ, *Application of the Convention on the Prevention and Punishment of the Crime of Genocide* (Bosnia and Herzegovina v. Serbia and Montenegro), Judgement, I.C.J. Reports 2007, 43 (221 para. 430); ECtHR, *X and Y v. The Netherlands*, 26 March 1985, Series A no. 91, paras. 23, 27; *A v. The United Kingdom*, 23 September 1998, Reports of Judgements and Decisions 1998-VI, para. 22; *Osman v. The United Kingdom*, 28 October 1998, Reports of Judgements and Decisions 1998-VIII, para. 115; *Chirwa*, State Responsibility for Human Rights, in: Baderin/Ssenyonjo (Hrsg.), International Human Rights Law, 397 (406–407); *Schröder*, Verantwortlichkeit, Völkerstrafrecht, Streitbeilegung und Sanktionen, in: Proelß (ed.), Völkerrecht, 823 (842 para. 25); vgl. auch *Frouville*, Chapter 19.3: Attribution of Conduct to the State: Private Individuals, in: Crawford/Pellet/Olleson (eds.), The Law of International Responsibility, 257 (277–279).

pflicht zu erfüllen.[109] Da dieses Unterlassen eine eigene völkerrechtswidrige Handlung des Staates nach Art. 2 ILC-ASR ist,[110] kommt es auf die Zurechnung i. S. v. Art. 2 lit. a ILC-ASR in den oben genannten Konstellationen der Art. 8 bis 11 ILC-ASR nicht an. Da die Pflichtverletzung durch Unterlassen denklogisch weiterhin „obligations to do" voraussetzt,[111] stellt sich die Frage nach dem Ursprung einer vertragsstaatlichen Schutzpflicht im Bereich der Menschenrechte, in dem Staaten jedenfalls keine primären Eigeninteressen verfolgen.

Menschenrechtsvertragliche Schutzpflichten werden mit der mittelbaren Drittwirkung einer Menschenrechtsnorm begründet. Die mittelbare Drittwirkung („third party-effect"[112]) bedeutet, dass eine Menschenrechtsnorm die Rechtsbeziehungen Privater beeinflusst, selbst wenn diese den Menschenrechten mangels[113] Vökerrechtssubjektivität nicht unmittelbar unterstellt sind und aus ihnen nicht haftbar gemacht werden können.[114] Die einzige Ausnahme unmittelbarer Pflichten für Private, welche im zweiten Kap. „Duties" durch Art. 28 und 29 Banjul-Charter stipuliert werden, sind aufgrund fehlender Durchsetzungsmechanismen eher als politische Postulate zu verstehen („political postulates"[115]).

Die Drittwirkungskraft einer Menschenrechtsnorm wird – ähnlich der deutschen Grundrechtsdogmatik – mit der (vermeintlich) objektiven Werteordnung erklärt, welche durch Menschenrechtsverträge geschaffen wird. Ersichtlicher Weise handelt es sich damit bei dem Drittwirkungscharakter einer Norm und der vertragsstaatlichen Schutzpflicht um dogmatisch verschiedenartige Figuren bzw. beide beantworten unterschiedliche Rechtsfragen: die mittelbare Drittwirkung klärt überhaupt erst, welche völkerrechtlichen Aussagen eine (vermeintlich) objektive Werteordnung darstellen. Erst wenn einer Menschenrechtsnorm die Qualität einer solch zentralen Wertentscheidung und folglich Drittwirkungskraft zugesprochen wird, ist ihr Schutzgedanke in der Auslegung und Anwendung des nationalen Rechts der Vertragsstaaten zu berücksichtigen, d. h. begründet eine Schutzpflicht wie aus Art. 2 lit e und f i. V. m. Art. 5 lit. a CEDAW, deren Verletzung dann die eingangs dargestellte

---

[109] *Frouville*, Chapter 19.3: Attribution of Conduct to the State: Private Individuals, in: Crawford/Pellet/Olleson (eds.), The Law of International Responsibility, 257 (277–278).

[110] *Latty*, Chapter 24: Actions and Omission, in: Crawford/Pellet/Olleson (eds.), The Law of International Responsibility, 355 (355–356).

[111] Ibid., 355 (358).

[112] Condé, Handbook of International Human rights Terminology, p. 108.

[113] *Kau*, Der Staat und der Einzelne als Völkerrechtssubjekte, in: Proelß (ed.), Völkerrecht, 199 (211 para. 3).

[114] Human Rights Committee, General Comment No. 31: The Nature of the General Legal Obligation Imposed on States Parties to the Covenant, 26 May 2004, UN Doc. CCPR/21/Rev.1/Add.13, para. 8; *Chirwa*, State Responsibility for Human Rights, in: Baderin/Ssenyonjo (eds.), International Human Rights Law, 397 (405–406, 408–409); *Nowak/Januszewski*, Non-State Actors and Human Rights in: Noortmann/Reinisch/Ryngaert (eds.), Non-State Actors in International Law, 113 (151).

[115] *Tomuschat*, Chapter 23.1: The Responsibility of other Entities: Private Individuals, in: Crawford/Pellet/Olleson (eds.), The Law of International Responsibility, 317 (318).

vertragsstaatliche Verantwortlichkeit für das eigene völkerrechtswidrige Unterlassen auslösen kann.

Die Schutzpflicht aus Art. 2 lit. e und f i. V. m. Art. 5 lit. a CEDAW ist somit als das völkervertraglich positivierte Ergebnis der Wertentscheidung für die Nicht-Diskriminierung von Frauen zu verstehen. Da die Menschenrechte von Frauen gerade durch Private verletzt wurden und fortwährend[116] verletzt werden, obliegt den Vertragsstaaten die Pflicht, die Rechte von Frauen in Privatrechtsbeziehungen zu schützen. Dass es einer Schutzpflicht nach wie vor bedarf, zeigt sich im weiteren Verlauf der systematischen Auslegung mit der Konvention von Belém do Para (1995), des Maputo-Protokolls (2004) sowie der Istanbul-Konvention (2014), welche an Art. 2 lit. e und f i. V. m. Art. 5 lit. a CEDAW orientierte Schutzpflichten der Vertragsstaaten vor Rechtsbeeinträchtigungen Privater enthalten.[117]

3.7 Vertragsauslegende spätere Übereinkünfte und Übungen

Gemäß Art. 31 Abs. 3 lit. a und b WVK sind in der systematischen Auslegung des Art. 5 lit. a CEDAW spätere Übereinkünfte der Vertragsstaaten und ihre Übungen in Bezug auf die Vertragsanwendung zu berücksichtigen.[118] Zu dem Begriff der „späteren Übung“ werden hier angesichts der englischen Sprachfassung „subsequent practice“ synonym die Formulierungen „spätere“ bzw. „nachfolgende (Staaten-) Praxis“ verwendet.

Durch Art. 31 Abs. 3 lit. a und b WVK bleibt die systematische Auslegung nicht in den Grenzen des CEDAW-Vertragstextes verhaftet. Denn er erlaubt es, das mit einem späteren Verhalten der Vertragsstaaten zum Ausdruck kommende Verständnis des Art. 5 lit. a CEDAW als authentische bzw. quasi-authentische Interpretationsquelle evolutiven Potenzials heranzuziehen.[119] Authentisch bzw. quasi-authentisch ist die Auslegung nach Art. 31 Abs. 3 lit. a und b WVK deshalb, weil sich das Ver-

[116] Z. B. CEDAW Committee, Inquiry Concerning Kyrgsyzstan under article 8 of the Optional Protocol to the Convention on the Elimination of All Forms of Discrimination against Women, 21 September 2018, UN Doc. CEDAW/C/OP.8/KGZ/1, para. 84; Inquiry concerning Mali under article 8 of the Optional Protocol to the Convention on the Elimination of All Forms of Discrimination against Women. Report of the Committee, 24 December 2019, UN Doc. CEDAW/C/IR/MLI/1, para. 74; Inquiry concerning South Africa conducted under article 8 of the Optional Protocol to the Convention. Report of the Committee, 14 May 2021, UN Doc. CEDAW/C/ZAF/IR/1, para. 111; *Goekce v. Austria*, 6 August 2007, UN Doc. CEDAW/C/39/D/5/2005, para. 12.3.

[117] Abschn. 3.8.

[118] *Sorel/Boré Eveno*, Article 31 Convention of 1969, in: Corten/Klein (eds.), VCLT Commentary, para. 42; *Kämmerer*, Begriff, Geschichte und Rechtsquellen des Völkerrechts in: Proelß (ed.), Völkerrecht, 1 (81–82 para. 115); Dahm/Delbrück/Wolfrum, Völkerrecht, Bd. I/3, § 153, 633 (642–643); Villiger, Article 31, VCLT Commentary, para. 15.

[119] ILC, Document A/68/10: Report of the International Law Commission on the work of its sixty-fifth session (6 May-7 June and 8 July-9 August 2013), YBIL 2013, Vol. II, Part Two, UN Doc. A/CN.4/SER.A/2013/Add. 1 (Part 2), 1 (22, Conclusion 2, paras. 1–2); Report of the International Law Commission. Seventieth session (30 April-1 June and 2 July-10 August 2018, UN Doc. A/73/10, p. 13: Conclusion 3; *Sorel/Boré Eveno*, Article 31 Convention of 1969, in: Corten/Klein (eds.), VCLT Commentary, para. 42; Villiger, Article 31, VCLT Commentary, para. 16.

ständnis einer Norm hier aus einer übereinstimmenden Erklärung oder einer entsprechenden Praxis der Vertragsstaaten ergibt und diese als „Herren des Vertrags" primär dazu befugt sind, ihn zu deuten, zu konkretisieren, zu ändern, zu ergänzen oder aufzuheben.[120] Mit der Aufzählung dieser Verben und dem bewusst gewählten Einschub „vertrags*auslegend*" in der Überschrift ist die Problematik der Abgrenzung zum vertrags*gestaltenden* bzw. *-ändernden* Effekt des Art. 31 Abs. 3 WVK impliziert, d. h. zu informellen Vertragsänderungen und seinem evolutiven Potenzial. Sie wird bei der evolutiven Auslegung im Zusammenhang mit den Bedenken einer unzulässigen informellen Vertragsänderung besprochen.[121]

Hier ist hervorzuheben, dass spätere Übereinkünfte und Übungen im Gegensatz zu den ansonsten objektiven Auslegungsmethoden des Art. 31 WVK ein subjektives Konzept verkörpern, da sie allein auf dem übereinstimmenden Willen der Vertragsstaaten beruhen.[122] Eine Übereinstimmung i. S. d. Art. 31 Abs. 3 lit. a und b WVK könnte folglich auch die Form eines Auslegungsvertrags oder einer Auslegungserklärung annehmen, sodass ihr im Ergebnis derselbe Rang und dieselbe rechtliche Bindungswirkung zukommen kann wie der auszulegenden Norm selbst.[123] Da spätere Übungen im Gegensatz zu späteren Übereinkünften nicht förmlich-vertraglich vorliegen, sondern sich konkludent aus dem Verhalten der Vertragsstaaten ergeben, ist sie als quasi-authentische Auslegung anzusehen.[124]

Für die CEDAW existiert keine Auslegungsübereinkunft i. S. v. Art. 31 Abs. 3 lit. a WVK. Die einzige spätere Übereinkunft ist das rein prozedurale Fakultativprotokoll,[125] das keine materiellrechtlichen Regelungen zur CEDAW enthält. Auch Art. 31 Abs. 3 lit. b WVK kann aufgrund der Nachweisproblematiken einer späteren Übung in Bezug auf Art. 5 lit. a CEDAW nicht als Auslegungsmittel herangezogen werden. Mit Nachweisproblematiken ist gemeint, dass die Feststellung einer Auslegungsansicht aus einer späteren Übung überaus komplex und schwierig ist. Exemplarisch seien diesbezüglich nur die Fragen danach genannt, ob die spätere Übung eine mehrmalige Verhaltensabfolge voraussetzt und falls ja, welches Ausmaß für die Begründung einer Übung zu fordern ist,[126] wann von einer Übereinstimmung der CEDAW-Vertragsstaaten bezüglich einer Auslegungsansicht auszugehen ist (Vertragsbezüglichkeit[127]) und ob alle Vertragsstaaten in die Übereinstimmung involviert

---

[120] Karl, Vertrag und spätere Praxis, pp. 40, 44; Villiger, Article 31, VCLT Commentary, para. 16.

[121] Abschn. 4.4.2.1 und 4.4.2.3.

[122] Karl, Vertrag und spätere Praxis, p. 188.

[123] Ibid., pp. 40, 195; Villiger, Article 31, VCLT Commentary, para. 16; sogleich Abschn. 4.4.2.3.

[124] Karl, Vertrag und spätere Praxis, p. 40.

[125] Optional Protocol to the Convention on the Elimination of Discrimination against Women, 2131 UNTS 83, entry into force 22 December 2000.

[126] Vgl. IUSCT, *The Islamic Republic of Iran v. The United States of America* (Iran v. United States), 9 September 2004, IUSCT Case No. B1, Award (Counterclaim) No. ITL No. 83-B1-FT, paras. 109–133; WTO, *Japan – Taxes on Alcoholic Beverages*, Report of the Appellate Body, 4 October 1996, WT/DS8/AB/R, WT/DS10/AB/R, WT/DS11/AB/R, pp. 12–13; Linderfalk, On the Interpretation of Treaties, p. 166; Sinclair, The Vienna Convention on the Law of Treaties, p. 137.

[127] Dazu ICJ, *Oil Platforms* (Islamic Republic of Iran v. United States of America), Preliminary Objection, Judgement, I.C.J. Reports 1996, 803 (815 para. 30); *Legality of the Threat or Use of Nuc-*

sein müssen. Die letztgenannte Frage würde eine Untersuchung des qualifizierten Schweigens als Ausdruck der Akzeptanz[128] der 189 CEDAW-Vertragsstaaten erforderlich machen, was wiederum Überlegungen zum legislativen Potenzial des qualitativen Schweigens notwendig machen würde.

Mit dem legislativen Potenzial ist gemeint, dass die Kopplung der Art. 31 Abs. 3 lit. a und lit. b WVK an die Willenserklärung der Vertragsparteien dazu führt, dass die Grenzen zwischen der Vertragsauslegung und -änderung verwischen. Damit angesprochen ist eine Problematik, die bis auf Art. 38 WVK-Entwurf (1966, „Modification of treaties by subsequent practice") zurückreicht und primär den völkergewohnheitsrechtlichen[129] und in Art. 26 WVK kodifizierten sowie als allgemeiner Rechtsgrundsatz des Völkerrechtsrechts geltenden *pacta sunt servanda*-Grundsatz betrifft.[130] Im Ergebnis können Art. 31 Abs. 3 lit. a und b WVK aus den genannten Gründen nicht für die Auslegung des Art. 5 lit. a CEDAW herangezogen werden.

3.8 Allgemeine Völkerrechtssätze

Gemäß Art. 31 Abs. 3 lit. c WVK sind als weitere extrinsische Interpretationsquelle alle in den Beziehungen zwischen den Vertragsparteien anwendbare einschlägige Völkerrechtssätze in die Auslegung des Art. 5 lit. a CEDAW einzubeziehen.[131]

---

lear Weapons, Advisory Opinion, I.C.J. Reports 1996, 226 (248 paras. 55–56); *Kasikili/Sedudu Island* (Botswana v. Namibia), Judgement, I.C.J. Reports 1999, 1045 (1091 para. 68); *Dispute regarding Navigational and Related Rights* (Costa Rica v. Nicaragua), Judgement, I.C.J. Reports 2009, 213 (234–235 para. 40); *Whaling in the Antarctic* (Australia v. Japan: New Zealand intervening), Judgement, I.C.J. Reports 2014, 226 (257 para. 83); ILC, Report of the International Law Commission. Seventieth session (30 April-1 June and 2 July-10 August 2018, UN Doc. A/73/10, p. 43, Conclusion 6.1 para. 2, pp. 45–48 paras. 10–18; *Dörr*, Article 31, in: Dörr/Schmalenbach (eds.), VCLT Commentary, para. 79; Linderfalk, On the Interpretation of Treaties, pp. 166–167; Orakhelashvili, The Interpretation of Acts and Rules in Public International Law, pp. 356–357.

[128] ILC, Document A/6309/Rev.1: Reports of the International Law Commission on the second part of its seventeenth session and on its eighteenth session, YBIL 1966, Vol. II, UN Doc. A/CN.4/SER.A/1966/Add.1, 169 (221–222 para. 15); Linderfalk, On the Interpretation of Treaties, p. 167.

[129] Statt vieler: *Salmon*, Article 26 Convention of 1969, in: Corten/Klein (eds.), VCLT Commentary, para. 3.

[130] ILC, Document A/6309/Rev.1: Reports of the International Law Commission on the second part of its seventeenth session and on its eighteenth session, YBIL 1966, Vol. II, UN Doc. A/CN.4/SER.A/1966/Add.1, 169 (236 para. 1); UN, United Nations Conference on the Law of Treaties. First session. Vienna, 26 March-24 May 1968. Official Records. Summary records of the plenary meeting and of the meetings of the Committee of the Whole, UN Doc. A/CONF.39/11, 38th meeting, 210 (210–215); *Akehurst*, The Hierarchy of the Sources of International Law, in: British Yearbook of International Law 47(1), 1975, 273 (277 m.Verw. auf PCA, *Interpretation of the Air Transport Services Agreement between the United States of America and France*, 22 December 1963, 16 UNRIAA 5, 11.

[131] *Dörr*, Article 31, in: Dörr/Schmalenbach (eds.), VCLT Commentary, para. 92; Dahm/Delbrück/Wolfrum, Völkerrecht, Bd. I/3, § 153, 633 (643); Linderfalk, On the Interpretation of Treaties, pp. 177–181; Villiger, Article 31, VCLT Commentary, paras. 24–25; *Fitzmaurice*, Interpretation of Human Rights Treaties, in: Shelton (ed.), The Oxford Handbook of International Human Rights Law, 739 (749–750).

Art. 31 Abs. 3 lit. c WVK fungiert dadurch als der „Generalschlüssel“[132] bzw. „master-key“[133] der systemischen Integration und zielt im Sinne der Maxime der Einheit des Völkerrechts (Universalismus-Theorie) darauf ab, die Diversifizierung der völkerrechtlichen Ordnung infolge ihrer dezentralen Normsetzung ohne feste normativ-institutionelle Hierarchien[134] auszugleichen. Art. 31 Abs. 3 lit. c WVK ist damit das wichtigste Instrument, mit dem ein Mindestmaß an Kohärenz in den diversifizierten Teilbereichen des Völkerrechts hergestellt werden kann, indem er den Rückgriff auf das allgemeine Völkerrecht bzw. seine Rechtssätze erlaubt.[135] Für Art. 5 lit. a CEDAW stellt sich die Frage, welche Völkerrechtssätze formal unter Art. 31 Abs. 3 lit. c WVK herangezogen werden können und ob sie einen Mehrwert für seine Auslegung bieten.

Hinsichtlich der ersten Teilfrage ist die Bandbreite der von Art. 31 Abs. 3 lit. c WVK ins Auge gefassten Völkerrechtssätze angesichts seines Harmonisierungsziels zunächst weit zu verstehen. Dies kommt durch den Einschub „any“ (jede/r/s) in „relevant rules of international law“ zum Ausdruck.[136] Grenzen sind den unter Art. 31 Abs. 3 lit. c WVK in Betracht kommenden Rechtssätzen aber zum einen durch das Kriterium gesetzt, dass sie für die Beziehungen zwischen den Vertragsparteien einschlägig sein müssen („relevant“).[137] Dies erfordert, dass sie sich auf denselben Regelungsgegenstand beziehen wie die auszulegende Norm oder der Lösung desselben Problems dienen.[138]

Zum anderen schlussfolgert das Schrifttum unter Zugrundelegung der authentischen englischen Sprachfassung „*applicable* in the relation of the parties [Hervor. d. Verf.]“[139] bzw. „*rules* of international law [Hervor. d. Verf.]“,[140] dass Art. 31 Abs. 3 lit. c WVK auf für alle Vertragsparteien rechtsverbindlichen Völkerrechtssätze beschränkt ist. Diese Ansicht scheint auch die ILC zu vertreten, wenn sie in Bezug

[132] *Thiele*, Fragmentierung des Völkerrechts als Herausforderung für die Staatengemeinschaft, in: AVR 46(1), 2008, 1 (28).

[133] ILC, Fragmentation of International Law: Difficulties Arising from the Diversification and Expansion of International Law. Report of the Study Group of the International Law Commission, finalized by Mr. Martti Koskenniemi, 13 April 2006, UN. Doc. A/CN.4/L.682 and Add.1, para. 420.

[134] *Kämmerer*, Begriff, Geschichte und Rechtsquellen des Völkerrechts in: Proelß (ed.), Völkerrecht, 1 (41–42 para. 55); *Pauwelyn*, Fragmentation of International Law, in: Wolfrum (ed.), Max Planck Encyclopedia of Public International Law, Bd. IV, 2006, paras. 7, 24.

[135] ICJ, *Oil Platforms* (Islamic Republic of Iran v. United States of America), Judgement, I.C.J. Reports 2003, 161 (182 para. 41); ECtHR, *Golder v. United Kingdom*, 21 February 1975, Series A no. 18, para. 35; *Dörr*, Article 31, in: Dörr/Schmalenbach (eds.), VCLT Commentary, para. 94; Villiger, Article 31, VCLT Commentary, para. 24; *Pauwelyn*, Fragmentation of International Law, in: Wolfrum (ed.), Max Planck Encyclopedia of Public International Law, Bd. IV, 2006, para. 29.

[136] Linderfalk, On the Interpretation of Treaties, p. 178.

[137] *Dörr*, Article 31, in: Dörr/Schmalenbach (eds.), VCLT Commentary, para. 95; Villiger, Article 31, VCLT Commentary, para. 25.

[138] Ibid.; Linderfalk, On the Interpretation of Treaties, p. 178.

[139] *Dörr*, Article 31, in: Dörr/Schmalenbach (eds.), VCLT Commentary, para. 105; Villiger, Article 31, VCLT Commentary, para. 25.

[140] *Dörr*, Article 31, in: Dörr/Schmalenbach (eds.), VCLT Commentary, para. 100.

auf Art. 31 Abs. 3 lit. c WVK unter anderem von der Berücksichtigung anderer vertraglicher Regelungen spricht („other *treaty-based* rules [Hervor. d. Verf.]").[141]

Dem steht allerdings die Rechtsprechung des EGMR sowie die Praxis der IAKMR gegenüber, welche auch nicht rechtsverbindliche Rechtssätze unter Art. 31 Abs. 3 lit. c WVK berücksichtigen. Der EGMR zieht für die Auslegung der EMRK unter anderem und jeweils ohne weitere Erläuterungen Instrumente des Europarates wie Empfehlungen und Resolutionen des Ministerkomitees und der Parlamentarischen Versammlung,[142] ILO-Abkommen[143] und die Leitlinien des Hohen Flüchtlingskommissars[144] heran. Die IAKMR beachtet in ihrer Auslegung der AMRK den weiten Kontext des internationalen und interamerikanischen Menschenrechtssystems sowie die allgemeinen Entwicklungen des völkerrechtlichen Menschenrechtsschutzes.[145]

Unbestritten umfasst Art. 31 Abs. 3 lit. c WVK alle Rechtssätze, die sich aus den Völkerrechtsquellen des Art. 38 Abs. 1 IGH-Statut ergeben, d. h. aus dem Völkervertragsrecht (lit. a), dem Völkergewohnheitsrecht (lit. b) sowie die allgemeinen Rechtsgrundsätze i. S. v. lit. c.[146] Nach der abweichenden Meinung von Richter Buergenthal in *Oil Platforms*, welche nach Art. 38 Abs. 1 lit. d IGH-Statut als Rechtserkenntnisquelle hilfsweise beachtet werden kann,[147] soll Art. 31 Abs. 3 lit. c WVK nur diejenigen Völkerrechtssätze erfassen, welche die Vertragsparteien ausdrücklich der IGH-Gerichtsbarkeit unterworfen haben.[148] Diese Ansicht ist aber abzulehnen, weil dadurch Völkergewohnheitsrecht und darunter auch *ius cogens*-Normen ausgeschlossen würden.[149]

---

[141] ILC, Report of the International Law Commission, Fifty-eighth session (1 May-9 June and 3 July-11 August 2006), UN Doc. A/61/10, p. 414 para. 251(21); vgl. auch Fragmentation of International Law: Difficulties Arising from the Diversification and Expansion of International Law. Report of the Study Group of the International Law Commission, finalized by Mr. Martti Koskenniemi, 13 April 2006, UN Doc. A/CN.4/L.682 and Add.1, para. 426.

[142] ECtHR, *Demir and Baykara v. Turkey* [GC], no. 34503/97, ECHR 2008, paras. 74–75.

[143] ECtHR, *Sørensen and Rasmussen v. Denmark* [GC], nos. 52562/99 and 52620/99, ECHR 2006-I, para. 38.

[144] ECtHR, *Saadi v. The United Kingdom* [GC], no. 13229/03, ECHR 2008, para. 65.

[145] IACHR, *Mossville Environmental Al Action Now v. United States*, Report No 43/10, 17 March 2010, para. 43.

[146] ICJ, *Oil Platforms* (Islamic Republic of Iran v. United States of America), Judgement, I.C.J. Reports 2003, 161 (182 para. 41); ILC, Report of the International Law Commission, Fifty-eighth session (1 May-9 June and 3 July-11 August 2006), UN Doc. A/61/10, p. 413 para. 251(18); *Dörr*, Article 31, in: Dörr/Schmalenbach (eds.), VCLT Commentary, paras. 95–99; Villiger, Article 31, VCLT Commentary, para. 25; *Thiele*, Fragmentierung des Völkerrechts als Herausforderung für die Staatengemeinschaft, in: AVR 46 (1), 2008, 1 (24–26).

[147] *Kämmerer*, Begriff, Geschichte und Rechtsquellen des Völkerrechts in: Proelß (ed.), Völkerrecht, 1 (103 para. 149).

[148] ICJ, *Oil Platforms* (Islamic Republic of Iran v. United States of America), Judgement, I.C.J. Reports 2003, Separate Opinion of Judge Buergenthal, 270 (278–279 paras. 22–23).

[149] *Thiele*, Fragmentierung des Völkerrechts als Herausforderung für die Staatengemeinschaft, in: AVR 46 (1), 2008, 1 (25–26).

In Bezug auf die Auslegung des Art. 5 lit. a CEDAW existieren zeitlich spätere universelle und regionale Menschenrechtsverträge i. S. v. Art. 38 Abs. 1 lit. a IGH-Statut, welche Geschlechterstereotype und Rollenbilder adressieren. Art. 8 Abs. 1 lit. b BRK ist unter anderem an Art. 3, 5 lit. a und 10 lit. c CEDAW orientiert[150] und fordert von den Vertragsstaaten das Ergreifen wirksamer und angemessener Maßnahmen, um gegen Stereotype, Vorurteile sowie schädliche Praktiken gegenüber Menschen mit Behinderungen vorzugehen.[151] Darin einbezogen sind insbesondere Stereotype, Vorurteile und schädliche Praktiken aufgrund des Geschlechts und Alters, was die Gefahr intersektioneller Benachteiligungen verdeutlicht.[152] In der CEDAW sind intersektionelle Diskriminierungen in keiner Norm explizit angesprochen, kommen aber dem Ansatz nach in Art. 14 CEDAW zum Schutz von Frauen in ländlichen Gebieten, in Art. 1, 11 Abs. 2 lit. a, 16 Abs. 1 lit. d CEDAW (Ehestand/Schwangerschaft) sowie dem 8. Präambel-Absatz („poverty“/sozialer Status) zum Ausdruck.[153] Der CEDAW-Ausschuss hat intersektionelle Diskriminierungen erstmals in der Allgemeinen Empfehlung Nr. 25 (2004) als „multiple forms of discrimination“ erwähnt[154] und weist mittlerweile regelmäßig auf diese Gefahr hin.[155]

Die Konvention von Belém do Para der OAS trat im Jahr 1995 in Kraft und ist der erste völkerrechtliche Vertrag zur Verhütung, Bestrafung und Beseitigung von Gewalt gegen Frauen und schützt sie vor jeder Art der körperlichen, sexuellen und psychischen Gewalt in vertikalen und horizontalen Rechtsbeziehungen (Art. 2 und 3). Art. 7 lit. e und 8 lit. b bringen Gewalt gegen Frauen in einen Zusammenhang zu Geschlechterstereotypen und Rollenbildern, indem sie von den Vertragsstaaten das Ergreifen aller geeigneten bzw. schrittweiser spezifischer Maßnahmen verlangen, mit denen kulturelle Praktiken beseitigt oder geändert werden, welche Gewalt gegen

---

[150] GA, Ad Hoc Committee on a Comprehensive and Integral International Convention on the Protection and Promotion of the Rights and Dignity of Persons with Disabilities, Report of the Working Group to the Ad Hoc Committee, 27 January 2004, UN Doc. A/AC.265/2004/WG.1, p. 11 (Draft Article 5: Promotion of positive attitudes to persons with disabilities); UN enable, International human rights conventions and other legal instruments (Draft Article 5), https://www.un.org/esa/socdev/enable/rights/wghrefa5.htm (zuletzt abgerufen am 03.12.2025); *Bariffi*, Article 8, in: Bantekas/Stein/Anastasiou (eds.), CRPD Commentary, 229 (238); *Timmer/Holtmaat*, Article 5, in: Schulz et al. (eds.), CEDAW Commentary, 221 (230).

[151] Committee on the Rights of Persons with Disabilities, General Comment No. 6 (2018) on equality and non-discrimination, 26 April 2018, UN Doc. CRPD/C/GC/6, paras. 2, 29; *Bariffi*, Article 8, in: Bantekas/Stein/Anastasiou (eds.), CRPD Commentary, 229 (246–249).

[152] *Bariffi*, Article 8, in: Bantekas/Stein/Anastasiou (eds.), CRPD Commentary, 229 (247); *Timmer/Holtmaat*, Article 5, in: Schulz et al. (eds.), CEDAW Commentary, 221 (234).

[153] *Byrnes/Kapai*, Article 1, in: Schulz et al. (eds.), CEDAW Commentary, 79 (99).

[154] CEDAW Committee, General Recommendation No. 25: Article 4, paragraph 1, of the Convention on the Elimination of All Forms of Discrimination against Women (temporary special measures), 12 May 2004, UN Doc. HRI/GEN/1/Rev.7, 282 (284 para. 12).

[155] Statt vieler CEDAW Committee, General recommendation No. 28 on the core obligations of States parties under article 2 of the Convention on the Elimination of All Forms of Discrimination against Women, 16 December 2010, UN Doc. CEDAW/C/GC/28, para. 18; General recommendation No. 35 on gender-based violence against women, updating general recommendation No. 19, 26 July 2017, UN Doc. CEDAW/C/GC/35, para. 12.

Frauen dulden oder unterstützen bzw. mit denen Geschlechterstereotype und Rollenbilder geändert werden, welche Gewalt gegen Frauen legitimieren oder verschlimmern.

Nach Art. 12 Abs. 1 Istanbul-Konvention des Europarates stehen Geschlechterstereotype und Rollenzuweisungen ebenso im Zusammenhang zu Gewalt gegen Frauen.[156] Art. 12 Abs. 1 fordert von den Vertragsstaaten, annähernd verbatim zu Art. 5 lit. a CEDAW, alle erforderlichen Maßnahmen zu ergreifen, um Vorurteile, Bräuche, Traditionen und sonstige Vorgehensweisen, welche auf der Vorstellung der Unterlegenheit der Frau oder auf Rollenzuweisungen für Frauen und Männer beruhen, zu beseitigen.[157]

Art. 2 Abs. 2 und Art. 4 Abs. 2 lit. d Maputo-Protokoll der AU setzen Geschlechterstereotype und Rollenbilder gleichfalls in Verbindung zur Diskriminierung von und Gewalt gegen Frauen. Zur Beseitigung der Diskriminierung von Frauen haben die Vertragsstaaten gemäß Art. 2 Abs. 2, ebenfalls im annähernd identischen Wortlaut zu Art. 5 lit. a CEDAW, Maßnahmen zu ergreifen, mit denen Vorstellungen über die Unter- oder Überlegenheit des einen oder anderen Geschlechts oder stereotype Rollenbilder geändert werden, welche schädlichen kulturellen, traditionellen und sonstigen Praktiken zugrunde liegen.[158] Nach Art. 4 Abs. 2 lit. d Maputo-Protokoll haben die Vertragsstaaten alle kulturellen und traditionellen Überzeugungen, Praktiken sowie Stereotype zu beseitigen, welche Gewalt gegen Frauen legitimieren oder verschärfen.[159] Dadurch anerkennt Art. 4 Abs. 2 lit. d Maputo-Protokoll wie die CEDAW,[160] dass der Diskriminierung von Frauen Stereotype zugrunde liegen („root cause“).[161]

Die in weiten Teilen verbatime Übernahme des Wortlauts des Art. 5 lit. a CEDAW in den genannten Verträgen deutet bereits darauf hin, dass dieser als Orientierungspunkt für die späteren Instrumente diente.[162] Art. 5 lit. a CEDAW war selbst die erste Menschenrechtsnorm, welche Geschlechterstereotype und Rollenbilder ausdrücklich in Zusammenhang mit der Diskriminierung von Frauen brachte.[163] Die genannten späteren Menschenrechtsverträge bieten deshalb keine zusätzlichen Erkenntnisse für die Auslegung des Art. 5 lit. a CEDAW, denn ihr Orientierungspunkt ist selbst Art. 5 lit. a CEDAW bzw. die ihm zugrunde liegenden Erwägungen.[164] Sie be-

[156] Council of Europe, Explanatory Report to the Council of Europe Convention on preventing and combating violence against women and domestic violence, para. 85.

[157] Ibid.

[158] *Lubaale*, Article 2, in: Rudman/Musembi/Makunya (eds.), Maputo Protocol: A Commentary, 56 (66).

[159] *Nekura*, Article 4, in: Rudman/Musembi/Makunya (eds.), Maputo Protocol: A Commentary, 90 (105).

[160] Abschn. 3.2.

[161] *Nekura*, Article 4, in: Rudman/Musembi/Makunya (eds.), Maputo Protocol: A Commentary, 90 (105).

[162] Vgl. *Timmer/Holtmaat*, Article 5, in: Schulz et al. (eds.), CEDAW Commentary, 221 (229–230).

[163] Ibid., 221 (222, 229–230).

[164] Vgl. ibid., 221 (229–230).

stätigen aber zwei Erkenntnisse, die aus der bisherigen Auslegung des Art. 5 lit. a CEDAW gewonnen wurden.

Dies ist zum einen die Ursächlichkeit sozio-kultureller Unterschiedskonstruktionen (Geschlechterstereotype und Rollenbilder i. S. v. Art. 5 lit. a CEDAW) für die Benachteiligung von Frauen. Zum anderen begründen die Konvention von Belém do Para (Art. 2 lit. a und b i. V. m. Art. 7, 8 lit. b),[165] die Istanbul-Konvention (Art. 5 Abs. 2 i. V. m. Art. 12 Abs. 1)[166] sowie das Maputo-Protokoll (Art. 2 i. V. m. Art. 4 Abs. 2 lit. a bis c, e bis h)[167] Schutzpflichten wie Art. 5 lit. a i. V. m. Art. 2 lit. e und f CEDAW.[168] Damit bestätigen sie die bislang auf Art. 5 lit. a CEDAW begrenzte Erkenntnis, dass Frauen insbesondere in der privatrechtlichen Sphäre aufgrund von Stereotypen und Rollenverteilungen diskriminiert werden, weshalb den Vertragsstaaten eine diesbezügliche Schutzpflicht obliegt.[169]

Über die genannten Menschenrechtsverträge hinaus ist kein allgemeiner Völkerrechtssatz ersichtlich, der unter die unbestrittenen Quellen des Art. 38 Abs. 1 IGH-Statut subsumiert und für die Auslegung unter Art. 31 Abs. 3 lit. c WVK herangezogen werden kann. Zwar weisen beispielsweise die Vertragsorgane zu UN-Menschenrechtsverträgen, welche wie der IPbpR und der IPwskR Stereotype und Rollenbilder nicht ausdrücklich in ihrem Normtext behandeln, in ihren Allgemeinen Bemerkungen auf die nachteiligen Wirkungen traditioneller, kultureller sowie religiöser Überzeugungen für die gleichberechtigte Wahrnehmung der Paktrechte hin.[170] Der Europarat bezieht sich in seiner Empfehlung zur Bekämpfung von Sexismus[171] auf Art. 5 lit. a CEDAW und stellt heraus, dass Sexismus auf Geschlechterstereotypen basiert und Frauen und Mädchen benachteiligen kann.[172] Die Mitglied-

---

[165] IACtHR, *González et al. ("Cotton Field") v. Mexico*, Preliminary Objection, Merits, Reparations, and Costs Judgement of November 16, 2009, Series C No. 205, paras. 253, 287; IACHR, *Maria da Penha v. Brazil*, Report No. 54/01, Case 12.051, 16 April 2001, para. 56; Celorio, Women and International Human Rights, p. 60; *Abi-Mershed*, Due Diligence and the Fight Against Gender-Based Violence in the Inter-American System, in: Benninger-Budel (ed.), Due Diligence and its Application to Protect Women from Violence, 127 (129–131).

[166] Council of Europe, Explanatory Report to the Council of Europe Convention on preventing and combating violence against women and domestic violence, paras. 57–59; Celorio, Women and International Human Rights, p. 60.

[167] *Nekura*, Article 4, in: Rudman/Musembi/Makunya (eds.), Maputo Protocol: A Commentary, 90 (103–108).

[168] Abschn. 3.6.

[169] Ibid.

[170] Human Rights Committee, General Comment No. 28. Article 3 (The equality of rights between men and women), 29 March 2000, UN Doc. CCPR/C/21/Rev.1/Add.10, para. 5; CESCR, General Comment No. 20: Non-discrimination in economic, social and cultural rights (art. 2, para. 2, of the International Covenant on Economic, Social and Cultural Rights), 2 July 2009, UN Doc. E/C.12/GC/20, para. 20; General Comment No. 22 (2016) on the right to sexual and reproductive health (article 12 of the International Covenant on Economic, Social and Cultural Rights), 2 May 2016, UN Doc. E/C.12/GC/22, paras. 27, 31, 35–36.

[171] Council of Europe, Recommendation on Preventing and Combating Sexism, 27 March 2019, CM/Rec (2019) 1.

[172] Ibid., pp. 1–2, 4–5.

staaten sollten deshalb unter anderem Gesetzgebungsmaßnahmen ergreifen und Informationskampagnen gegen Sexismus durchführen.[173]

Diese Instrumente bzw. Auslegungsansichten sind allerdings rechtsunverbindlich und fallen nicht unter eine der Quellen des Art. 38 Abs. 1 IGH-Statut, sodass sie nicht unbestrittenen als allgemeiner Völkerrechtssatz unter Art. 31 Abs. 3 lit. c WVK zu berücksichtigen sind. Zudem können ihnen auch keine weiteren Hinweise für die Auslegung des Art. 5 lit. a CEDAW entnommen werden. Im Ergebnis ergibt sich nach Art. 31 Abs. 3 lit. c WVK eine Bestätigung der genannten bisherigen Erkenntnisse zu Art. 5 lit. a CEDAW.

Literatur

Abi-Mershed, Elizabeth A.H.: Due Diligence and the Fight Against Gender-Based Violence in the Inter-American System, in: Benninger-Budel, Carin (ed.), Due Diligence and its Application to Protect Women from Violence, Leiden/Boston 2008, pp. 127–137

Ambos, Kai (ed.): Rome Statute of the International Criminal Court. Article-by-Article Commentary, 4th edition, München/Oxford/Baden-Baden 2022

Ashmore, Richard D./Del Boca, Frances K.: Sex Stereotypes and Implicit Personality Theory: Toward a Cognitive-Social Psychological Conceptualization, in: Sex Roles: A Journal of Research 5(2), 1979, pp. 219–248

Bantekas, Ilias/Stein, Michael Ashley/Anastasiou, Dimitris (eds.): The UN Convention on the Rights of Persons with Disabilities. A Commentary, Oxford 2018

Bierhoff, Hans-Werner: Sozialpsychologie: Ein Lehrbuch, 6th edition, Stuttgart 2006

Brown, Rupert: Prejudice: Its Social Psychology, 2nd edition, Chichester 2010

Celorio, Rosa: Women and International Human Rights in Modern Times. A Contemporary Casebook, Cheltenham 2022

Chirwa, Danwood Mzikenge: The Doctrine of State Respnsibility as a Potential Means of Holding Private Actors Accountable for Human Rights, in: Melbourne Journal of International Law 5(1), 2004, pp. 1–36

Chirwa, Danwood Mzikenge: State Responsibility for Human Rights, in: Baderin, Mashood A./ Ssenyonjo, Manisuli (eds.), International Human Rights Law. Six Decades after the UDHR and Beyond, London/New York 2016, pp. 397–410

Clifford, Jarlath: Equality, in: Shelton, Dinah (ed.), The Oxford Handbook of International Human Rights Law, Oxford 2013, pp. 420–445

Condé, Victor H.: A Handbook of International Human rights Terminology, 2nd edition, Lincoln (NE) 2004

Corten, Olivier/Klein, Pierre (eds.): The Vienna Conventions on the Law of Treaties. A Commentary. Volume 1, Oxford 2011

Crawford, James: The International Law Commission´s Articles on State Responsibility. Introduction, Text, and Commentaries, Oxford 2002

Crawford, James: State Responsibility. The General Part, Cambridge 2013

Crawford, James/Pellet, Alain/Olleson, Simon (eds.): The Law of International Responsibility, Oxford 2010

Cusack, Simone/Cook, Rebecca J.: Combating Discrimination Based on Sex and Gender, in: Krause, Catarina/Scheinin, Martin (eds.), International Protection of Human Rights: A Textbook, Turku 2009, pp. 205–226

---

[173] Ibid., p. 6–7.

Dahm, Georg/Delbrück, Jost/Wolfrum, Rüdiger: Völkerrecht, Vol. I/3, Die Formen des völkerrechtlichen Handelns: Die inhaltliche Ordnung der internationalen Gemeinschaft, 2nd edition, Berlin 2002

Devine, Patricia G.: Stereotypes and Prejudice: Their Automatic and Controlled Components, in: Journal of Personality and Social Psychology 56(1), 1989, pp. 5–18

Dörr, Oliver/Schmalenbach, Kirsten (eds.): Vienna Convention on The Law of Treaties. A Commentary, 2nd edition, Berlin 2018

Eckes, Thomas: Geschlechterstereotype: Von Rollen, Identitäten und Vorurteilen, in: Becker, Ruth/Kortendiek, Beate (eds.), Handbuch Frauen- und Geschlechterforschung. Theorie, Methode, Empirie 3rd edition, Wiesbaden 2010, pp. 178–189

Espiell, Héctor Gros: International Responsibility of the State and Individual Criminal Responsibility in the International Protection of Human Rights, in: Ragazzi, Maurizio (ed.), International Responsibility Today: Essays in Memory of Oscar Schachter, Leiden 2005, pp. 151–160

Fitzmaurice, Malgosia: Interpretation of Human Rights Treaties, in: Shelton, Dinah (ed.), The Oxford Handbook of International Human Rights Law, Oxford 2013, pp. 739–771

Franck, Thomas M.: Individual Criminal Liability and Collective Civil Responsibility: Do They Reinforce or Contradict One Another?, in: Washington University Global Studies Law Review 6(3), 2007, pp. 567–573

Freeman, Marsha A./Chinkin, Christine/Rudolf, Beate (eds.), The UN Convention on the Commentary of All Forms of Discrimination Against Women. A Commentary, Oxford 2012

Frowein, Jochen: The Interrelationship Between the Helsinki Final Act, the International Covenants on Human Rights, and the European Convention on Human Rights, in: Buergenthal, Thomas (ed.), Human Rights, International Law and the Helsinki Accord, Montclair/New York 1977, pp. 71–82

Gardiner, Richard K.: Treaty Interpretation, 2nd edition, Oxford 2015

Graefrath, Bernhard: Internationale Zusammenarbeit und Menschenrechte. Zum 25. Jahrestag der Allgemeinen Erklärung der Menschenreche, in: Neue Justiz 27 (1. Dezemberheft), 1973, pp. 683–714

Graefrath, Bernhard: Menschenrechte und internationale Kooperation. 10 Jahre Praxis des Internationalen Menschenrechtskomitees, Berlin 1988 (DDR: Akademie Verlag)

Holtmaat, Rikki: Towards *Different* Law and Public Policy. The significance of Article 5a CEDAW for the elimination of structural gender discrimination, Leiden 2004

Holtmaat, Rikki: The CEDAW: a holistic approach to women's equality and freedom, in: Hellum, Anne/Aasen, Henriette Sindig (eds.), Women's Human Rights: CEDAW in International, Regional and National Law, Cambridge 2013, pp. 95–123

Karl, Wolfram: Vertrag und spätere Praxis im Völkerrecht/Treaty and Subsequent Practice in International Law. Zum Einfluß der Praxis auf Inhalt und Bestand völkerrechtlicher Verträge, Berlin/Heidelberg 1983

Linderfalk, Ulf: On the Interpretation of Treaties. The Modern International Law as Expressed in the 1969 Vienna Convention on the Law of Treaties, Dordrecht 2007

Mohr, Manfred: Mittel und Methoden der Normdurchsetzung im Völkerrecht der Gegenwart, in: Graefrath, Bernhard (ed.), Probleme des Völkerrechts 1987, Berlin 1987 (DDR: Akademie Verlag), pp. 213–250

Nowak, Manfred/Januszewski, Karoline Miriam: Non-State Actors and Human Rights, in: Noortmann, Math/Reinisch, August/Ryngaert, Cedric (eds.), Non-State Actors in International Law, Oxford/Portland 2015, pp. 113–161

Orakhelashvili, Alexander: The Interpretation of Acts and Rules in Public International Law, New York 2008

Otto, Diane: Women's Rights, in: Moeckli, Daniel/Shah, Sangeeta/Sivakumaran, Sandesh (eds.), International Human Rights Law, 2nd edition, Oxford 2014, pp. 316–332

Pauwelyn, Joost: Fragmentation of International Law, in: Max Planck Encyclopedia of Public International Law, Vol. IV, 2006

Proelß, Alexander (ed.): Völkerrecht, 9th edition, Berlin 2024

Ramcharan, Bertrand G.: Equality and Nondiscrimination, in: Henkin, Louis (ed.), The International Bill of Rights: The Covenant on Civil and Political Rights, New York 1981, pp. 246–269

Rudman, Annika/Musembi, Celestine Nyamu/Makunya, Trésor Muhindo (eds.): The Protocol to the African Charter on Human and Peoples´ Rights on the Rights of Women in Africa: A Commentary, Pretoria 2023

Schulz, Patricia/Halperin-Kaddari, Ruth/Rudolf, Beate/Freeman, Marsha A. (eds.): The UN Convention on the Elimination of All Forms of Discrimination Against Women. A Commentary, 2nd edition, Oxford 2022

Simma, Bruno/Pulkowski, Dirk: Of Planets and the Universe: Self-contained Regimes in International Law, in: European Journal of International Law 17(3), 2006, pp. 483–529

Sinclair, Ian Sir: The Vienna Convention on the Law of Treaties, 2nd edition, Manchester 1984

Thiele, Carmen: Fragmentierung des Völkerrechts als Herausforderung für die Staatengemeinschaft, in: AvR 46(1), 2008, pp. 1–41

Thiele, Carmen: Das Verhältnis zwischen Staatenverantwortlichkeit und Menschenrechten, in: AvR 49(4), 2011, pp. 343–372

Villiger, Mark Eugen: Commentary on the 1969 Vienna on the Law of Treaties, Leiden 2009

Zimmermann, Andreas/Tams, Christian J. (eds.): The Statute of the International Court of Justice. A Commentary, 3rd edition, Oxford 2019

Kapitel 4
Teleologische Auslegung

Gemäß Art. 31 Abs. 1 WVK ist Art. 5 lit. a CEDAW im Lichte seines Zieles und Zweckes auszulegen. Art. 31 Abs. 1 WVK gibt keine Hinweise darauf, wie das Ziel und der Zweck zu ermitteln ist.[1] Unbestritten sind nur zwei Punkte. Zum einen, dass es sich bei der teleologischen Auslegung aufgrund der Singular-Formulierung „object and purpose" um *einen* Auslegungsschritt handelt, auch wenn der Ausdruck „l'objet et le but", den der IGH in der französischen Fassung seines Gutachtens zur Völkermordkonvention[2] verwendete und welcher der Formulierung in Art. 31 Abs. 1 WVK zugrunde liegt,[3] zwei Untersuchungsschritte impliziert (Feststellung des materiellen Vertragsinhalts *und* des damit beabsichtigten Ergebnisses).[4] Zum anderen ist klar, dass nicht jedwede Ziele und Zwecke unter der teleologischen Auslegung beansprucht werden können. Ihre Grenzen werden durch die übrigen Interpretationsgrundsätze bzw. -methoden des Art. 31 Abs. 1 WVK gesetzt, d. h. insbesondere durch den Grundsatz von Treu und Glauben und die systematische Auslegung.[5]

Weder Art. 5 lit. a CEDAW noch die CEDAW insgesamt formulieren ihr Ziel und ihren Zweck ausdrücklich, so wie es beispielsweise bei Art. 1 BRK der Fall ist. Das Ziel und der Zweck der CEDAW ergibt sich gleichwohl aus ihrem Titel, ihrer asymmetrischen Schutzrichtung, der Präambel sowie der Definition der Diskriminierung in Art. 1 CEDAW. Das Ziel und der Zweck der CEDAW besteht demnach darin, alle

---

[1] Villiger, Article 31, VCLT Commentary, para. 13.

[2] CIJ, *Réserves à la Convention sur le Génocide*, Avis consultative, C.I.J. Recueil 1951, 15 (24).

[3] *Dörr*, Article 31, in: Dörr/Schmalenbach (eds.), VCLT Commentary, para. 53.

[4] Ibid., para. 54; Gardiner, Treaty Interpretation, pp. 212–213; Villiger, Article 31, VCLT Commentary, para. 11.

[5] ILC, Document A/66/10: Report of the Commission to the General Assembly on the work of its sixty-third session (26 April-3 June and 4 July-12 August 2011), YBIL 2011, Vol. II, Part Two, UN Doc. A/CN.4/SER.A/2011/Add.1 (Part 2), 1 (32, Guideline 3.1.5.1 ((Determination of the object and purpose of the treaty); Gardiner, Treaty Interpretation, pp. 166–167; Villiger, Article 31, VCLT Commentary, para. 14.

J. Bertram, *Der völkerrechtliche Diskriminierungsschutz gegen Benachteiligungen der Frau aufgrund von Geschlechterstereotypen und Rollenbildern*, https://doi.org/10.1007/978-3-662-73250-2_4

Formen der Diskriminierung von Frauen zu beseitigen und die „volle" Gleichheit von Frauen zu Männern herbeizuführen.[6]

Für Art. 5 lit. a CEDAW stellt sich in der teleologischen Auslegung die Frage, wie er angesichts dieses Nicht-Diskriminierungs- bzw. Gleichheitsziels der CEDAW zu verstehen ist. Mit dieser übergeordneten Frage sind etliche Teilfragen wie die nach der formellen, materiellen und transformativen Gleichheit,[7] den Pflichtenarten des Art. 5 lit. a CEDAW,[8] der effektiven[9] sowie der evolutiven Auslegung bzw. der Intemporalität des Völkerrechts[10] verbunden.

4.1 Das Gleichheitsverständnis der CEDAW

Die Gleichheit ist in der CEDAW weder definiert noch enthält die CEDAW ein „Recht auf Gleichheit". Dies entspricht dem völkervertraglichen Menschenrechtsschutz, in dem ebenfalls kein Recht auf Gleichheit *per se* existiert,[11] sondern die Gleichheit als positiv formuliertes Korrelat an den Nicht-Diskriminierungsgrundsatz gebunden ist („[E]quality and non-discrimination are *reciprocal* [...]. Equality is the positive face of non-discrimination. Discrimination is the negative face of equality. [Hervor. d. Verf.]"[12]). Der Nicht-Diskriminierungsgrundsatz als negatives Korrelat verdeutlicht, dass Gleichheitsgebote keine absolute Gleichheit ohne jede Unterscheidung implizieren und außerhalb generell inakzeptabler Merkmale wie dem Geschlecht eines Menschen eine ungleiche Behandlung zulässig sein kann.[13]

In der CEDAW wird diese Wechselbeziehung zunächst mit dem 7. Präambel-Absatz deutlich. Er besagt, dass die Diskriminierung von Frauen das Gleichheitsprinzip verletzt und bringt dadurch zum Ausdruck, dass der Zustand der Nicht-Diskriminierung die Kehrseite der Gleichheit ist.[14] Das Gros der materiellen CEDAW-

[6] Abschn. 3.3.

[7] Abschn. 4.1.

[8] Abschn. 4.2.

[9] Abschn. 4.3.

[10] Abschn. 4.4.

[11] *Clifford*, Equality, in: Shelton (ed.), The Oxford Handbook of International Human Rights Law, 420 (437, 442).

[12] IACtHR, *Proposed Amendments to the Naturalization of the Constitution of Costa Rica*, Advisory Opinion OC-4/84, 19 January 1984, Series A no. 4 (1984), Separate Vote of Judge Rodolfo E. Piza E., para. 10; PCIJ, *Minority Schools in Albania*, Advisory Opinion, Series A/B no. 64 (1935), p. 19; Council of Europe, Protocol No. 12 to the European Convention for the Protection of Human Rights and Fundamental Freedoms, ETS No. 177, Explanatory report, para. 15; *Ramcharan*, Equality and Nondiscrimination, in: Henkin (ed.), The International Bill of Rights: The Covenant on Civil and Political Rights, 246 (252–253); *Bayefsky*, The Principle of Equality or Non-discrimination in International Law, in: Human Rights Law Journal 11(1–2), 1990, 1 (1).

[13] *Ramcharan*, Equality and Nondiscrimination, in: Henkin (ed.), The International Bill of Rights: The Covenant on Civil and Political Rights, 246 (252–253).

[14] Vgl. *Chinkin/Rudolf*, Preamble, in: Schulz et al. (eds.), CEDAW Commentary, 61 (72); vgl. auch *Byrnes/Kapai*, Article 1, in: Schulz et al. (eds.), CEDAW Commentary, 79 (81); *Schulz/Halperin-Kaddari/Rudolf*, Introduction, in: Schulz et al. (eds.), CEDAW Commentary, 1 (12).

Artikel leitet zudem damit ein, dass die Vertragsstaaten alle geeigneten Maßnahmen zur Beseitigung der Diskriminierung von Frauen ergreifen, um ihnen auf der Grundlage der Gleichberechtigung von Mann und Frau die gleichen Rechte im jeweiligen Lebensbereich zu gewährleisten (Art. 7, 8, 10, 11 Abs. 1, 12 Abs. 1, 13, 14 Abs. 2, 15 Abs. 1, 16 Abs. 1 CEDAW).

Die Nicht-Diskriminierung und die Gleichheit stellen demnach zwei interdependente, aber unterschiedliche Ziele der CEDAW dar („two different but equally important goals"[15]). Die Unterschiedlichkeit folgt daraus, dass unterschiedliche Gleichheitsziele auch mit unterschiedlichen Diskriminierungsverboten und infolgedessen verschiedenen Pflichtenarten der Vertragsstaaten einhergehen.

Der CEDAW liegt ein formelles und materielles Gleichheitsverständnis zugrunde, welche mit unmittelbaren und mittelbaren Diskriminierungsverboten bzw. negativen Achtungspflichten und positiven Handlungspflichten der Vertragsstaaten korrelieren.[16] Art. 5 lit. a CEDAW ist darüber hinaus der Ausgangspunkt der transformativen Gleichheit in der CEDAW.[17] Daraufhin stellt sich vor allem die Frage, in welchem Verhältnis zur materiellen Gleichheit einschließlich zeitweiligen Sondermaßnahmen der Art. 5 lit. a CEDAW steht.

4.1.1 Die formelle Gleichheit

Die formelle Gleichheit ist eines der ältesten, bis auf Aristoteles zurückreichenden Konzepte und versteht Gleichheit als die Gleichbehandlung von Gleichen.[18] Sie drückt damit das Prinzip der Rechtsanwendungsgleichheit aus, nach dem eine Norm auf alle Menschen, die von ihrem Anwendungsbereich erfasst sind, gleich anzuwenden ist (sameness standard).[19] Sie verbietet es demnach, Menschen aufgrund

---

[15] GA, Report of the Committee on the Elimination of Discrimination against Women. Twenty-seventh session, 8 October 2002, UN Doc. A/57/38 (Part II), Consideration of reports submitted by States parties under article 18 of the Convention, Combined third and fourth periodic reports: Belgium, para. 146.

[16] Statt vieler: GA, Report of the Committee on the Elimination of Discrimination against Women. Twenty-eighth session, 20 March 2003, UN Doc. A/58/38 (Part I), Consideration of reports of States parties, Fifth periodic report: Canada, para. 362; *Byrnes/Kapai*, Article 1, in: Schulz et al. (eds.), CEDAW Commentary, 79 (81).

[17] Statt vieler: *Timmer/Holtmaat*, Article 5, in: Schulz et al. (eds.), CEDAW Commentary, 221 (233) und Abschn. 4.1.3.

[18] *Byrnes/Kapai*, Article 1, in: Schulz et al. (eds.), CEDAW Commentary, 79 (82); *Clifford*, Equality, in: Shelton (ed.), The Oxford Handbook of International Human Rights Law, 420 (427–428); *Moeckli*, Equality and Non-Discrimination, in: Weston/Grear (eds.), Human Rights in the World Community: Issues and Action, 128 (128); Fredman, Discrimination Law, p. 8.

[19] *Byrnes/Kapai*, Article 1, in: Schulz et al. (eds.), CEDAW Commentary, 79 (82); *Clifford*, Equality, in: Shelton (ed.), The Oxford Handbook of International Human Rights Law, 420 (427–428); Fredman, Discrimination Law, p. 8; Beyond the Dichotomy of Formal and Substantive Equality: Towards a New Definition of Equal Rights, in: Boerefijn et al. (eds.), Temporary Special Measures, 111 (112–113); *Moeckli*, Equality and Non-Discrimination in: Weston/Grear (eds.), Human Rights in the World Community: Issues and Action, 128 (128).

bestimmter Merkmale oder ihrer Zugehörigkeit zu einer bestimmten Gruppe in vergleichbaren Situationen anders zu behandeln als die Vergleichsgruppe.[20] Die Pflichten der Staaten beschränken sich im formalen Gleichheitsmodell folglich darauf, eine prozedurale Gerechtigkeit zu gewährleisten.[21] Ein formales Gleichheitsmodell für die Gleichbehandlung von Frauen zu Männern findet sich unter anderem in Art. 3 IPbpR und Art. 3 IPwskR.

Ein formelles Gleichheitsverständnis weist allerdings drei Schwachpunkte auf. Der erste Schwachpunkt besteht in dem Erfordernis der Vergleichsgruppenbildung. Die Problematik der Vergleichsgruppenbildung liegt zum einen darin, dass überhaupt bestimmt werden muss, unter welchen Umständen Menschen gleich sind oder nicht. Regelmäßig wird dafür ein Individuum in vergleichbarer Situation, aber ohne das in Rede stehende Merkmal herangezogen.[22] Zum anderen sind eben diese Merkmale problematisch, d. h. ob, wann und in welchem Ausmaß die formelle Gleichheit eines Merkmals rechtlich anerkannt wird oder nicht.[23]

Das Abstellen auf einen Vergleichsmaßstab wird darüber hinaus in Überlegungen zu einem postkategorialen Antidiskriminierungsrecht kritisiert. Das postkategoriale Antidiskriminierungsrecht lehnt die Vergleichsgruppenbildung ab, weil mit dieser Vorgehensweise entlang eines verpönten Merkmals sozial konstruierte Differenzen und Ungleichheiten essentialisiert und homogenisiert würden, indem eine Diskriminierung gerade den Nachweis einer Anknüpfung an das Merkmal und insofern seine positive Inhaltsbestimmung voraussetzt. Intersektionelle Diskriminierungen würden dadurch unterlaufen und Gleichstellungsziele konterkariert.[24] Vertreter des postkategorialen Antidiskriminierungsrechts schlagen deshalb vor, die rechtliche Beurteilung von Benachteiligungen nicht auf kategoriale Zuordnungen zu Dis-

[20] *Byrnes/Kapai*, Article 1, in: Schulz et al. (eds.), CEDAW Commentary, 79 (82); *Clifford*, Equality, in: Shelton (ed.), The Oxford Handbook of International Human Rights Law, 420 (427–428); Fredman, Discrimination Law, p. 8.

[21] *Byrnes/Kapai*, Article 1, in: Schulz et al. (eds.), CEDAW Commentary, 79 (82); Fredman, Discrimination Law, p. 8.

[22] *Byrnes/Kapai*, Article 1, in: Schulz et al. (eds.), CEDAW Commentary, 79 (82); Fredman, Discrimination Law, p. 8–9.

[23] Vgl. Fredman, Discrimination Law, pp. 1, 8–9; Beyond the Dichotomy of Formal and Substantive Equality: Towards a New Definition of Equal Rights, in: Boerefijn et al. (eds.), Temporary Special Measures, 111 (112).

[24] *Baer*, Chancen und Risiken Positiver Maßnahmen: Grundprobleme des Antidiskriminierungsrechts, in: Heinrich Böll Stiftung, (ed.), Positive Maßnahmen. Von Antidiskriminierung zu Diversity, Band 24, 23 (25–26); *Lembke/Liebscher*; Postkategoriales Antidiskriminierungsrecht? – Oder: Wie kommen Konzepte der Intersektionalität in die Rechtsdogmatik, in: Philipp et al. (eds.), Intersektionelle Benachteiligung und Diskriminierung, 261 (261–262, 270–277); *Liebscher et al.*, Wege aus der Essentialismusfalle: Überlegungen zu einem postkategorialen Antidiskriminierungsrecht, in: Kritische Justiz 45(2), 2012, 204 (204, 206–207); *McCall*, The Complexity of Intersectionality, in: Signs 30(3), 2005, 1771 (1775–1784); so i. E. auch *Rosenblum*, Unsex CEDAW, or What's Wrong With Women's Rights, in: Columbia Journal of Gender and Law 20(2), 2011, 98 (100–101, 105–106).

kriminierungsmerkmalen zu stützen, sondern auf den sozialen Zuschreibungsprozess, welcher die Benachteiligung zur Folge hat (z. B. (Hetero-)Sexismus statt „Geschlecht"/„Frau", Rassismus/Rassifizierung statt „Rasse", Ableismus statt „Behinderung").[25] Ersichtlicher Weise liegen dem postkategorialen Antidiskriminierungsrecht damit Überlegungen zugrunde, die bereits in der grammatikalischen Auslegung in Bezug auf die institutionelle Reflexivität der Wissenssysteme des Rechts und der Medizin und ihren kategorialen Ordnungsmustern zum Merkmal „Geschlecht"/„Geschlechtlichkeit" angestellt wurden.[26]

Der zweite Schwachpunkt der formellen Gleichheit besteht darin, dass es sich bei ihr um ein relatives Konzept handelt. Damit ist gemeint, dass sie sich auf ein konsistentes Handeln im Sinne der nur formalen Rechtsanwendungsgleichheit auf einer abstrakten Ebene beschränkt, wobei Merkmale eines Menschen, die verstärkt mit Benachteiligungen einhergehen, unberücksichtigt bleiben. Dies hat zur Folge, dass die formelle Gleichheit in der sozialen Realität nicht zwangsläufig mit der Besserstellung der Benachteiligten verbunden ist.[27] Dem formalen Gleichheitsgebot kann nämlich auch dadurch Genüge getan werden, dass die Benachteiligten *und* die Vergleichsgruppe schlechter behandelt werden (levelling down).[28]

Der dritte Schwachpunkt ist eng mit den beiden zuvor genannten Punkten verbunden und liegt darin, dass die formale Gleichheit nur Gleiche gleichbehandelt. Der Voraussetzung des Gleichseins ist eine individualisierende Tendenz zu eigen, welche die formelle Gleichheit aus zwei Gründen problematisch macht. Erstens können dort, wo Menschen die Anerkennung als „gleich" versagt wird, bestehende Hierarchieverhältnisse legitimiert und aufrechterhalten werden.[29] Zweitens kann die Voraussetzung des Gleichseins einen Assimilierungsdruck hervorrufen.[30] Damit ist gemeint, dass die formale Gleichheit „männlich ist" und die Anpassung von Frauen

[25] Z. B. *Lembke/Liebscher*; Postkategoriales Antidiskriminierungsrecht? – Oder: Wie kommen Konzepte der Intersektionalität in die Rechtsdogmatik, in: Philipp et al. (eds.), Intersektionelle Benachteiligung und Diskriminierung, 261 (282–283); *Liebscher et al.*, Wege aus der Essentialismusfalle: Überlegungen zu einem postkategorialen Antidiskriminierungsrecht, in: Kritische Justiz 45(2), 2012, 204 (212–217).

[26] Abschn. 2.2.4; vgl. auch *Liebscher et al.*, Wege aus der Essentialismusfalle: Überlegungen zu einem postkategorialen Antidiskriminierungsrecht, in: Kritische Justiz 45(2), 2012, 204 (206).

[27] Fredman, Discrimination Law, pp. 2, 9; Beyond the Dichotomy of Formal and Substantive Equality: Towards a New Definition of Equal Rights, in: Boerefijn et al. (eds.), Temporary Special Measures, 111 (112–113).

[28] Fredman, Discrimination Law, pp. 9–10; Beyond the Dichotomy of Formal and Substantive Equality: Towards a New Definition of Equal Rights, in: Boerefijn et al. (eds.), Temporary Special Measures, 111 (113); *Moeckli*, Equality and Non-Discrimination, in: Weston/Grear (eds.), Human Rights in the World Community: Issues and Action, 128 (128).

[29] *Byrnes/Kapai*, Article 1, in: Schulz et al. (eds.), CEDAW Commentary, 79 (83); Fredman, Discrimination Law, p. 13.

[30] Fredman, Discrimination Law, pp. 11–12; Holtmaat, Towards *Different* Law and Public Policy. The Significance of Article 5a CEDAW for the elimination of structural gender discrimination, pp. 17–18; The CEDAW: a holistic approach to women's equality and freedom, in: Hellum/Aasen (eds.), Women's Human Rights, 95 (103).

an eine an Männern ausgerichtete Lebensumwelt verlangt (male norm, „male as a biological referent“[31]).

Auch der CEDAW liegt ein männlicher Vergleichsmaßstab zugrunde, wenn die eingangs genannten Normen auf die „equal terms with men“/„on a basis of equality of men and women“/„equality with men“ abstellen (Art. 7, 8, 10, 11 Abs. 1, 12 Abs. 1, 13, 14 Abs. 2, 15 Abs. 1, 16 Abs. 1 CEDAW). Dieser formale Gleichheitsmaßstab ist Frauen nur dann nützlich, wenn sie unter den Bedingungen einer männlichen Lebensumwelt mit Männern konkurrieren können, was faktisch aber allein aufgrund von beispielsweise der Mutterschaft häufig nicht der Fall ist.[32]

4.1.2 Die materielle Gleichheit

Die materielle Gleichheit setzt an den genannten Schwachpunkten der formellen Gleichheit an. Sie ist als difference approach bekannt, da sie anders als die formale Gleichheit nicht darauf abzielt, Gleiche gleich zu behandeln, sondern darauf, Unterschiedlichkeiten anzuerkennen und dabei gleichwohl eine Gleichheit herzustellen.[33]

Daraufhin stellt sich die das materielle Gleichheitsmodell durchziehende Frage, unter welchen Umständen Ungleiche gleich sind, d. h. welche Gleichheit unter Ungleichen mit welchen Mitteln hergestellt werden kann. Diese Frage macht die materielle Gleichheit zu einem komplexen und teilweise paradoxen Konzept. So existieren mit der Ergebnisgleichheit (equality of outcomes/results) und der Chancengleichheit (equality of opportunity) zwei unter die materielle Gleichheit subsumierte Modelle, die ihrerseits Fragen nach den erforderlichen Maßnahmen aufwerfen, widersprüchlich sind und weitere Subformen wie den Ermöglichungsansatz (capability approach) und die Verteilungsgerechtigkeit (distributive justice) enthalten können.[34] Diese Konzepte sind hier nicht zu vertiefen, weil sie mit Art. 5 lit. a

---

[31] Statt vieler *Smart*, The Woman of Legal Discourse, in: Social & Legal Studies 1(1), 1992, 29 (32).

[32] *Byrnes/Kapai*, Article 1, in: Schulz et al. (eds.), CEDAW Commentary, 79 (83, 89–90); Fredman, Discrimination Law, pp. 11–13; Beyond the Dichotomy of Formal and Substantive Equality: Towards a New Definition of Equal Rights, in: Boerefijn et al. (eds.), Temporary Special Measures, 111 (112–113); *Charlesworth/Chinkin/Wright*, Feminist Approaches to International Law, in: American Journal of International Law 85(4), 1991, 613 (631–632); vgl. auch *Lembke*, Article 4, in: Schulz et al. (eds.), CEDAW Commentary, 173 (179–181); *Raday*, Article 4, in: Freeman/Chinkin/Rudolf (eds.), CEDAW Commentary, 123 (125) und das Beispiel bei *Byrnes*, Article, 1, in: Freeman/Chinkin/Rudolf (eds.), CEDAW Commentary, 51 (56).

[33] Statt vieler *Byrnes/Kapai*, Article 1, in: Schulz et al. (eds.), CEDAW Commentary, 79 (83).

[34] *Byrnes/Kapai*, Article 1, in: Schulz et al. (eds.), CEDAW Commentary, 79 (84–86); *Clifford*, Equality, in: Shelton (ed.), The Oxford Handbook of International Human Rights Law, 420 (428–429); *Moeckli*, Equality and Non-Discrimination, in: Weston/Grear (eds.), Human Rights in the World Community: Issues and Action, 128 (129); Fredman, Discrimination Law, pp. 14–19; Beyond the Dichotomy of Formal and Substantive Equality: Towards a New Definition of Equal Rights, in: Boerefijn et al. (eds.), Temporary Special Measures, 111 (113–115); *Lembke*, Article 4, in: Schulz et al. (eds.), CEDAW Commentary, 173 (189).

CEDAW in einem geringen unmittelbaren Zusammenhang stehen und darüber hinaus weniger die Auslegung des normativen Völkerrechts, sondern eher rechtsphilosophische und -politische Überlegungen betreffen.

Die CEDAW macht sehr deutlich, dass die Diskriminierung von Frauen in ihrem Verständnis nicht nur eine Frage der formal ungleichen Rechtsanwendung ist, sondern der materiellen Ungleichheit, die wiederum vor allem historisch bedingt und strukturell verwachsen ist. So definiert Art. 1 CEDAW die Diskriminierung als jede benachteiligende Unterscheidung, Ausschließung oder Beschränkung im politischen, wirtschaftlichen, sozialen, kulturellen, staatsbürgerlichen oder jedem sonstigen Bereich. Der Wortlaut des Art. 1 CEDAW ist an Art. 1 Abs. 1 Anti-Rassismuskonvention angelehnt[35] und war der Orientierungspunkt für den späteren Art. 2 BRK.[36] Die Diskriminierungsverbote aller drei Verträge erfassen durch die explizite Nennung des politischen, wirtschaftlichen, sozialen etc. Bereichs Benachteiligungen in der sozialen Wirklichkeit und stehen dadurch für ein materielles Gleichheitsverständnis.

Art. 2 lit. e und f sowie Art. 5 lit. a CEDAW erstrecken die Diskriminierungsverbote der CEDAW auf Benachteiligungen in horizontalen Rechtsbeziehungen, d. h. auf Bereiche, die paradigmatisch die gesellschaftliche Realität von Frauen widerspiegeln. Art. 4 Abs. 1 CEDAW verpflichtet die Vertragsstaaten zu zeitweiligen Sondermaßnahmen, um die Herbeiführung der de facto-Gleichheit von Frauen zu beschleunigen. Er wird später diskutiert,[37] interessiert aber aus textlich-systematischen Gründen schon an dieser Stelle. Gemeint ist damit, dass Art. 4 Abs. 1 CEDAW von der „de facto equality" spricht und dadurch an die in der Präambel genannte Zielsetzung der „full equality" von Frauen anknüpft.[38] Die Präambel deutet mit der „full equality" bzw. der Hervorhebung des Unterschieds zwischen „voller" und „normaler" Gleichheit darauf hin, dass es der CEDAW nicht nur auf Benachteiligungen ankommt, die durch eine formal ungleiche Rechtsanwendung entstehen, sondern auf die spezifisch weiblichen, faktischen Ungleichheitserfahrungen. Diese Zielsetzung entspricht dem materiellen Gleichheitsmodell und wird durch Art. 4 Abs. 1 CEDAW in den operativen Pflichtenteil der CEDAW übernommen. Weiter bedeutsam ist, dass Art. 4 CEDAW gerade dazu dient, historisch verwurzelte Benachteiligungen und daraus resultierende Ungleichheiten zu beseitigen.[39] Er zielt damit nicht auf ein formales Rechtsanwendungs-, sondern auf ein de facto-materielles Gleichheitsergebnis ab.[40]

Das materielle Gleichheitsziel der CEDAW kommt weiterhin deutlich in den Art. 6 bis 16 CEDAW zum Ausdruck, weil sie besondere Diskriminierungsverbote für diejenigen Lebensbereiche normieren, in denen Frauen überaus häufig ungleich

---

[35] Abschn. 3.3.

[36] *Nilsson*, Article 2, in: Bantekas/Stein/Anastasiou (eds.), CRPD Commentary, 63 (71–72).

[37] Abschn. 4.1.5.

[38] Abschn. 3.1.

[39] *Lembke*, Article 4, in: Schulz et al. (eds.), CEDAW Commentary, 173 (174–175).

[40] Ibid., 173 (174–175, 177); *Schöpp-Schilling*, Reflections on a General Recommendation on Article 4(1) of the Convention on the Elimination of All Forms of Discrimination Against Women in: Boerefijn et al. (eds.), Temporary special measures, 15 (25).

behandelt werden bzw. wurden.[41] Diese Bereiche betreffen unter anderem die Bildung (Art. 10 CEDAW), das Berufsleben (Art. 11 CEDAW) sowie das Gesundheitswesen (Art. 12 CEDAW), d. h. Bereiche, die als Abbild des gesellschaftlichen Lebens für die materielle Gleichheit stehen.

Schließlich wird die materielle Gleichheit der CEDAW in ihrer asymmetrischen Schutzkonzeption ersichtlich, die sowohl die notwendige Voraussetzung als auch die Konsequenz ihres materiellen Gleichheitsverständnisses ist. Diese Ansicht ergibt sich daraus, dass die volle Gleichheit von Frauen zu Männern durch einen symmetrisch-formalen Gleichheitsansatz nicht erreicht werden kann.[42] Nach diesem Ansatz wäre es nämlich irrelevant, ob eine Frau oder ein Mann benachteiligt wird. Die historischen Ungleichheitserfahrungen von Frauen erfordern stattdessen eine Anknüpfung an den Diskriminierungsgrund „Frau“ und ein Gleichheitsverständnis, dass sich nicht in der inhalts- und wertungsfreien formal-prozeduralen Gleichbehandlung erschöpft, sondern an der sozialen Realität und der faktischen Wirksamkeit einschlägiger Maßnahmen orientiert. Diese faktische Wirksamkeit kann nur durch einen asymmetrischen Diskriminierungsschutz gewährleistet werden, welcher insbesondere die zeitweilige Bevorzugung von Frauen i.S.d. Art. 4 Abs. 1 CEDAW zulässt.[43]

4.1.3 Die transformative Gleichheit

Die transformative Gleichheit zielt wie die materielle Gleichheit darauf ab, die faktische Gleichstellung benachteiligter Gruppen herbeizuführen.[44] Anders als die materielle Gleichheit, welche dieses Gleichheitsziel durch die zeitweilige Bevorzu-

---

[41] Vgl. *Schulz/Halperin-Kaddari/Rudolf*, Introduction, in: Schulz et al. (eds.), CEDAW Commentary, 1 (18).

[42] *Byrnes/Kapai*, Article 1, in: Schulz et al. (eds.), CEDAW Commentary, 79 (80–81); Holtmaat/Naber, Women's Human Rights and Culture; From Deadlock to Dialogue, p. 26 fn. 54; *Schulz/Halperin-Kaddari/Rudolf*, Introduction, in: Schulz et al. (eds.), CEDAW Commentary, 1 (2); *Cook*, Women's International Human Rights: The Way Forward, in: Cook (ed.), Human Rights of Women. National and International Perspectives, 3 (10–11); *Cusack/Cook*, Combating Discrimination Based on Sex and Gender in: Krause/Scheinin (eds.), International Protection of Human Rights, 205 (206–207); *Fredman*, Beyond the Dichotomy of Formal and Substantive Equality: Towards a New Definition of Equal Rights, in: Boerefijn et al. (eds.), Temporary Special Measures, 111 (116); *Schöpp-Schilling*, Reflections on a General Recommendation on Article 4(1) of the Convention on the Elimination of All Forms of Discrimination Against Women in: Boerefijn et al. (eds.), Temporary special measures, 15 (25–27).

[43] *Byrnes/Kapai*, Article 1, in: Schulz et al. (eds.), CEDAW Commentary, 79 (80–81); *Lembke*, Article 4, in: Schulz et al. (eds.), CEDAW Commentary, 173 (177–181); *Schulz/Halperin-Kaddari/Rudolf*, Introduction, in: Schulz et al. (eds.), CEDAW Commentary, 1 (2); *Cusack/Cook*, Combating Discrimination Based on Sex and Gender in: Krause/Scheinin (eds.), International Protection of Human Rights, 205 (206–207); *Charlesworth/Chinkin/Wright*, Feminist Approaches to International Law, in: American Journal of International Law 85(4), 1991, 613 (631–632); *Schöpp-Schilling*, Reflections on a General Recommendation on Article 4(1) of the Convention on the Elimination of All Forms of Discrimination Against Women in: Boerefijn et al. (eds.), Temporary special measures, 15 (25–27).

[44] *Clifford*, Equality, in: Shelton (ed.), The Oxford Handbook of International Human Rights Law, 420 (429–430).

gung von Einzelpersonen erreichen will, fordert die transformative Gleichheit aber eine Veränderung bestehender sozialer Strukturen und der Funktionsweisen von Organisationen und Institutionen, um die Position der benachteiligten Gruppe zu verbessern. Die zugrunde liegende Annahme ist, dass nur Veränderungen derjenigen Praktiken und Strukturen eine Gleichstellung herbeiführen können, welche die Benachteiligungen einer bestimmten Gruppe bewirken oder aufrechterhalten.[45]

Für die CEDAW wird die transformative Gleichheit für nahezu jeden ihrer materiellen Artikel neben der formellen und materiellen Gleichheit genannt und erklärt.[46] Im Kontext der CEDAW bedeutet die transformative Gleichheit, dass die Gleichheit zwischen Männern und Frauen annahmegemäß nur durch einen Wandel benachteiligender öffentlich-rechtlicher und privater Strukturen erreicht werden kann.[47] Da es nach den bisherigen Erkenntnissen insbesondere sozial konstruierte Unterschiede im Sinne von Geschlechterstereotypen und Rollenzuweisungen sind, welche Frauen benachteiligen, ist Art. 5 lit. a CEDAW als der Ausgangspunkt der transformativen Gleichheit in der CEDAW zu sehen.[48] Er fordert von den Vertragsstaaten das Ergreifen von Maßnahmen, mit denen benachteiligende geschlechterstereotype Überzeugungen und Rollenverteilungen in vertikalen und horizontalen Rechtsbeziehungen beseitigt bzw. geändert werden, d. h. mit denen eine „Transfor-

[45] Ibid.; *Holtmaat*, The CEDAW: a holistic approach to women's equality and freedom in: Hellum/Aasen (eds.), Women's Human Rights, 95 (111).

[46] *Bailey/Gbedemah*, Article 10, in: Schulz et al. (eds.), CEDAW Commentary, 365 (370); *Banda*, Article 14, in: Schulz et al. (eds.), CEDAW Commentary, 519 (545); *Byrnes/Kapai*, Article 1, in: Schulz et al. (eds.), CEDAW Commentary, 79 (84); *Chinkin/Gormley*, Article 3, in: Schulz et al. (eds.) CEDAW Commentary, 147 (161); *Chuang/Sarugaser-Hug*, Article 6, in: Schulz et al. (eds.), CEDAW Commentary, 257 (279); *Halperin-Kaddari/Freeman*, Article 16, in: Schulz et al. (eds.), CEDAW Commentary, 577 (622); *Narain*, Article 15, in: Schulz et al. (eds.), CEDAW Commentary, 553 (567); *Raday/Oksenberg*, Article 11, in: Schulz et al. (eds.), CEDAW Commentary, 415 (452); *Rudolf*, Article 13, in: Schulz et al. (eds.), CEDAW Commentary, 487 (510, 511–513); *Sarugaser-Hug*, Article 9, in: Schulz et al. (eds.), CEDAW Commentary, 343 (348–349); *Timmer/Holtmaat*, Article 5, in: Schulz et al. (eds.), CEDAW Commentary, 221 (233); *Undurraga/Cook*, Article 12, in: Schulz et al. (eds.), CEDAW Commentary, 459 (477); *Wittkopp*, Article 7, in: Schulz et al. (eds.), CEDAW Commentary, 303 (319–321); Article 8, in: Schulz et al. (eds.), CEDAW Commentary, 331 (338); vgl. auch *Chinkin/Gormley*, Violence Against Women, in: Schulz et al. (eds.), CEDAW Commentary, 627 (665).

[47] Ibid.; CEDAW Committee, General Recommendation No. 25: Article 4, paragraph 1, of the Convention on the Elimination of All Forms of Discrimination against Women (temporary special measures), 12 May 2004, UN Doc. HRI/GEN/1/Rev.7, 282 (283 para. 10); *Clifford*, Equality, in: Shelton (ed.), The Oxford Handbook of International Human Rights Law, 420 (429–430); *Schulz/Halperin-Kaddari/Rudolf*, Introduction, in: Schulz et al. (eds.), CEDAW Commentary, 1 (14); Fredman, Discrimination Law, p. 30; Beyond the dichotomy of formal and substantial equality: Towards new definitions of equal rights, in: Boerefijn et al. (eds.), Temporary special measures, 111 (115).

[48] So i. E. auch *Timmer/Holtmaat*, Article 5, in: Schulz et al. (eds.), CEDAW Commentary, 221 (222–223, 233, 249); *Fredman*, Beyond the Dichotomy of Formal and Substantive Equality: Towards a New Definition of Equal Rights, in: Boerefijn et al. (eds.), Temporary Special Measures, 111 (116).

mation" eben jener Strukturen herbeigeführt wird, auf welchen die Benachteiligungen von Frauen im Verständnis der CEDAW basieren.[49]

Der Begriff „Strukturen" ist nach den bisherigen Auslegungsergebnissen weit zu verstehen und erfasst alle rechtsverbindlichen und -unverbindlichen Regelungen einschließlich der kulturellen Praktiken und Verhaltensmuster von Männern und Frauen in einem Staat.[50] Dies folgt daraus, dass die Benachteiligung von Frauen im Verständnis der CEDAW auf Geschlechterstereotypen und Rollenbildern basiert, welche in öffentlich-rechtlichen sowie privat-rechtlichen Institutionen und Funktionsweisen verwachsen sind. Beispielhaft ist hier nur an die Individualbeschwerde *Vertido* unter Art. 2 CEDAW-FP zu denken. In diesem Fall wurde die Beschwerdeführerin durch sozio-kulturell entstandene und im philippinischen Rechtssystem eingeschriebene Stereotype über das zu erwartende Verhalten weiblicher Vergewaltigungsopfer diskriminiert, weil die Richterin den Vergewaltiger der Beschwerdeführerin aufgrund dieser Stereotype freisprach.[51]

Da die transformative und die materielle Gleichheit beide auf eine faktische Verbesserung der Position von Frauen abzielen,[52] stellt sich die Frage nach dem Verhältnis zwischen der transformativen Gleichheit i.S.d. Art. 5 lit. a CEDAW und der materiellen Gleichheit.

4.1.4 *Das Verhältnis zwischen der transformativen und der materiellen Gleichheit*

Auf den ersten Blick könnte vertreten werden, dass die transformative Gleichheit i.S.d. Art. 5 lit. a CEDAW kein eigenständiges Gleichheitsmodell verkörpert, sondern als eine Unterform des materiellen Gleichheitsziels der CEDAW zu sehen ist. Dafür spricht zum einen, dass der sozio-kulturelle Wandel, den Art. 5 lit. a CEDAW durch die Beseitigung bzw. Änderung von Geschlechterstereotypen und Rollenbildern anstrebt, die Ursachen der Diskriminierung von Frauen adressiert, wodurch

[49] CEDAW Committee, General Recommendation No. 25: Article 4, paragraph 1, of the Convention on the Elimination of All Forms of Discrimination against Women (temporary special measures), 12 May 2004, UN Doc. HRI/GEN/1/Rev.7, 282 (283 paras. 6, 10); General recommendation No. 36 (2017) on the right of girls and women to education, 27 November 2017, UN Doc. CEDAW/C/GC/36, para. 26; *Timmer/Holtmaat*, Article 5, in: Schulz et al. (eds.), CEDAW Commentary, 221 (233–234); *Fredman*, Beyond the Dichotomy of Formal and Substantive Equality: Towards a New Definition of Equal Rights, in: Boerefijn et al. (eds.), Temporary Special Measures, 111 (116).

[50] So ausdrücklich auch CEDAW Committee, General recommendation No. 36 (2017) on the right of girls and women to education, 27 November 2017, UN Doc. CEDAW/C/GC/36, para. 25; *Timmer/Holtmaat*, Article 5, in: Schulz et al. (eds.), CEDAW Commentary, 221 (233–234).

[51] CEDAW Committee, *Vertido v. The Philippines*, 22 September 2010, UN Doc. CEDAW/C/46/D/18/2008, paras. 8.5–8.7.

[52] *Clifford*, Equality, in: Shelton (ed.), The Oxford Handbook of International Human Rights Law, 420 (429–430).

er der Umsetzung ihrer unmittelbaren und mittelbaren Diskriminierungsverbote bzw. ihrer formellen und materiellen Gleichheitsgebote dient.[53] Zum anderen kommt es beiden Gleichheitsmodellen auf die Verbesserung der Position von Frauen in der sozialen Wirklichkeit an.[54] Aus diesem Punkt ergibt sich allerdings ein gewichtiger Unterschied, der doch ein Verständnis der transformativen Gleichheit als ein eigenständiges Modell nahelegt. Dieser Unterschied besteht darin, dass die materielle Gleichheit zwar de facto-Auswirkungen beabsichtigt,[55] dabei aber die den Benachteiligungen zugrunde liegenden Strukturen unberücksichtigt lässt.[56]

Art. 5 lit. a CEDAW bzw. die transformative Gleichheit zielt demgegenüber gerade auf einen Wandel dieser Strukturen ab, da sie diejenigen sozio-kulturellen Hindernisse beseitigen wollen, die der Gleichheit von Frauen zu Männern entgegenstehen (Geschlechterstereotype und Rollenbilder).[57] Art. 5 lit. a CEDAW knüpft damit zwar einerseits an das materielle Gleichheitsverständnis der CEDAW an, geht aber andererseits darüber hinaus. Daraufhin könnte vertreten werden, dass sein transformatives Gleichheitsverständnis doch ein eigenständiges und neben die materielle Gleichheit tretendes Gleichheitsmodell darstellt.

Diese Ansicht ist aber abzulehnen. Dies folgt daraus, dass die transformative und die materielle Gleichheit letztlich dasselbe Ziel verfolgen, nämlich die faktische Gleichstellung von Frauen. Dass sie dieses Ziel in unterschiedlichen Ansätzen erreichen wollen, ist mehr als eine verbindende Klammer zu verstehen und nicht als Trennlinie, welche die Eigenständigkeit der transformativen Gleichheit i.S.d. Art. 5 lit. a CEDAW markiert. Damit ist gemeint, dass sich die materielle und transformative Gleichheit in der CEDAW konzeptionell eher komplettieren und ausgleichen, als dass sie inhaltlich divergieren.

Die Komplettierung besteht darin, dass die materielle Gleichheit Diskriminierungen pro- und reaktiv durch zeitweilige Sondermaßnahmen beseitigen bzw. abmildern und so die Gleichstellung von Frauen mit Männern beschleunigen will.[58] Das transformative Gleichheitsziel des Art. 5 lit. a CEDAW unterstützt die proaktive Seite der materiellen Gleichheit, indem er die zugrunde liegenden Ursachen von Benachteiligungen präventiv beseitigen will.

---

[53] *Timmer/Holtmaat*, Article 5, in: Schulz et al. (eds.), CEDAW Commentary, 221 (222, 230–233).

[54] Abschn. 4.1.4.

[55] Abschn. 4.1.2.

[56] Hepple, Equality: The Legal Framework, p. 28; *Byrnes/Kapai*, Article 1, in: Schulz et al. (eds.), CEDAW Commentary, 79 (83–84); *Fredman*, Beyond the dichotomy of formal and substantial equality: Towards new definitions of equal rights in: Boerefijn et al. (eds.), Temporary special measures, 111 (115).

[57] Abschn. 3.5; *Timmer/Holtmaat*, Article 5, in: Schulz et al. (eds.), CEDAW Commentary, 221 (222–223, 233–234); *Holtmaat*, The CEDAW: a holistic approach to women's equality and freedom in: Hellum/Aasen (eds.), Women's Human Rights, 95 (111–112); *Cusack/Cook*, Combating Discrimination Based on Sex and Gender in: Krause/Scheinin (eds.), International Protection of Human Rights, 205 (207); *Fredman*, Beyond the dichotomy of formal and substantial equality: Towards new definitions of equal rights, in: Boerefijn et al. (eds.), Temporary special measures, 111 (115).

[58] Dazu im folgenden Abschnitt.

Die Ausgleichsfunktion des Art. 5 lit. a CEDAW ist darin zu sehen, dass die zeitweiligen Sondermaßnahmen der materiellen Gleichheit zunächst ihrerseits Gefahr laufen, stereotype Unterschiedskonstruktionen hervorzuheben und zu verfestigen, d. h. die Umstände herbeizuführen, die Diskriminierungen gerade zugrunde liegen.[59] Dort, wo Sondermaßnahmen als Pluspol für eine Fortschreibung sozial konstruierter Andersartigkeiten wirken können, fungiert der stereotypenaufbrechende Ansatz der transformativen Gleichheit bzw. des Art. 5 lit. a CEDAW dann als Minuspol, der diese Gefahr ausgleicht.

4.1.5 Das Verhältnis zwischen der transformativen Gleichheit und zeitweiligen Sondermaßnahmen

Art. 5 lit. a CEDAW zielt durch den Abbau benachteiligender Stereotype und Rollenverteilungen insbesondere auf traditionell männliche Lebensmuster ab, die über Generationen eine geschlechtsspezifische Gesellschaftshierarchisierung sowie die Benachteiligung von Frauen bewirken.[60] Derart gewachsene Benachteiligungen werden im materiellen Gleichheitsmodell durch zeitweilige Sondermaßnahmen i.S.d. Art. 4 Abs. 1 CEDAW adressiert und sind aufgrund der Formulierung „all appropriate measures" im Obersatz des Art. 5 lit. a CEDAW sowie angesichts des *telos* der CEDAW sowohl zulässig als auch erforderlich.[61] Sowohl Art. 4 Abs. 1 CEDAW selbst als auch sein Verhältnis zu Art. 5 lit. a CEDAW sind allerdings problematisch.

4.1.5.1 Die Umstrittenheit zeitweiliger Sondermaßnahmen

Die Problematik des Art. 4 Abs. 1 CEDAW ergibt sich neben irreführenden Begriffsverwendungen daraus, dass er teilweise als nicht rechtsverbindlich angesehen und die Verfassungskonformität der unter ihm ergriffenen Maßnahmen in den nationalen Rechtsordnungen der Vertragsstaaten in Frage gestellt wird. In Bezug auf den letztgenannten Punkt hatte beispielsweise Kolumbien im Jahr 1993 in seiner Sozialversicherungsgesetzgebung ein Gesetz eingeführt, welches für Männer und Frauen unterschiedliche Renteneintrittsalter bestimmte. Das kolumbianische Verfassungsgericht hatte diese Maßnahme als verfassungsmäßig eingeordnet mit der Begrün-

[59] Vgl. *Holtmaat*, Article 5, in: Freeman/Chinkin/Rudolf (eds.), CEDAW Commentary, 141 (164).

[60] *Timmer/Holtmaat*, Article 5, in: Schulz et al. (eds.), CEDAW Commentary, 221 (233–234).

[61] CEDAW Committee, General Recommendation No. 25: Article 4, paragraph 1, of the Convention on the Elimination of All Forms of Discrimination against Women (temporary special measures), 12 May 2004, UN Doc. HRI/GEN/1/Rev.7, 282 (286 para. 24); *Lembke*, Article 4, in: Schulz et al. (eds.), CEDAW Commentary, 173 (183); *Timmer/Holtmaat*, Article 5, in: Schulz et al. (eds.), CEDAW Commentary, 221 (253); *Schöpp-Schilling*, Reflections on a General Recommendation on Article 4(1) of the Convention on the Elimination of All Forms of Discrimination Against Women, in: Boerefijn et al. (eds.), Temporary special measures, 15 (16, 27–28).

dung, dass es notwendig sei, um die soziale Benachteiligung von Frauen abzumildern.[62] Das kongolesische Verfassungsgericht hatte im Januar 2014 eine gesetzliche Quotenregelung zur gleichberechtigten Vertretung von Frauen in politischen und administrativen Ämtern als verfassungswidrig zurückgewiesen.[63]

Auf diese Fälle der Verfassungsmäßigkeit zeitweiliger Sondermaßnahmen ist nicht weiter einzugehen, da sie die nationalen Rechtsordnungen der Vertragsstaaten betreffen. Im Folgenden sind allein die umstrittenen Punkte in Bezug auf Art. 5 lit. a i. V. m. Art. 4 Abs. 1 CEDAW zu klären.

4.1.5.1.1 Zeitweilige Sondermaßnahme als asymmetrische Abhilfemaßnahme

Zeitweilige Sondermaßnahmen werden in den authentischen englischen, französischen, spanischen und russischen Sprachfassungen des Art. 4 Abs. 1 CEDAW als „*temporary special* measures“, „mesures *temporaires spéciale*“, „medidas *especiales de carácter temporal*“ und als „*временные специальные* меры“ bezeichnet, aber nicht definiert. Der jeweilige Wortlaut macht schon deutlich, dass es für Art. 4 Abs. 1 CEDAW bzw. die unter ihm ergriffenen Maßnahmen vor allem auf ihre „Zeitweiligkeit“ und „Spezialität“ der Maßnahme ankommt.[64]

Außerhalb der CEDAW werden allgemeinere Bezeichnungen wie „affirmative action“, „positive action“, „positive measures“ und „reverse discrimination“ häufig synonym zu den „zeitweiligen Sondermaßnahmen“ verwendet.[65] Diese Begriffsvarianten ergeben sich zum einen aus den fortwährenden Übersetzungen. So scheint die Variante „positive action“ eine Übersetzung des französischen Begriffs „action positive“ zu sein, der seinerseits eine Übersetzung des U.S.-amerikanischen „affirmative action“ ist.[66] Zum anderen dürften die begrifflichen Varianten auch ein Ausdruck der Vielzahl an unterschiedlichen Maßnahmen sein, die potenziell unter zeitweilige Sondermaßnahmen gefasst werden können.[67]

---

[62] CEDAW Committee, Consideration of Reports Submitted by States Parties under Article 18 of the Convention on the Elimination of All Forms of Discrimination Against Women, Fourth Periodic Reports of States Parties, Colombia, 28 August 1997, UN Doc. CEDAW/C/COL/4, p. 40; vgl. auch Twenty-fifth session, 2–20 July 2001, Item 5 of the provisional agenda, Committee's approach to article 4, paragraph 1 of the Convention, Report by the Secretariat, 8 June 2001, UN Doc. CEDAW/C/2001/II/5, p. 13.

[63] CEDAW Committee, Concluding observations on the eighth periodic report of the Democratic Republic of the Congo, 6 August 2019, UN Doc. CEDAW/C/COD/CO/8, para. 22(b).

[64] *Lembke*, Article 4, in: Schulz et al. (eds.), CEDAW Commentary, 173 (195).

[65] Ibid., 173 (181); *Schöpp-Schilling*, Reflections on a General Recommendation on Article 4(1) of the Convention on the Elimination of All Forms of Discrimination Against Women, in: Boerefijn et al. (eds.), Temporary special measures, 15 (22).

[66] *Schöpp-Schilling*, Reflections on a General Recommendation on Article 4(1) of the Convention on the Elimination of All Forms of Discrimination Against Women, in: Boerefijn et al. (eds.), Temporary special measures, 15 (22).

[67] Ibid.

Insbesondere der Begriff „positive action“ als Synonym zu „temporary special measures“ ist aber fehlerhaft bzw. mindestens irreführend, weil er sich im völkerrechtlichen Verständnis nicht nur auf die bevorzugte Behandlung von Personengruppen wie Frauen i.S.d. Art. 4 Abs. 1 CEDAW beziehen kann, sondern auch auf die allgemeinere Verpflichtung von Staaten zum Ergreifen von Maßnahmen. In diesem Sinne meint „positive action“ also den Unterschied zwischen einer negativen Unterlassenspflicht und einer positiven Handlungspflicht von Staaten.[68]

Die zeitweiligen Sondermaßnahmen i. S. v. Art. 4 Abs. 1 CEDAW stellen eine spezifisch asymmetrische Abhilfemaßnahme dar, deren Ziel in der beschleunigten Herbeiführung der de-facto-Gleichheit zwischen Männern und Frauen besteht („accelerating de facto equality between men and women“). Die rechtsunverbindliche Allgemeine Empfehlung Nr. 25 des CEDAW-Ausschusses erklärt dieses Ziel wie folgt.

> „The purpose of article 4, paragraph 1, is to accelerate the improvement of the position of women to achieve their de facto or substantive equality with men, and to effect the structural, social and cultural changes necessary to correct past and current forms and effects of discrimination against women, as well as to provide them with compensation. These measures are of a temporary nature.“[69]

Zeitweilige Sondermaßnahmen stellen nach Art. 4 Abs. 1 CEDAW und entsprechend der asymmetrischen Schutzrichtung der Konvention keine Diskriminierung von Männern dar und sind unabhängig davon zu ergreifen, ob eine Benachteiligung von Frauen in der Vergangenheit nachgewiesen werden kann oder nicht.[70] Damit kommt zum Ausdruck, dass Sondermaßnahmen nicht nur einen korrigierenden Eingriff darstellen mit dem Ziel, vergangene Benachteiligungen abzumildern. Sie dienen auch dem grundsätzlichen Ziel und Zweck der CEDAW, die materielle Gleichheit von Frauen zu Männern zu erreichen bzw. zu beschleunigen.[71] Als konkrete Maßnahmen unter Art. 4 Abs. 1 CEDAW kommen vor allem Fördermaßnahmen wie beispielsweise Quotenregelungen in Betracht.[72]

---

[68] Ibid.

[69] CEDAW Committee, General Recommendation No. 25: Article 4, paragraph 1, of the Convention on the Elimination of All Forms of Discrimination against Women (temporary special measures), 12 May 2004, UN Doc. HRI/GEN/1/Rev.7, 282 (284–285 para. 15).

[70] Ibid., 282 (285 para. 18); *Lembke*, Article 4, in: Schulz et al. (eds.), CEDAW Commentary, 173 (181–182).

[71] CEDAW Committee, General Recommendation No. 25: Article 4, paragraph 1, of the Convention on the Elimination of All Forms of Discrimination against Women (temporary special measures), 12 May 2004, UN Doc. HRI/GEN/1/Rev.7, 282 (285 para. 18); *Lembke*, Article 4, in: Schulz et al. (eds.), CEDAW Commentary, 173 (174); *Raday*, Systematizing the Application of Different Types of Temporary Special Measures Under Article 4 of CEDAW, in: Boerefijn et al. (eds.), Temporary special measures, 35 (35–36); *Schöpp-Schilling*, Reflections on a General Recommendation on Article 4(1) of the Convention on the Elimination of All Forms of Discrimination Against Women, in: Boerefijn et al. (eds.), Temporary special measures, 15 (27–28).

[72] *Raday*, Systematizing the Application of Different Types of Temporary Special Measures under Article 4 of CEDAW in: Boerefijn et al. (eds.), Temporary special measures, 35 (38–43).

4.1.5.1.2 Die Pflicht zum Ergreifen zeitweiliger Sondermaßnahmen

Vereinzelt wird bzw. wurde vertreten, dass Art. 4 Abs. 1 CEDAW keine Pflicht zum Ergreifen von zeitweiligen Sondermaßnahmen begründet. So meinte der EFTA-Gerichtshof in *Surveillance Authority v. Norway*, dass die CEDAW Sondermaßnahmen lediglich erlaube, nicht aber rechtsverbindlich vorschreibe („affirmative action measures in various circumstances are clearly *permissve rather than mandatory* [Hervor. d. Verf.].“).[73] Diese Ansicht vertrat auch Kanada während der vorbereitenden Vertragsarbeiten zur CEDAW („States parties *may* adopt temporary special measures [...] [Hervor. d. Verf.]“).[74]

Der frühere Sonderberichterstatter zum Konzept und zur Praxis zeitweiliger Sondermaßnahmen Bossuyt ordnete die CEDAW in seinem vorläufigen Bericht, welchen der Wirtschafts- und Sozialrat der UN im Zusammenhang mit Minderheitenrechten im westsaharischen Afrika angefordert hatte,[75] auf der Grundlage einer historischen Auslegung ihrer travaux préparatoires in Gänze als nur „promotional and programmatic“ ein.[76] Daraus zog er den Schluss, dass die CEDAW keine sofort umsetzbaren Plichten enthalte und Art. 4 CEDAW dementsprechend nur eine „Möglichkeit“ zum Ergreifen von Sondermaßnahmen schaffe („Article 4 *merely creates the possibility* to achieve de facto equality through affirmative action [...] [Hervor. d. Verf.].“).[77] Im abschließenden Bericht war diese Meinung nicht mehr enthalten.[78]

Die Ansicht einer Rechtsunverbindlichkeit des Art. 4 Abs. 1 CEDAW muss aus zwei Gründen abgelehnt werden. Der erste Grund ist, dass die historische Auslegung der travaux préparatoires der CEDAW, wie sie vom Sonderberichterstatter in seinem vorläufigen Bericht angewendet wurde, nur ein ergänzendes und im Vergleich zu den Methoden des Art. 31 WVK qualitativ weniger gewichtiges Aus-

---

[73] EFTA, *Surveillance Authority v. The United Kingdom of Norway*, Judgement, 24 January 2003, Case E-1/02, para. 58.

[74] ECOSOC, United Nations Decade for Women: Equality, Development and Peace. Draft Convention on the Elimination of Discrimination against Women, Amendments, 24 October 1977, UN Doc. A/C.3/32/WG.1/CRP.2, p. 4 (Amendments submitted by Canada).

[75] ECOSOC, Decision 1999/253. The concept and practice of affirmative action, 27 July 1999; Commission on Human Rights, Question of Western Sahara, Resolution 1998/5, UN Doc. E/CN.4/1998/5; Decision 1999/107. The concept and practice of affirmative action, UN Doc. E/CN.4/DEC/1999/107.

[76] ECOSOC, Commission on Human Rights. Sub-Commission on the Promotion and Protection of Human Rights. Fifty-second session. Item 3 of the provisional agenda, Comprehensive Examination of Thematic Issues Relating to Racial Discrimination, The concept and practice of affirmative action, Preliminary report submitted by Mr. Marc Bossuyt, Special Rapporteur, in accordance with Sub-Commission resolution 1998/5, 19 June 2000, UN Doc. E/CN.4/Sub.2/2000/11, para. 38.

[77] Ibid.

[78] ECOSOC, Commission on Human Rights. Sub-Commission on the Promotion and Protection of Human Rights. Fifty-third session, Item 5 of the provisional agenda, Prevention of Discrimination. The concept and practice of affirmative action, Final report submitted by Marc Bossuyt, Special Rapporteur, in accordance with Sub-Commission resolution 1998/5, 17 June 2002, UN Doc. E/CN.4/Sub.2/2002/21, paras. 64–70.

legungsmittel darstellt.[79] Die historische Auslegung kann dementsprechend nicht zu Schlussfolgerungen gelangen, welche den aus Art. 31 WVK gewonnenen Ergebnissen widerspricht und sie überwiegt.[80] Genau dies ist in Bezug auf Art. 4 Abs. 1 CEDAW aber der Fall. Der zweite Grund gegen eine Rechtsunverbindlichkeit des Art. 4 Abs. 1 CEDAW ist dementsprechend, dass sich aus seiner systematischen und teleologischen Auslegung doch eine Pflicht ergibt.

In der systematischen Auslegung ist Art. 4 Abs. 1 CEDAW als Grundlagenartikel i. V. m. Art. 1 bis 3 sowie Art. 5 und 24 CEDAW zu lesen, welche die Vertragsstaaten in ihrer Gesamtheit dazu verpflichten, legislative, administrative etc. und auch zeitweilige Sondermaßnahmen zur Herbeiführung der Gleichheit von Frauen mit Männern zu ergreifen. Teleologisch sind zeitweilige Sondermaßnahmen als pro- und reaktives Abhilfemittel gegen frühere und bestehende Benachteiligungen gerade notwendig, um das Ziel und den Zweck der CEDAW, d. h. den Zustand der Nicht-Diskriminierung bzw. Gleichheit zu erreichen. Im Ergebnis ist mit der herrschenden Meinung aufgrund der systematischen und teleologischen Auslegung des Art. 4 Abs. 1 CEDAW von einer Pflicht zum Ergreifen zeitweiliger Sondermaßnahmen auszugehen.[81]

4.1.5.2 Geschlechtsneutralität vs. die Anerkennung von Geschlechterdifferenzen

Im Verhältnis zu Art. 5 lit. a CEDAW ist Art. 4 Abs. 1 CEDAW in zweierlei Hinsicht problematisch. Die erste Problematik wurde eben angesprochen und besteht darin, dass Sondermaßnahmen gerade an das Merkmal „Frau" anknüpfen und die damit einhergehenden Stereotype und Rollenbilder verstärken können.[82] Die Zielsetzung zeitweiliger Sondermaßnahmen könnte damit letztlich konterkariert werden und das genaue Gegenteil, d. h. weitere und fortwährende Benachteiligungen aufgrund geschlechterstereotyper Ansichten bewirken.[83] In Bezug darauf wurde aber festgestellt, dass Art. 5 lit. a CEDAW stereotypenaufbrechend und insofern als ausgleichendes „Minus" zu den potenziell fortgeschriebenen Unterschiedskonstruktionen wirkt, die sich aus Art. 4 Abs. 1 CEDAW ergeben können.[84]

Die zweite Problematik im Verhältnis zwischen Art. 4 Abs. 1 und Art. 5 lit. a CEDAW folgt daraus, dass die Zeitweiligkeit von Sondermaßnahmen die Ansicht suggeriert, Geschlechtergleichheit wäre in einer geschlechtsneutralen Welt zu errei-

---

[79] Abschn. 5.2.

[80] Ibid.

[81] So auch *Lembke*, Article 4, in: Schulz et al. (eds.), CEDAW Commentary, 173 (183–184); *Schöpp-Schilling*, Reflections on a General Recommendation on Article 4(1) of the Convention on the Elimination of All Forms of Discrimination Against Women, in: Boerefijn et al. (eds.), Temporary special measures, 15 (27–28).

[82] Abschn. 4.1.4.

[83] Vgl. *Holtmaat*, Article 5, in: Freeman/Chinkin/Rudolf (eds.), CEDAW Commentary, 141 (164).

[84] Abschn. 4.1.4.

chen, da sie mutmaßlich ein Privileg darstellen und nach der Zielerreichung zurückzunehmen sind.[85] Diese Ansicht steht nach den bisherigen Erkenntnissen im Widerspruch zu Art. 5 lit. a CEDAW.

Der Widerspruch resultiert daraus, dass Art. 5 lit. a CEDAW einen transformativen Gleichheitsgedanken ausdrückt, welcher der materiellen Gleichheit entstammt und nach dem geschlechtsspezifische Unterschiede zu akzeptieren und zu respektierten sind.[86] Andernfalls würden Frauen beständig an einem männlichen Standard bemessen und wären zur Anpassung an diesen Standard gezwungen bzw. müssten bei einer Nicht-Anpassung Benachteiligungen in Kauf nehmen.[87] Nach der transformativen Gleichheit sind deshalb nicht die Unterschiede an sich zu beseitigen, sondern allein die negativen Folgen dieser Unterschiede durch die Anerkennung der geschlechtsspezifischen Andersartigkeit von Frauen.[88] Art. 5 lit. a CEDAW und sein transformatives Gleichheitsziel gehen damit gerade nicht davon aus, dass Geschlechtergleichheit durch Geschlechtsneutralität erlangt werden kann.

Das Verhältnis zwischen Art. 4 Abs. 1 CEDAW und Art. 5 lit. a CEDAW konkretisiert sich damit als Differenz in der Frage, ob Geschlechtergleichheit auf dem Wege der Geschlechtsneutralität oder über die Anerkennung geschlechtsbezogener Unterschiede zu erreichen ist. Beide Ansichten können nicht gleichzeitig nebeneinander bestehen, sondern begründen einen Entweder-oder-Dualismus. Damit besteht auf den ersten Blick nicht nur ein Spannungsverhältnis zwischen Art. 4 Abs. 1 und Art. 5 lit. a CEDAW, sondern eine unvereinbare Polarität. Diese Polarität wäre umso bemerkenswerter, als dass die transformative Gleichheit als ein Bestandteil der materiellen Gleichheit zu verstehen ist, die ihrerseits auf der Menschenwürde sowie einem menschenrechtlich-positiven Freiheitsverständnis als der Grundlage einer nicht-symmetrischen Behandlung basiert („With the positive view of freedom comes a substantive conception of equality.“[89]). Umso mehr stellte sich dann die Frage, wie es sein kann, dass sich beide Gleichheitsmodelle widersprechen.

Die Auflösung dieses Widerspruchs findet sich in dem zeitweilig-Element der Sondermaßnahmen bzw. in ihrer Zielsetzung, die Herbeiführung der de-facto Gleichheit von Frauen zu beschleunigen. Diese Zielsetzung bewirkt, dass die Gegensätzlichkeit bezüglich der Geschlechtsneutralität vs. der Anerkennung von Geschlechterdifferenzen eine nur in der Theorie bestehende Ambivalenz ist, die sich in der Praxis dadurch auflöst, dass das „zeitweilig“ in den Sondermaßnahmen zugunsten ihrer Zielsetzung zurücktritt.

---

[85] *Fredman*, Beyond the dichotomy of formal and substantive equality. Towards new definitions of equal rights in: Boerefijn et al. (eds.), Temporary special measures, 111 (116–117).

[86] Abschn. 4.1.3.

[87] Ibid.; Fredman, Discrimination Law, p. 30; *Forowicz*, Concepts of Substantive Gender Equality: Looking for Coherence among the Regional and International Perspectives, in: Buckley/Donald/Leach (eds.), Towards Convergence in International Human Rights Law, 193 (195); *Fredman*, Beyond the dichotomy of formal and substantive equality in: Boerefijn et al. (eds.), Temporary special measures, 111 (115).

[88] Abschn. 4.1.3.

[89] Fredman, Human Rights Transformed: Positive Rights and Positive Duties, p. 3.

Damit ist aber die Frage aufgeworfen, ob mit Blick auf Art. 5 lit. a CEDAW bzw. die transformative Gleichheit überhaupt von Sondermaßnahmen im klassischen Sinne gesprochen werden kann, bei denen die zeitliche Begrenzung eine wesentliche Voraussetzung darstellt. Es scheint nämlich eher undenkbar, dass Bildungs-, Aufklärungs- und Informationskampagnen, die typischerweise als Maßnahmen unter Art. 5 lit. a CEDAW subsumiert werden,[90] zielführend nur als temporäre Maßnahme ausgestaltet sein können, wenn benachteiligende Geschlechterstereotype und Rollenbilder über Generationen sozio-kulturell gewachsen, verfestigt und in erheblichem Maße änderungsresistent[91] sind („changing mentality is a long-term endeavour“[92]).

4.1.5.3 Die transformative Gleichheit und die Zeitweiligkeit von Maßnahmen

Die Voraussetzung der zeitlichen Begrenzung lässt die Sondermaßnahmen i. S. v. Art. 4 Abs. 1 CEDAW auf den ersten Blick als unpassend für die Verwirklichung des transformativen Gleichheitsziels erscheinen, was mit der Feststellung korreliert, dass Geschlechtergleichheit im Verständnis des Art. 5 lit. a CEDAW nicht durch Geschlechtsneutralität zu erreichen ist.

Allerdings ist zu überlegen, dass die „Zeitweiligkeit“ i. S. v. Art. 4 Abs. 1 CEDAW nicht definiert ist. Sie bemisst sich nach dem Wortlaut des Art. 4 Abs. 1 CEDAW daran, ob das Ziel der Sondermaßnahme erreicht wurde oder nicht, d. h. nach ihrer Funktionalität.[93] Damit können grundsätzlich auch Maßnahmen, die unter Art. 5 lit. a i. V. m. Art. 4 Abs. 1 CEDAW ergriffen werden und mehrere Jahrzehnte in Kraft befindlich sind, als „zeitweilig“ angesehen werden. Schließlich würden sie das Ziel des transformativen und somit des materiellen Gleichheitsziels der CEDAW verfolgen, was den Vorgaben des Art. 4 Abs. 1 CEDAW entspricht.[94]

In Betracht kommt angesichts der wohl längeren Laufzeit jeglicher Maßnahmen unter Art. 5 lit. a CEDAW sowie aus systematischen Erwägungen aber auch, von einer Dauerhaftigkeit der Maßnahmen auszugehen. Dauerhafte Maßnahmen sind unter Art. 5 lit. a i. V. m. Art. 3 CEDAW zu ergreifen.

---

[90] Abschn. 2.7.2.

[91] Statt vieler *Eckes*, Geschlechterstereotype: Von Rollen, Identitäten und Vorurteilen, in: Becker/Kortendiek (eds.), Handbuch Frauen- und Geschlechterforschung, 178 (178).

[92] CEDAW Committee, Concluding comments of the Committee on the Elimination of Discrimination against Women: Luxembourg, 8 April 2008, UN Doc. CEDAW/C/LUX/CO/5, para. 16.

[93] *Lembke*, Article 4, in: Schulz et al. (eds.), CEDAW Commentary, 173 (195).

[94] Vgl. CEDAW Committee, General Recommendation No. 25: Article 4, paragraph 1, of the Convention on the Elimination of All Forms of Discrimination against Women (temporary special measures), 12 May 2004, UN Doc. HRI/GEN/1/Rev.7, 282 (282 para. 4, 284–285 paras. 15–16, 18); *Lembke*, Article 4, in: Schulz et al. (eds.), CEDAW Commentary, 173 (185); *Schöpp-Schilling*, Reflections on a General Recommendation on Article 4(1) of the Convention on the Elimination of All Forms of Discrimination Against Women in: Boerefijn et al. (eds.), Temporary special measures, 15 (29).

4.1.5.4 Die transformative Gleichheit und die Dauerhaftigkeit von Maßnahmen

Art. 3 CEDAW sieht anders als Art. 4 Abs. 1 CEDAW keine Fördermaßnahmen der oben beschriebenen Art vor, sondern verlangt im identischen Wortlaut zum Obersatz des Art. 5 lit. a CEDAW „all appropriate measures“. Diese treten neben die spezifischen Maßnahmen wie Legislativakte unter Art. 2 lit. f CEDAW und belassen den Vertragsstaaten einen Ermessensspielraum wie bei Art. 5 lit. a CEDAW,[95] welche Maßnahmen sie als „angemessen“ erachten.[96] Die Ausgestaltung der Maßnahmen unter Art. 3 CEDAW richtet sich nach dem Gebiet, in dem sie angewendet werden (insbesondere politisch, sozial, wirtschaftlich, kulturell). Als konkrete Maßnahmen kommen beispielsweise Geschlechterbudgets (wirtschaftlicher Bereich) in Betracht; Bildungs- und Aufklärungsprogramme sind dem kulturellen Gebiet zuzuordnen.[97]

Im Vergleich zu zeitweiligen Sondermaßnahmen sind Maßnahmen unter Art. 3 i. V. m. Art. 5 lit. a CEDAW insbesondere deshalb passender, weil sie nicht zeitlich begrenzt angewendet werden und nicht dem Erfordernis unterliegen, nach der Zielerreichung zurückgenommen werden zu müssen. Zudem steht Art. 5 lit. a CEDAW in einem engen systematischen Zusammenhang zu Art. 3 CEDAW, da beide Benachteiligungen im Zusammenhang mit dem sozialen und kulturellen Gemeinwesen betreffen.[98] Darüber hinaus laufen unter Art. 3 i. V. m. Art. 5 lit. a CEDAW ergriffene Maßnahmen nicht Gefahr, benachteiligende Stereotype und Rollenbilder zu befördern, wie es bei Art. 4 Abs. 1 CEDAW festgestellt wurde.[99] Im Ergebnis scheint Art. 3 i. V. m. Art. 5 lit. a CEDAW damit die opportunere Grundlage für Maßnahmen unter Art. 5 lit. a CEDAW zu sein.[100]

4.2 Die Pflichtenarten der Vertragsstaaten

In der teleologischen Auslegung des Art. 5 lit. a CEDAW ist weiter zu klären, welche Pflichtenarten er enthält. Diese Frage stellt sich angesichts der bisherigen Auslegungsergebnisse, nach denen der Wortlaut des Art. 5 lit. a CEDAW von den Vertragsstaaten kein Unterlassen im Sinne klassischer Abwehrrechte verlangt. Stattdessen formuliert er die Zielbestimmung, in den Vertragsstaaten einen sozio-kulturellen Wandel hinsichtlich der Verhaltensmuster von Männern und Frauen herbeizuführen,

[95] Abschn. 2.7.2.

[96] *Chinkin/Gormley*, Article 3, in: Schulz et al. (eds.) CEDAW Commentary, 147 (154).

[97] Ibid., 147 (154–155).

[98] Ibid., 147 (153–154).

[99] Abschn. 4.1.4.

[100] Vgl. in diese Richtung auch *Raday*, Systematizing the Application of Different Types of Temporary Special Measures under Article 4 of CEDAW, in: Boerefijn et al. (eds.), Temporary special measures, 35 (44).

welcher im Sinne seines transformativen Gleichheitsziels die Ursachen der Diskriminierung von Frauen beseitigt. Dieses Ziel soll durch ein aktives Tun der Vertragsstaaten, nämlich durch das Ergreifen aller geeigneter Maßnahmen erreicht werden. Vor dem Hintergrund dieser Erkenntnisse sind im Folgenden die Pflichtenarten des Art. 5 lit. a CEDAW zu konkretisieren.

4.2.1 Das Ergreifen aller geeigneten Maßnahmen als Vertragsstaatenpflicht

Der Wortlaut des Art. 5 lit. a CEDAW ist offen[101] und formuliert keine Staatenpflicht. Stattdessen leitet Art. 5 damit ein, dass „States Parties shall take all appropriate measures", was sich sowohl auf lit. a als auch auf den lit. b bezieht.[102] Art. 5 lit. a und b CEDAW sind selbst jeweils auf die Klarstellung beschränkt, welche Ziele mit den zu ergreifenden Maßnahmen erreicht werden sollen. Bei Art. 5 lit. a CEDAW ist dies der Wandel in den sozialen und kulturellen Verhaltensmustern von Männern und Frauen, um Geschlechterstereotype und Rollenbilder, d. h. die Unterschiedskonstruktionen, auf denen die Benachteiligung von Frauen im Verständnis der CEDAW beruht, zu beseitigen.[103]

Ersichtlicher Weise formuliert Art. 5 CEDAW damit keine Unterlassenspflicht der Vertragsstaaten im Sinne klassischer Abwehrrechte bzw. im Sinne eines negativen Freiheitsverständnisses als „absence of interference",[104] sondern verlangt ein aktives Tun in Form des Ergreifens aller geeigneten Maßnahmen. Art. 5 CEDAW enthält damit die Pflicht, zunächst überhaupt Maßnahmen zu ergreifen, wobei schon in der grammatikalischen Auslegung herausgestellt wurde, dass diese Maßnahmen in lit. a nicht präzisiert werden und das „appropriate" den Vertragsstaaten einen Ermessensspielraum belässt.[105]

Die Pflichten der Vertragsstaaten konkretisieren sich allerdings anhand des Regelungsziels des Art. 5 lit. a CEDAW, d. h. der Änderung der Verhaltensmuster von Frauen und Männern. Die Pflicht der Vertragsstaaten bezieht sich folglich auch darauf, die Geeignetheit der zu ergreifenden/ergriffenen Maßnahmen auf dieses Regelungsziel hin zu prüfen und gegebenenfalls Anpassungen vorzunehmen.[106]

---

[101] *Timmer/Holtmaat*, Article 5, in: Schulz et al. (eds.), CEDAW Commentary, 221 (247–248).

[102] Ibid.

[103] Ibid.

[104] Fredman, Human Rights Transformed: Positive Rights and Positive Duties, p. 9.

[105] Abschn. 2.7.2.

[106] Vgl. *Timmer/Holtmaat*, Article 5, in: Schulz et al. (eds.), CEDAW Commentary, 221 (248–253).

4.2.2 Der sozio-kulturelle Wandel als nicht-rechtsverbindliche Zielbestimmung

Indem die Verpflichtung des Art. 5 CEDAW laut seinem Obersatz in einem aktiven Tun besteht, wird deutlich, dass ihm über seine abwehrrechtliche Funktion als Grundlagenartikel in Verbindung mit den besonderen CEDAW-Diskriminierungsverboten hinaus auch ein positives Verständnis der Freiheit als Pflicht der Vertragsstaaten zugrunde liegt, nicht nur eine formale Rechtsanwendungsgleichheit, sondern die materielle Gleichheit von Frauen mit Männern herzustellen („positive [...] freedom carries with it a substantive view of equality."[107]). Dies kann im Verständnis des Art. 5 lit. a CEDAW nur durch einen Wandel in den Verhaltensmustern von Frauen und Männern erreicht werden. Der Wandel ist somit die Zielbestimmung des Art. 5 lit. a CEDAW und dient der Herbeiführung seines Gleichheits*ziels*.

Diese Zielbestimmung stellt selbst keine Staatenpflicht dar, da ihr Erreichen das eben beschriebene Ergreifen geeigneter Maßnahmen voraussetzt. Etwas anderes ist angesichts der völkerrechtlichen Staatenverantwortlichkeit auch nicht denkbar, weil das Erreichen eines menschenrechtlichen Regelungsziels der Staatenverantwortlichkeit nicht zugänglich ist. Art. 2 ILC-ASR setzt ein völkerrechtswidriges Verhalten („conduct") des Verletzerstaates voraus,[108] unter welches nur die tatsächlich ergriffenen oder nicht ergriffenen Maßnahmen („action or omission") gefasst werden können, was das Erreichen des Regelungsziels des Art. 5 lit. a CEDAW ausschließt.

4.3 Die effektive Auslegung

Die effektive Auslegung ist für die Auslegung von Menschenrechtsverträgen besonders bedeutsam, weil sie sicherstellt, dass die damit gewährten Rechte in der Praxis wirksam sind. Für die CEDAW ist die effektive Auslegung insbesondere relevant, weil Teile des Schrifttums sie als ein schwaches und ineffektives Instrument zur Durchsetzung von Frauenrechten kritisieren. Diese Kritik wird zu weiten Teilen zwar mit der hohen Anzahl an Vorbehalten[109] gegen die CEDAW sowie dem Konsenserfordernis[110] zum CEDAW-Fakultativprotokoll begründet, d. h. mit Umständen, die durch die (effektive) Auslegung nicht beeinflusst werden können. Darüber hinaus wird aber argumentiert, dass die CEDAW keinen Wandel zugunsten von Frauen herbeiführen könne, weil dieser dem „guten Willen" der Vertragsstaaten

[107] Fredman, Human Rights Transformed: Positive Rights and Positive Duties, p. 9.

[108] Abschn. 3.6.2.

[109] *Rosenblum*, Unsex CEDAW, or What's Wrong With Women's Rights, in: Columbia Journal of Gender and Law 20(2), 2011, 98 (112).

[110] Ibid., 98 (117).

unterliege.[111] Die effektive Auslegung setzt an diesem Kritikpunkt an, indem sie eine gewisse Wirksamkeit[112] des Vertrags herbeiführt, die der Befolgungsbereitschaft und damit eben jenem „guten Willen“ der Vertragsstaaten entzogen ist.

4.3.1 Die Herleitung der effektiven Auslegung und die Konsequenzen

Die effektive Auslegung hat in der WVK keine eigenständige normative Grundlage, sondern wird aus dem völkergewohnheitsrechtlich geltenden und in Art. 31 Abs. 1 WVK kodifizierten Grundsatz von Treu und Glauben hergeleitet.[113] Der Treu und Glauben-Grundsatz liegt als Leitprinzip jeder völkervertraglichen Auslegung zugrunde[114] und eine Auslegung, nach der einem Vertrag keine tatsächliche Wirkung zukommt, ist mit Treu und Glauben nicht vereinbar.[115]

Die travaux préparatoires der WVK bekräftigen diese Herleitung, implizieren aber auch, dass die effektive Auslegung eine Unterform der teleologischen Auslegung darstellt, d. h. vom Sinn und Zweck eines Vertrags abhängt.[116] Diese Ansicht ergibt sich aus Art. 72 WVK-Entwurf (1964, „When a treaty is open to two interpretations one of which does and the other does not enable the treaty to have appropriate effects, *good faith* and the *object and purpose* of the treaty demand that the former interpretation should be adopted [Hervor. d. Verf.].“[117]) und kommt auch in

---

[111] *Charlesworth/Chinkin/Wright*, Feminist Approaches to International Law, in: American Journal of International Law 85(4), 1991, 613 (634); *Felmeth*, Feminism and International Law: Theory, Methodology, and Substantive Reform, in: Human Rights Quarterly 22(3), 2000, 658 (710); *Rosenblum*, Unsex CEDAW, or What's Wrong With Women's Rights, in: Columbia Journal of Gender and Law 20(2), 2011, 98 (117); vgl. auch *Tomuschat*, International Law: Ensuring the Survival of Mankind on the Eve of a New Century. General Course on Public International Law, in: 281 Recueil Des Cours, 1999, 9 (43–45); *Wiegandt*, Internationale Rechtsordnung oder Machtordnung? Eine Anmerkung zum Verhältnis von Macht und Recht im Völkerrecht, in: ZaöRV 71, 2011, 31 (45, 48, 55–63).

[112] Dazu sogleich Abschn. 4.3.3.

[113] *Sorel/Boré Eveno*, Article 31 Convention of Article 31, in: Corten/Klein (eds.), VCLT Commentary, para. 29; *Çali*, Specialized Rules of Treaty Interpretation Human Rights, in: Hollis (ed.), The Oxford Guide to Treaties, 504 (512–513); Gardiner, Treaty Interpretation, pp. 168, 179–181; Villiger, Article 31, VCLT Commentary, para. 7.

[114] *Dörr*, Article 31, in: Dörr/Schmalenbach (eds.), VCLT Commentary, para. 59; *Sorel/Boré Eveno*, Article 31 Convention of Article 31, in: Corten/Klein (eds.), VCLT Commentary, para. 29; Gardiner, Treaty Interpretation, p. 168; Villiger, Article 31, VCLT Commentary, paras. 6, 8.

[115] *Çali*, Specialized Rules of Treaty Interpretation Human Rights, in: Hollis (ed.), The Oxford Guide to Treaties, 504 (512–513).

[116] ILC, Document A/6309/Rev.1: Reports of the International Law Commission on the second part of its seventeenth session and on its eighteenth session, YBIL 1966, Vol. II, UN Doc. A/CN.4/SER.A/1966/Add.1, 169 (219 para. 6); so auch Gardiner, Treaty Interpretation, p. 179.

[117] ILC, Document A/6309/Rev.1: Reports of the International Law Commission on the second part of its seventeenth session and on its eighteenth session, YBIL 1966, Vol. II, UN Doc. A/CN.4/SER.A/1966/Add.1, 169 (219 para. 6).

Teilen des Schrifttums[118] zum Ausdruck. Die travaux préparatoires legen insofern eine duale Natur der effektiven Auslegung nahe, die sich auf beide Elemente des Art. 31 Abs. 1 WVK – good faith *und* object and purpose – gründet. Die Herleitung der effektiven Auslegung wird mangels Relevanz für den Art. 5 lit. a CEDAW nicht vertieft. Gleichwohl ergeben sich daraus zwei wichtige Konsequenzen für die effektive Auslegung des Art. 5 lit. a CEDAW.

Die erste Konsequenz bezieht sich darauf, dass die duale Natur der effektiven Auslegung der Grund dafür ist, weshalb sie von unterschiedlichen Rechtsanwendern in einem unterschiedlichen Ausmaß angewendet wird. Denn während die Auslegung in gutem Glauben der unumstößliche Grundsatz des Art. 31 Abs. 1 WVK ist, kann die effektive Auslegung als Auslegungs*methode* durch den Rechtsanwender in ihrem Ausmaß auf das *telos* des Vertrags angepasst werden („while good faith – a largely meta-legal element – is a notion that applies above all to the parties to treaties, effectiveness is instead derived from the method followed by the judge."[119]). So lässt sich insbesondere erklären, weshalb die effektive Auslegung im menschenrechtlichen Kontext dem *in dubio mitius*-Grundsatz vorzuziehen ist. Der *in dubio mitius*-Grundsatz fungiert als antagonistisches Pendant zur effektiven Auslegung, indem er eine restriktiv-souveränitätsschonende Auslegung als spezifische Erscheinungsform des in Art. 2 Ziff. 1 UN-Charta kodifizierten Prinzips der souveränen Gleichheit der Staaten verlangt.[120] Die effektive Auslegung und der *mitius*-Grundsatz verfolgen damit – vereinzelt nicht unbestritten[121] – konträre Auslegungsziele, die entweder die staatliche Souveränität oder den Menschenrechtsschutz priorisieren und dadurch zu gegensätzlichen Ergebnissen führen.[122]

In der universellen[123] und regionalen[124] Menschenrechtsprechung ist der *mitius*-Grundsatz nahezu bedeutungslos und nach der Ansicht des Sondertribunals für den

---

[118] *Dörr*, Article 31, in: Dörr/Schmalenbach (eds.), VCLT Commentary, para. 34; Gardiner, Treaty Interpretation, pp. 168, 179–181.

[119] *Sorel/Boré Eveno*, Article 31 Convention of Article 31, in: Corten/Klein (eds.), VCLT Commentary, para. 29.

[120] So schon PCIJ, *S.S. 'Lotus'* (France v. Turkey), P.C.I.J. Series A No. 10, Judgement, 7 September 1927, 4 (18); *Lauterpacht*, Restrictive Interpretation and the Principle of Effectiveness in the Interpretation of Treaties, in: British Yearbook of International Law 26 (1949), 48 (56–58); *Merkouris*, In Dubio Mitius, in: Klingler/Parkhomenko/Salonidis (eds.), Between the Lines of the Vienna Convention, 259 (261, 275).

[121] *Fahner*, In Dubio Mitius: Advancing Clarity and Modesty in Treaty Interpretation, in: European Journal of International Law 32(3), 2021, 835 (854–855).

[122] So bereits *Lauterpacht*, Restrictive Interpretation and the Principle of Effectiveness in the Interpretation of Treaties, in: British Yearbook of International Law 26 (1949), 48 (52, 67).

[123] ICJ, *Military and Paramilitary Activities in and against Nicaragua* (Nicaragua v. United States of America), Jurisdiction and Admissibility, Judgement, I.C.J. Reports 1984, 392 (403–411 paras. 24–42); vgl. auch *Bernhardt*, Interpretation in International Law, in: Bernhardt (ed.), Encyclopedia of Public International Law, Vol. II, 1416 (1419); *Lauterpacht*, Restrictive Interpretation and the Principle of Effectiveness in the Interpretation of Treaties, 26 British Yearbook of International Law, 1949, 48 (62).

[124] Z. B. ECtHR, *Golder v. United Kingdom*, 21 February 1975, Series A no. 18, paras. 30–36; *Klass and Others v. Germany*, 6 September 1978, Series A no. 28, para. 42; *Loizidou v. Turkey*

Libanon durch die teleologische Auslegung verdrängt.[125] Allein internationale Schiedsgerichte beziehen sich noch mit einiger Häufigkeit, allerdings mit unterschiedlichen Ergebnissen[126] und im Falle von Menschenrechtsverträgen ablehnend[127] auf *in dubio mitius*. Das völkerrechtliche Schrifttum hat *in dubio mitius* zu Beginn des 20. Jahrhunderts noch überwiegend befürwortet und als bedeutungsvoll erachtet,[128] sieht ihn gegenwärtig aber kritisch und lehnt ihn zum Teil entschieden ab.[129] Hierfür wird darauf hingewiesen, dass das Völkerrecht seit dem Ende des Zweiten Weltkrieges weniger um die staatenzentriert-souveränitätsschonende Auslegung zugunsten der nationalen Interessen von Staaten bemüht ist, sondern um die individuumszentrierte bestmögliche Verwirklichung der Menschenrechte („humanization of sovereignty"[130]), was nur durch eine extensiv-effektive Auslegung erreicht werden kann.[131]

(Preliminary Objections), 23 March 1995, Series A no. 310, para. 72; *Čonka v. Belgium*, no. 51564/99, ECHR 2002-I, para. 46; krit.: ECtHR, *Golder v. United Kingdom*, 21 February 1975, Series A no. 18, Separate Opinion of Judge Sir Gerald Fitzmaurice, para. 39; vgl. auch *Rietiker*, The Principle of "Effectiveness" in the Recent Jurisprudence of the European Court of Human Rights: Its Different Dimensions and Its Consistency with Public International Law – No Need for the Concept of Treaty *Sui Generis*, in: Nordic Journal of International Law 79(2), 2010, 245 (256–260).

[125] Special Tribunal for Lebanon, *Interlocutory Decision on the Applicable Law: Terrorism, Conspiracy, Homicide, Perpetration*, Cumulative Charging, No. STL-11-01/I, 16 February 2011, para. 29.

[126] Z. B. ICSID, *SGS Société Générale de Surveillance S.A. v. Islamic Republic of Pakistan*, Decision of the Tribunal on Objections to jurisdiction, 6 August 2003, No. ARB/01/13, para. 171; Ad Hoc Arbitration (UNCITRAL), *Eureko B.V. v. Republic of Poland*, Partial Award, 19 August 2005, para. 258; *Larouer*, In the Name of Sovereignty? The Battle over In Dubio Mitius Inside and Outside the Courts, in: Cornell Law School Inter-University Graduate. Student Conference Papers. Paper 22, 15 April 2009, pp. 20–22.

[127] PCA, *Arbitration regarding the Iron Rhine (Ijzeren Rhine) Railway between Belgium and the Netherlands*, Award, 24 May 2005, 27 UNRIAA 35, para. 53.

[128] Hall, A Treatise on International Law, 7th ed., 1917, § 111, pp. 348–349; Oppenheim, International Law: A Treatise, Vol. 1, Peace, 2nd ed., 1912, § 554, p. 584; Schwarzenberger, International Law as Applied by International Courts and Tribunals, Vol. I, 3rd ed., 1957, Chap. 29, pp. 509–510; vgl. auch *Merkouris*, In Dubio Mitius, in: Klingler/Parkhomenko/Salonidis (eds.), Between the Lines of the Vienna Convention, 259 (265–266).

[129] *Bjorge*, The convergence of the methods of treaty interpretation: Different regimes, different methods of interpretation?, in: Andenas/Bjorge (eds.), A Farewell to Fragmentation. Reassertion and Convergence in International Law, 498 (520–525); *Bernhardt*, Evolutive Treaty Interpretation, Especially of the European Convention of Human Rights, in: 42 German Yearbook of International Law, 1999, 11 (14); *Herdegen*, Interpretation in International Law, in: MPEPIL (online edition), November 2020, para. 30; *Lauterpacht*, Restrictive Interpretation and the Principle of Effectiveness in the Interpretation of Treaties, in: British Yearbook of International Law 26 (1949), 48 (59–61, 65–67); *Tomuschat*, International Law: Ensuring the Survival of Mankind on the Eve of a New Century. General Course on Public International Law, in: 281 Recueil Des Cours, 1999, 9 (171).

[130] *Peters*, Humanity as the A and Ω of Sovereignty, European Journal of International Law 20(3), 2009, 513 (513).

[131] Special Tribunal for Lebanon, *Interlocutory Decision on the Applicable Law: Terrorism, Conspiracy, Homicide, Perpetration*, Cumulative Charging, No. STL-11-01/I, 16 February 2011, para. 29.

Die grundsätzliche Priorität der effektiven vor der *mitius*-Auslegung im Menschenrechtsschutz wird allerdings durch die zweite Konsequenz eingeschränkt, welche sich aus der Herleitung der effektiven Auslegung ergibt. Damit ist gemeint, dass der effektiven Auslegung keine legitimierende Kraft in dem Ausmaß zukommen kann, eine über die von Art. 31 Abs. 1 WVK markierten Grenzen hinausgehendes Ergebnis zu erreichen, weil sie selbst keine eigenständige Rechtsgrundlage in der WVK hat. Art. 31 Abs. 1 WVK bildet damit zwar einerseits die Basis, aus der sich die effektive Auslegung ableitet. Er markiert aber andererseits auch ihre Grenzen, wodurch die effektive Auslegung nicht weiterreichen kann als der völkerrechtliche Konsens, der sich im Wortlaut und dem *telos* der CEDAW manifestiert.[132]

Die effektive Auslegung des Art. 5 lit. a CEDAW wirft zwei Fragen auf. Die erste Frage betrifft die in diesem Zusammenhang verwendete Terminologie. Die effektive Auslegung wird in der völkerrechtlichen Rechtsprechung und im Schrifttum uneinheitlich mit den Begriffen „Effektivitätsprinzip“ bzw. „Prinzip der effektiven Auslegung“, „effet utile“ sowie dem römischrechtlichen *ut res magis valeat quam pereat* umschrieben. Diese Begriffe werden zudem häufig synonym verwendet,[133] was aufgrund der gewichtigen normativen Inhalte, welche die unterschiedlichen Bezeichnungen zum Ausdruck bringen, als mindestens irreführend gelten muss. Vor der effektiven Auslegung des Art. 5 lit. a CEDAW ist deshalb zu klären, welche Inhalte welchem Begriff zugrunde liegen und für Art. 5 lit. a CEDAW einschlägig sind. Zweitens stellt sich die Frage, welche Folgen die effektive Auslegung des Art. 5 lit. a CEDAW hat, d. h. welches exakte Ausmaß an Wirksamkeit ihm per effektiver Auslegung beigemessen werden kann, wenn es ihr an einer eigenständigen Rechtsgrundlage in der WVK fehlt.

4.3.2 Das Effektivitätsverständnis im allgemeinen Völkerrecht

In der völkerrechtlichen Rechtsprechung und im Schrifttum wird die effektive Auslegung uneinheitlich mit den Begriffen „Effektivitätsprinzip“/„Prinzip der effektiven Auslegung“, „effet utile“ und *ut res magis valeat quam pereat* umschrieben. Für die Klärung dieser Begriffe kommt es auf zwei Abgrenzungen an. Zum einen auf den Unterschied zwischen der durch den EGMR geprägten effet utile-Auslegung und dem völkerrechtlichen Effektivitätsgrundsatz sowie zum anderen auf die Bedeutung des *ut res*-Prinzips für die völkerrechtliche effektive Auslegung.

Bezüglich der ersten Abgrenzung ist zunächst festzustellen, dass die völkerrechtliche Rechtsprechung regelmäßig die Begriffe „principle of effectiveness“ und „ef-

[132] So schon PCIJ, *S.S. 'Lotus'* (France v. Turkey), P.C.I.J. Series A No. 10, Judgement, 7 September 1927, 4 (18); *Lauterpacht*, Restrictive Interpretation and the Principle of Effectiveness in the Interpretation of Treaties, in: British Yearbook of International Law 26 (1949), 48 (74).

[133] Linderfalk, On the Interpretation of Treaties, p. 218; *Braumann/Reinisch*, Effet Utile, in: Klingler/Parkhomenko/Salonidis (eds.), Between the Lines of the Vienna Convention, 47 (47).

fective interpretation" gebraucht,[134] wobei der Begriff „effet utile" allerdings auch durch den IAGMR[135] und von Schiedsgerichten[136] verwendet wurde. In Bezug auf die EMRK bedeutet die effet utile-Auslegung, dass die dort normierten Rechte nicht nur theoretisch wirken dürfen, sondern ihnen eine praktische und effektive Bedeutung zukommen muss.[137] Im allgemeinen Völkerrecht verlangt die effektive Auslegung, dass eine Bestimmung eine effektive Bedeutung erhält.[138] Die effet utile-Auslegung und die effektive Auslegung scheinen auf den ersten Blick eng miteinander verbunden zu sein. Allerdings wird die effet utile-Auslegung durch den EGMR stärker *telos*-orientiert gebraucht als es bei der effektiven Auslegung im allgemeinen Völkerrecht der Fall ist.[139] Die *telos*-orientierte Interpretation des EGMR

---

[134] *Braumann/Reinisch*, Effet Utile, in: Klingler/Parkhomenko/Salonidis (eds.), Between the Lines of the Vienna Convention, 47 (49–50).

[135] IACtHR, *The Right to Information on Consular Assistance in the Framework of the Guarantees of Due Process of Law*, Advisory Opinion OC-16/99, 1 October 1999, Series A no. 16, paras. 58, 103–104.

[136] ICSID, *CEMEX Caracas Investments B.V. and CEMEX Caracas II Investments B.V. v. Bolivarian Republic of Venezuela*, Decision on Jurisdiction, 30 December 2010, No. ARB/08/15, paras. 104–126; *Murphy Exploration and Production Company International v. Republic of Ecuador*, Partial Award on Jurisdiction, 13 November 2013, No. 2012-16, paras. 171, 179–183; PCA, *ICS Inspection and Control Services Limited (United Kingdom) v. The Argentine Republic*, Award on Jurisdiction, 10 February 2012, PCA Case No. 2010-9, paras. 314–317.

[137] Statt vieler: ECtHR, *Loizidou v. Turkey (Preliminary Objections)*, 23 March 1995, Series A no. 310, para. 72; *Čonka v. Belgium*, no. 51564/99, ECHR 2002-I, para. 46.

[138] PCIJ, *Mavrommatis Palestine Concessions* (Greece v. UK, Judgement, 1924 P.C.I.J. Series A No. 2, S. 34; *Free Zones of Upper Savoy and the District of Gex* (France v. Switzerland), Order, 1929 P.C.I.J. Series A No. 22, S. 13; ICJ, *Territorial Dispute* (Libyan Arab Jamahiriya/Chad), Judgement, I.C.J. Reports 1994, 6 (23–24 para. 47); *Legality of the Use by a State of Nuclear Weapons in Armed Conflicts*, Advisory Opinion, I.C.J. Reports 1996, 66 (78–79 para. 25); *Fisheries Jurisdiction* (Spain v. Canada), Jurisdiction of the Court, Judgement, I.C.J. Reports 1998, 432 (455 para. 52); *LaGrand* (Germany v. United States of America), Judgement, I.C.J. Reports 2001, 466 (502–503 para. 102; *Kasikili/Sedudu Island* (Botswana/Namibia), Judgement, I.C.J. Reports 1999, 1045 (1102–1103 para. 93); *Application of the International Convention on the Elimination of All Forms of Racial Discrimination* (Georgia v. Russian Federation), Preliminary Objections, Judgement, I.C.J. Reports 2011, 70 (125–126 paras. 133–134); ICTY, *The Prosecutor v. Zejnil Delalić, Zdravko Mucić also known as "Pavo", Hazim Delić, Esd Landžo also known as "Zenga"*, IT-96-21-T, Trial Chamber, Judgement, 16 November 1998, paras. 455–459; *Prosecutor v. Anto Furundzija*, Case No. IT-95-17/1-T, Trial Chamber, Judgement, 10 December 1998, paras. 162, 181–186; *Prosecutor v. Mile Mrksić, Miroslav Radić, Veselin Šljivančanin, Slavko Dokmanović*, IT-95-13a-PT, Trial Chamber, Judgement, 22 October 1997, para. 42; WTO, *Japan – Taxes on Alcoholic Beverages*, Report of the Appellate Body, WT/DS8/AB/R, WT/DS10/AB/R, WT/DS11/AB/R, 4 October 1996, p. 16; *United States – Standards for Reformulated and Conventional Gasoline*, Report of the Appellate Body WT/DS2/AB/R, 29 April 1996, p. 21; *Dörr*, Article 31, in: Dörr/Schmalenbach (eds.), VCLT Commentary, para. 34; *Sorel/Boré Eveno*, Article 31 Convention of 1969, in: Corten/Klein (eds.), VCLT Commentary, para. 52; Villiger, Article 31, VCLT Commentary, para. 12.

[139] Vgl. *Sorel/Boré Eveno*, Article 31 Convention of 1969, in: Corten/Klein (eds.), VCLT Commentary, paras. 52, 54.

wird im Zusammenhang mit der evolutiven Auslegung nochmals zur Sprache kommen.[140]

Mit Blick auf die zweite Abgrenzung bedeutet das *ut res*-Prinzip, dass eine Auslegung nicht dazu führen darf, dass der Sinn einer Norm zerstört und der Vertrag dadurch wirkungslos wird.[141] Auf Art. 5 lit. a CEDAW angewendet, verlangt *ut res*, dass bei mehreren Auslegungsergebnissen diejenige Variante vorzuziehen ist, mit welcher sein raison *d'être* nicht beeinträchtigt und die CEDAW wirkungslos wird. Die effektive Auslegung geht über die bloße Auswahl einer unter mehreren Auslegungsergebnissen i. S. v. *ut res* hinaus und sucht aktiv nach einer Auslegung, die dem Vertrag bzw. der Norm zur Wirksamkeit verhilft.[142] Im Ergebnis ist *ut res* als die negativ formulierte Ausgangsfassung der effektiven Auslegung zu verstehen, über die das heutige völkerrechtliche Effektivitätsverständnis aber hinausreicht.[143]

Für die hiesige Begriffsverwendung folgt aus dem Vorstehenden, dass die Bezeichnungen „effektive Auslegung", „Effektivitätsgrundsatz" bzw. „-prinzip" synonym verwendet werden können, was aber nicht das *ut res*-Prinzip und die effet utile-Auslegung erfasst.

4.3.3 Der sozio-kulturelle Wandel als Förderung der CEDAW-Diskriminierungsverbote

Die effektive Auslegung des Art. 5 lit. a CEDAW führt nicht zu neuen Auslegungsergebnissen, sondern bestätigt die bisher gewonnenen Erkenntnisse. In dieser Bestätigungsfunktion wird die effektive Auslegung auch durch den IGH[144] und den EGMR[145] verwendet. Die Bestätigung ist hier darin zu sehen, dass Art. 5 lit. a CEDAW dem Diskriminierungsschutz der CEDAW zur Wirksamkeit verhilft, indem er die Vertragsstaaten zum Ergreifen aller geeigneter Maßnahmen verpflichtet, mit denen ein Wandel in Bezug auf Geschlechterstereotype und Rollenbilder herbei-

---

140 Abschn. 4.4.2.3.

141 Potacs, Rechtstheorie, p. 179; *Braumann/Reinisch*, Effet Utile, in: Klingler/Parkhomenko/Salonidis (eds.), Between the Lines of the Vienna Convention, 47 (48).

142 Vgl. *Sorel/Boré Eveno*, Article 31 Convention of 1969, in: Corten/Klein (eds.), VCLT Commentary, para. 53; Potacs, Rechtstheorie, p. 179; *Braumann/Reinisch*, Effet Utile, in: Klingler/Parkhomenko/Salonidis (eds.), Between the Lines of the Vienna Convention, 47 (48–49).

143 Vgl. *Sorel/Boré Eveno*, Article 31 Convention of 1969, in: Corten/Klein (eds.), VCLT Commentary, paras. 51–53.

144 ICJ, *Interpretation of Peace Treaties (Second Phase)*, Advisory Opinion, I.C.J. Reports 1950, 221 (228–229); vgl. auch *Sorel/Boré Eveno*, Art. 31 Convention of 1969, in: Corten/Klein (eds.), VCLT Commentary, para. 52.

145 ECtHR, *Schiesser v. Switzerland*, 4 December 1979, Series A no. 34, para. 30; *Johnston and Others v. Ireland*, 18 December 1983, Series A no. 112, para. 52; vgl. auch *Sorel/Boré Eveno*, Art. 31 Convention of 1969, in: Corten/Klein (eds.), VCLT Commentary, para. 54.

geführt wird, die den Benachteiligungen von Frauen zugrunde liegen bzw. die selbst eine Diskriminierung i. S. v. Art. 1 CEDAW darstellen.[146]

Damit aufgeworfen ist die Frage, wie weit diese „Hilfe zur Wirksamkeit" reicht. Aufgrund der fehlenden eigenständigen Rechtsgrundlage in der WVK ist klar, dass die effektive Auslegung nicht zu Ergebnissen führen kann, welche über die Grenzen des Art. 31 Abs. 1 WVK hinausgehen. Im Folgenden ist deshalb zu klären, welches Maß an Wirksamkeit von Art. 5 lit. a CEDAW in der effektiven Auslegung gefordert werden kann.

4.3.4 Das Ausmaß an Effektivität

Die exakte Bestimmung der Reichweite der effektiven Auslegung weist eine gewisse Bandbreite auf, an deren einem Ende ein enges und am anderen Ende ein weites Effektivitätsverständnis steht.[147] Nach einem engen Verständnis muss Art. 5 lit. a CEDAW ein Minimum an Wirksamkeit zukommen (Wirksamkeit i.e.S.). In einem weiten und insbesondere im Völker- und Europarecht vertretenen Verständnis ist Art. 5 lit. a CEDAW so auszulegen, dass er eine maximale Wirksamkeit erreicht (Wirksamkeit i.w.S.).[148]

Die Grenzen zwischen dem Minimum an Wirksamkeit und der maximalen Wirksamkeit sind fließend und können kaum eindeutig bestimmt werden. Klar ist, dass die Wirksamkeit des Art. 5 lit. a CEDAW von der Art und dem Ausmaß der unter ihm ergriffenen Maßnahmen abhängt. „Effectiveness is a matter of degree".[149] Oben wurde dargestellt, dass die Vertragsstaaten unter Art. 5 lit. a CEDAW insbesondere Aufklärungs- und Informations-Programme durchführen.[150] Dass derartige Maßnahmen im Einzelfall nicht ausreichen können, sondern Art. 5 lit. a i. V. m. Art. 2 lit. e und f CEDAW darüber hinaus individuumsschützende Maßnahmen der Vertragsstaaten erfordern, wurde in der systematischen Auslegung gezeigt.[151]

Für die hiesige Präzisierung der Wirksamkeit ist die Abgrenzung des völkerrechtlichen Effektivitätsverständnisses vom *ut res*-Prinzip aufschlussreich. Nach dem *ut res*-Prinzip müssten die Maßnahmen nämlich nur so gestaltet sein, dass sie den Sinn und Zweck des Art. 5 lit. a CEDAW nicht zerstören.[152] Die effektive Auslegung geht aber darüber hinaus, indem sie ein „aktives Plus" im Sinne einer wirk-

---

[146] Abschn. 3.2, 3.4 und 3.5.

[147] Potacs, Rechtstheorie, p. 179; so auch schon *Lauterpacht*, Restrictive Interpretation and the Principle of Effectiveness in the Interpretation of Treaties, in: British Yearbook of International Law 26 (1949), 48 (70).

[148] Potacs, Rechtstheorie, p. 179.

[149] *Lauterpacht*, Restrictive Interpretation and the Principle of Effectiveness in the Interpretation of Treaties, in: British Yearbook of International Law 26 (1949), 48 (71).

[150] Abschn. 2.7.2.

[151] Abschn. 3.6.1.

[152] Abschn. 4.3.2.

samkeitsbezogenen Vorteilhaftigkeit erfordert.[153] Diese wirksamkeitsbezogene Vorteilhaftigkeit muss darauf gerichtet sein, Geschlechterstereotype und Rollenbilder zu beseitigen oder zu ändern. Art. 5 lit. a CEDAW erfordert demnach in der effektiven Auslegung das Ergreifen von Maßnahmen, die sein Regelungsziel eines soziokulturellen Wandels in Bezug auf geschlechterstereotype Überzeugungen und Rollenbilder erreichen können.

4.4 Die evolutive Auslegung

Abschließend ist in der teleologischen Auslegung zu klären, welcher zeitliche Anknüpfungspunkt der Auslegung des Art. 5 lit. a CEDAW zugrunde zu legen ist. Diese Frage stellt sich, weil die CEDAW in den 1970er-Jahren als langfristiger völkerrechtlicher Vertrag unter dem Eindruck der zu diesem Zeitpunkt herrschenden Begriffsverständnisse abgeschlossen wurde, die sich bis zum Zeitpunkt ihrer heutigen Auslegung aber geändert haben können.

Zu denken ist diesbezüglich vor allem an die im Rahmen der grammatikalischen Auslegung ermittelten und je nach Wissenschaftsperspektive unterschiedlichen Verständnisse des Geschlechts.[154] Das Verständnis der Sozialwissenschaften wurde dabei als im Verhältnis zum humanmedizinisch-biologischen Verständnis neuerer Ansatz herausgestellt,[155] was die Frage aufwirft, ob er in der Auslegung des Art. 5 lit. a CEDAW zu berücksichtigen ist. Diese Frage ist *per definitionem* eine intertemporale Frage, die dann vorliegt, wenn konkurrierende Ansichten darüber bestehen, ob sich das Begriffsverständnis einer Norm im Laufe der Zeit geändert hat oder nicht[156] bzw. allgemeiner, inwieweit das Völkerrecht die zeitliche Rückerstreckung aktuellerer Konzepte und Umstände erlaubt.

Intertemporale Fragen werden durch die WVK nicht explizit geregelt. Nach dem einen Endpunkt des Meinungsspektrums sind der Vertragsauslegung die Verhältnisse zum Zeitpunkt ihres Zustandekommens, d. h. der im Wortlaut manifestierte ursprüngliche Wille der Vertragsparteien zugrunde zu legen (zeitgenössische Auslegung, static approach, principle of contemporaneity, contemporaneous interpretation).[157] Die zeitgenössische Auslegung gilt aufgrund der Art. 31 Abs. 1, 26 WVK

---

153 Ibid.

154 Abschn. 2.2.

155 Abschn. 2.2.3.

156 *Djeffal*, An Interpreter's Guide to Static and Evolutive Interpretations: Solving Intertemporal Problems According to the VCLT, in: Abi-Saab et al. (eds.), Evolutionary Interpretation and International Law, 21 (22).

157 *Dörr*, Article 31, in: Dörr/Schmalenbach (eds.), VCLT, para. 22; Djeffal, Static and Evolutive Treaty Interpretation, p. 22; An Interpreter's Guide to Static and Evolutive Interpretations: Solving Intertemporal Problems According to the VCLT, in: Abi-Saab et al. (eds.), Evolutionary Interpretation and International Law, 21 (21); Fitzmaurice/Merkouris, Treaties in Motion, pp. 128–129; *Linderfalk*, Doing the Right Thing for the Right Reason – Why Dynamic or Static Approaches Should be Taken in the Interpretation of Treaties, in: International Community Law Review 10(2), 2008, 109 (111).

(good faith/*pacta sunt servanda*) als der Ausgangspunkt bzw. die Grundregel intertemporaler Fragen.[158] Unter gewissen Voraussetzungen ist es aber auch möglich, die zum Zeitpunkt der Auslegung vorherrschenden Verhältnisse zu berücksichtigen. Dieser gegenteilige Endpunkt des Meinungsspektrums ist im Völkerrecht als evolutive bzw. dynamische Auslegung bekannt (evolutionary interpretation bzw. dynamic interpretation),[159] aber umstritten.[160]

Die Termini evolutive und dynamische Auslegung werden überwiegend synonym verwendet,[161] obschon vereinzelt auf linguistischen Gründen basierende Unterschiede herausgestellt werden.[162] Derartige linguistische Nuancen sind hier nicht

[158] ICJ, *Legal Consequences for States of the Continued Presence of South Africa in Namibia (South West Africa) notwithstanding Security Council Resolution 276 (1970)*, Advisory Opinion, I.C.J. Reports 1971, 16 (31–32 para. 53); *Dispute regarding Navigational and Related Rights* (Costa Rica v. Nicaragua), Judgement, I.C.J. Reports 2009, 213 (242 para. 63); *Gabčíkovo-Nagymaros Project* (Hungary v. Slovakia), Judgement, I.C.J. Reports 1997, Separate Opinion of Judge Bedjaoui, 117 (118–119 paras. 6–8); ILC, Fragmentation of International Law: Difficulties Arising from the Diversification and Expansion of International Law. Report of the Study Group of the International Law Commission, finalized by Mr. Martti Koskenniemi, 13 April 2006, UN Doc. A/CN.4/L.682 and Add.1, para. 478; *Dörr*, Article 31, in: Dörr/Schmalenbach (eds.), VCLT Commentary, para. 23.

[159] ICJ, *Legal Consequences for States of the Continued Presence of South Africa in Namibia (South West Africa) notwithstanding Security Council Resolution 276 (1970)*, Advisory Opinion, I.C.J. Reports 1971, 16 (31–32 para. 53); *Aegean Sea Continental Shelf* (Greece v. Turkey), Judgement, I.C.J. Reports 1978, 3 (31–32 paras. 75–76, 33 para. 80); *Gabčíkovo-Nagymaros Project* (Hungary v. Slovakia), Judgement, I.C.J. Reports 1997, 7 (67–68 para. 112, 77–78 para. 140); *Kasikili/Sedudu Island* (Botswana/Namibia), Judgement, I.C.J. Reports 1999, 1045 (1062 para. 25); *Dispute regarding Navigational and Related Rights* (Costa Rica v. Nicaragua), Judgement, I.C.J. Reports 2009, 213 (242–244 paras. 63–71); *Dörr*, Article 31, in: Dörr/Schmalenbach (eds.), VCLT, paras. 22, 24; Djeffal, Static and Evolutive Treaty Interpretation, p. 22; An Interpreter's Guide to Static and Evolutive Interpretations: Solving Intertemporal Problems According to the VCLT, in: Abi-Saab et al. (eds.), Evolutionary Interpretation and International Law, 21 (21).

[160] Dazu sogleich Abschn. 4.4.2; ILC, First report on subsequent agreements and subsequent practice in relation to the interpretation of treaties, by Mr. Georg Nolte, Special Rapporteur, 19 March 2013, UN Doc. A/CN.4/660, paras. 54–57; Djeffal, Static and Evolutive Treaty Interpretation, pp. 28–35; An Interpreter's Guide to Static and Evolutive Interpretations: Solving Intertemporal Problems According to the VCLT, in: Abi-Saab et al. (eds.), Evolutionary Interpretation and International Law, 21 (21–22); *Fitzmaurice*, Interpretation of Human Rights Treaties, in: Shelton (ed.), The Oxford Handbook of International Human Rights Law, 739 (751); The Practical Working of the Law of Treaties, in: Evans (ed.), International Law, 166 (183); *Murphy*, The Relevance of Subsequent Agreement and Subsequent Practice for the Interpretation of Treaties, in: Nolte (ed.), Treaties and Subsequent Practice, 82 (86–87); *Palchetti*, Interpreting „Generic Terms": Between Respect for the Parties' Original Intention and the Identification of the Ordinary Meaning, in: Boschiero et al. (eds.), International Courts and the Development of International Law. Essays in Honour of Tullio Treves, 91 (91–92).

[161] Djeffal, Static and Evolutive Treaty Interpretation, p. 20; Fitzmaurice/Merkouris, Treaties in Motion, p. 131; *Helmersen*, Evolutive Treaty Interpretation: Legality, Semantics and Distinctions, in: European Journal of Legal Studies 6(1), 2013, 161 (161 fn. 1).

[162] Böth, Evolutive Auslegung völkerrechtlicher Verträge, pp. 72–79; Wyatt, Intertemporal Linguistics in International Law, pp. 61–63.

relevant und werden deshalb nicht vertieft. Anzumerken ist aber, dass der Begriff „dynamische Auslegung" durch den EGMR und seine Auslegung der EMRK als einem „living instrument"[163] geprägt ist und deshalb in einem starken Zusammenhang zur EMRK steht.[164] Die living instrument-Doktrin besagt, dass Menschenrechtsverträge geänderten Bedingungen Rechnung tragen, sich also mit ihnen weiterentwickeln müssen, um sich ihre Effektivität im Menschenrechtsschutz zu bewahren.[165] Der Begriff „dynamische Auslegung" wird auch durch den CEDAW-Ausschuss verwendet, der die CEDAW als ein „dynamic instrument" bezeichnet.[166] Im Folgenden wird aufgrund der Nähe des Terminus „dynamische Auslegung" zur EMRK der Begriff „evolutive Auslegung" verwendet.

4.4.1 Evolutive Auslegungsergebnisse

Vor der eigentlichen evolutiven Auslegung ist darauf hinzuweisen, dass es sich bei ihr nicht um eine Auslegungsmethode, sondern um das *Ergebnis* des Auslegungsprozesses handelt, bei dem die Bedeutung einer Norm durch die Auslegung unter der Argumentation eines im Zeitablauf weiterentwickelten Verständnisses geändert wird.[167]

Dies folgt erstens daraus, dass die evolutive Auslegung keine eigenständige Auslegungsmethode i. S. v. Art. 31 WVK darstellt, sondern sich aus Art. 31 WVK er-

[163] Z. B. ECtHR, *Tyrer v. The United Kingdom*, 25 April 1978, Series A no. 26, para. 31; *Loizidou v. Turkey (Preliminary Objections)*, 23 March 1995, Series A no. 310, para. 71; *Demir and Baykara v. Turkey* [GC], no. 34503/97, ECHR 2008-V, paras. 68, 146.

[164] *Dörr*, Article 31, in: Dörr/Schmalenbach (eds.), VCLT, para. 26; Djeffal, Static and Evolutive Treaty Interpretation, pp. 301–305; *Fitzmaurice*, The Practical Working of the Law of Treaties, in: Evans (ed.), International Law, 166 (183).

[165] ECtHR, *Tyrer v. The United Kingdom*, 25 April 1978, Series A no. 26, para. 31; *Loizidou v. Turkey (Preliminary Objections)*, 23 March 1995, Series A no. 310, para. 71; *Demir and Baykara v. Turkey* [GC], no. 34503/97, ECHR 2008-V, paras. 68, 146; *Meyer-Ladewig/Nettesheim*, Einleitung, in: Meyer-Ladewig/Nettesheim/von Raumer (eds.), EMRK, para. 24; Dahm/Delbrück/Wolfrum, Völkerrecht, Bd. I/3, § 153, 633 (651); Djeffal, Static and Evolutive Treaty Interpretation, pp. 301–305; *Fitzmaurice*, The Practical Working of the Law of Treaties, in: Evans (ed.), International Law, 166 (183); *Rietiker*, The Principle of "Effectiveness" in the Recent Jurisprudence of the European Court of Human Rights: Its Different Dimensions and Its Consistency with Public International Law – No Need for the Concept of Treaty *Sui Generis*, in: Nordic Journal of International Law 79(2), 2010, 245 (260–261); *Wildhaber*, The European Court of Human Rights in Action, in: Ritsumeikan Law Review 21, 2004, 83 (84).

[166] CEDAW Committee, General Recommendation No. 25: Article 4, paragraph 1, of the Convention on the Elimination of All Forms of Discrimination against Women (temporary special measures), 12 May 2004, UN Doc. HRI/GEN/1/Rev.7, 282 (283 para. 3).

[167] Djeffal, Static and Evolutive Treaty Interpretation, p. 22; An Interpreter's Guide to Static and Evolutive Interpretations: Solving Intertemporal Problems According to the VCLT, in: Abi-Saab et al. (eds.), Evolutionary Interpretation and International Law, 21 (23–24); *McRae*, Evolutionary Interpretation: The Relevance of Context, in: Abi-Saab et al. (eds.), Evolutionary Interpretation and International Law, 57 (57).

gibt.[168] Ihre deutlichste Grundlage sind das mit Art. 31 Abs. 3 lit. c WVK verkörperte Prinzip der systemischen Integration[169] sowie Art. 31 Abs. 3 lit. a und b WVK.[170] Ihnen wird ein per se zeitoffener und insofern evolutiver Charakter zugesprochen, der zwar von der evolutiven Auslegungsmethode zu unterscheiden ist, sie aber gleichwohl bekräftigt.[171] Ebenso legt der Grundsatz der Auslegung nach Treu und Glauben aus Art. 31 Abs. 1 WVK die evolutive Auslegung nahe. Insbesondere die ILC vertrat in Bezug auf den letztlich abgelehnten Art. 56 WVK-Entwurf (1964, „The inter-temporal Law")[172] die Ansicht, dass intertemporale Fragen durch Art. 31 Abs. 3 lit. c WVK (Art. 27 Abs. 3 lit. c WVK-Entwurf (1964)) zu lösen seien, dessen korrekte Anwendung sich aus dem Grundsatz von Treu und Glauben ergebe.[173]

Zweitens suggeriert die Bezeichnung „evolutive Auslegung" eine Bindung des Auslegungsprozesses an ein bestimmtes Ergebnis (Ergebnis: evolutiv – Methode: Auslegung). So hätte ein Artikel „Evolutive Auslegung" (Art. 56 WVK-Entwurf) nahegelegt, dass diese Auslegung auch die bezeichnete „Weiterentwicklung"/„Evolution" erzielen will. Der Auslegungsprozess nach den Art. 31 f. WVK ist aber gerade nicht an ein bestimmtes Ergebnis gebunden. Stattdessen kommt mit den eben

---

[168] ILC, First report on subsequent agreements and subsequent practice in relation to the interpretation of treaties, by Mr. Georg Nolte, Special Rapporteur, 19 March 2013, UN Doc. A/CN.4/660, para. 62; Report of the International Law Commission. Seventieth session (30 April-1 June and 2 July-10 August 2018, UN Doc. A/73/10, p. 66 para. 8; Djeffal, Static and Evolutive Treaty Interpretation, p. 28; An Interpreter's Guide to Static and Evolutive Interpretations: Solving Intertemporal Problems According to the VCLT, in: Abi-Saab et al. (eds.), Evolutionary Interpretation and International Law, 21 (24–25).

[169] ILC, Fragmentation of International Law: Difficulties Arising from the Diversification and Expansion of International Law. Report of the Study Group of the International Law Commission, finalized by Mr. Martti Koskenniemi, 13 April 2006, UN. Doc. A/CN.4/L.682 and Add.1, paras. 413, 430–432; Djeffal, Static and Evolutive Treaty Interpretation, pp. 30, 168; *Arato*, Constitutional Transformation in the ECTHR: Strasbourg's Expansive Recourse to External Rules of International Law, in: Brooklyn Journal of International Law 37(2), 2012, 349 (354); Subsequent Practice and Evolutive Interpretation: Techniques of Treaty Interpretation over Time and Their Diverse Consequences, in: The Law & Practice of International Courts and Tribunals 9(3), 2010, 443 (465–466).

[170] ILC, First report on subsequent agreements and subsequent practice in relation to the interpretation of treaties, by Mr. Georg Nolte, Special Rapporteur, 19 March 2013, UN Doc. A/CN.4/660, paras. 37–39, 62; Djeffal, Static and Evolutive Treaty Interpretation, p. 164; *Arato*, Subsequent Practice and Evolutive Interpretation: Techniques of Treaty Interpretation over Time and Their Diverse Consequences, in: The Law & Practice of International Courts and Tribunals 9(3), 2010, 443 (446).

[171] *Dörr*, Article 31, in: Dörr/Schmalenbach (eds.), VCLT, para. 27; Djeffal, Static and Evolutive Treaty Interpretation, pp. 30, 168; *Arato*, Constitutional Transformation in the ECTHR: Strasbourg's Expansive Recourse to External Rules of International Law, in: Brooklyn Journal of International Law 37(2), 2012, 349 (354).

[172] ILC, Document A/CN.4/167 and Add.1–3: Third report on the law of treaties, by Sir Humphrey Waldock, Special Rapporteur, YBIL 1964, Vol. II, UN Doc. A/CN.4/Ser.A/1964/Add.1, 5 (8–9 para. 1).

[173] ILC, Document A/6309/Rev.1: Reports of the International Law Commission on the second part of its seventeenth session and on its eighteenth session, YBIL 1966, Vol. II, UN Doc. A/CN.4/SER.A/1966/Add.1, 169 (222 para. 16).

genannten Grundlagen der evolutiven Auslegung in der allgemeinen Auslegungsregel des Art. 31 WVK zum Ausdruck, dass es sich bei ihr um eine spezifische Form der Anwendung der in Art. 31 WVK vorgesehenen Auslegungsmethoden handelt.

Im Ergebnis müsste deshalb eigentlich von „evolutiven Auslegungsergebnissen" die Rede sein und nicht von der „evolutiven Auslegung". Darauf wird aus Gründen des Leseflusses aber verzichtet.

4.4.2 Die Anwendbarkeit der evolutiven Auslegung

Für Art. 5 lit. a CEDAW ist zunächst zu klären, ob die evolutive Auslegung auf ihn überhaupt anwendbar ist. Diese Frage stellt sich deshalb, weil die Kriterien der Anwendbarkeit der evolutiven Auslegung nicht eindeutig sind („[E]voltuive interpretation requires meeting certain evidentary standards before adjudging a treaty or a treaty provision to be susceptible of evolution."[174]). Der IGH-Rechtsprechung und dem Schrifttum ist zu entnehmen, dass die evolutive Auslegung einen erkennbaren Willen der ursprünglichen Vertragsparteien voraussetzt, nach dem sie etwaige Anpassungen der Wortbedeutung zu einem späteren Zeitpunkt antizipiert und vorgesehen haben.[175]

[174] *Arato*, Subsequent Practice and Evolutive Interpretation: Techniques of Treaty Interpretation over Time and Their Diverse Consequences, in: The Law and Practice of International Courts and Tribunals 9(3), 2010, 443 (466).

[175] ICJ, *Legal Consequences for States of the Continued Presence of South Africa in Namibia* (South West Africa) notwithstanding Security Council Resolution 276 (1970), Advisory Opinion, I.C.J. Reports 1971, 16 (31–32 para. 53); *Aegean Sea Continental Shelf* (Greece v. Turkey), Judgement, I.C.J. Reports 1978, 3 (31–32 paras. 75–76); *Dispute regarding Navigational and Related Rights* (Costa Rica v. Nicaragua), Judgement, I.C.J. Reports 2009, 213 (242–243 paras. 64–66 mit Verweis auf Aegean Sea Continental Shelf; ILC, Fragmentation of International Law: Difficulties Arising from the Diversification and Expansion of International Law. Report of the Study Group of the International Law Commission, finalized by Mr. Martti Koskenniemi, 13 April 2006, UN. Doc. A/CN.4/L.682 and Add.1, para. 478(a); First report on subsequent agreements and subsequent practice in relation to the interpretation of treaties, by Mr. Georg Nolte, Special Rapporteur, 19 March 2013, UN Doc. A/CN.4/660, para. 61; *Dörr*, Article 31, in: Dörr/Schmalenbach (eds.), VCLT Commentary, para. 24; *Palchetti*, Interpreting „Generic Terms": Between Respect for the Parties' Original Intention and the Identification of the Ordinary Meaning, in: Boschiero et al. (eds.), International Courts and the Development of International Law. Essays in Honour of Tullio Treves, 91 (92–93); *Arato*, Subsequent Practice and Evolutive Interpretation: Techniques of Treaty Interpretation over Time and Their Diverse Consequences, in: The Law and Practice of International Courts and Tribunals 9(3), 2010, 443 (468–467); *Helmersen*, Evolutive Treaty Interpretation: Legality, Semantics and Distinctions, in: European Journal of Legal Studies 6(1), 2013, 161 (172–180); *McLachlan*, The Principle of Systemic Integration and Article 31(3)(c) of the Vienna Convention, in: International and Comparative Law Quarterly 54(2), 2005, 279 (317–318).

4.4.2.1 Die Problematiken des Gattungsbegriffkriteriums

Von einem Willen der Vertragsverfasser für eine antizipierte spätere Anpassung kann ausgegangen werden, wenn die auszulegende Norm einen oder mehrere Gattungsbegriffe (generic term) enthält und der Vertrag eine lange Geltungsdauer aufweist. Die Voraussetzung der langen Geltungsdauer kann für die CEDAW als einem asymmetrischen Menschenrechtsvertrag zugunsten von Frauen bejaht werden und ist hier unproblematisch. Schwieriger ist die Beurteilung dessen, ob Art. 5 lit. a CEDAW einen oder mehrere Gattungsbegriffe enthält, die den Willen der Vertragsverfasser zur evolutiven Auslegung erkennen lassen. Der Grund dafür ist, dass für die Zwecke der evolutiven Auslegung keine Definition des generic term existiert.

In *Navigational Rights* umschrieb der IGH den generic term als „a class of [something]".[176] Nach der Erklärung von Richterin Higgins in *Kasikili/Sedudu Island*, die hier unter Art. 38 Abs. 1 lit. d IGH-Statut berücksichtigt werden kann,[177] handelt es sich bei einem Gattungsbegriff um „a known legal term, whose content the parties expected would change through time."[178] Das Schrifttum erklärt den Gattungsbegriff als Abgrenzung zu einer konkreten Spezies, d. h. als einen unspezifizierten Genus.[179] Teilweise werden der Bestimmung des Gattungsbegriffs auch sprachphilosophische und semantisch-theoretische Konzepte zugrunde gelegt, anhand derer ein Begriff *ex ante* in eine für oder gegen die evolutive Auslegung sprechende Kategorie eingeordnet wird.[180]

Der Gattungsbegriff als Voraussetzung für die Anwendbarkeit der evolutiven Auslegung ist aus vier Gründen problematisch. Die erste Problematik besteht darin, dass die Feststellung eines Gattungsbegriffs ihrerseits an den ursprünglichen Wortlaut der Norm anknüpft, d. h. an den subjektiven Willen der Vertragsverfasser. Dies steht aber nicht in Einklang mit Art. 31 f. WVK, welche die objektive Auslegung als allgemeine Auslegungsregel bestimmen und dem subjektiven Willen nur eine subsidiäre Bedeutung beimessen.[181]

---

[176] ICJ, *Dispute regarding Navigational and Related Rights* (Costa Rica v. Nicaragua), Judgement, I.C.J. Reports 2009, 213 (243 para. 67).

[177] *Kämmerer*, Begriff, Geschichte und Rechtsquellen des Völkerrechts in: Proelß (ed.), Völkerrecht, 1 (103 para. 149).

[178] ICJ, *Kasikili/Sedudu Island* (Botswana v Namibia), Judgement, I.C.J. Reports 1999, Declaration of Judge Higgins, I.C.J. Reports 1999, 1113 (1113–1114 para. 2).

[179] Linderfalk, On the Interpretation of Treaties, pp. 74–79; Doing the Right Thing for the Right Reason – Why Dynamic or Static Approaches Should be Taken in the Interpretation of Treaties, in: International. Community Law Review 10(2), 2008, 109 (134); *Helmersen*, Evolutive Treaty Interpretation: Legality, Semantics and Distinctions, in: European Journal of Legal Studies 6(1), 2013, 161 (177–178).

[180] Djeffal, Static and Evolutive Treaty Interpretation, pp. 10–13; Linderfalk, On the Interpretation of Treaties, pp. 74–79; Doing the Right Thing for the Right Reason – Why Dynamic or Static Approaches Should be Taken in the Interpretation of Treaties, in: International Community Law Review 10(2), 2008, 109 (129–135); *Helmersen*, Evolutive Treaty Interpretation: Legality, Semantics and Distinctions, in: European Journal of Legal Studies 6(1), 2013, 161 (176–177, 180–183).

[181] So schon ILC, Document A/6309/Rev.1: Reports of the International Law Commission on the second part of its seventeenth session and on its eighteenth session, YBIL 1966, Vol. II, UN Doc.

In seiner Erklärung in *Navigational Rights* stufte Richter ad hoc Guillaume die Identifikation eines subjektiven Willens zudem als juristische Fiktion ein, da die Veränderungen, auf welche die evolutive Auslegung abzielt, vom ursprünglichen Parteiwillen unabhängig seien.[182] Diese Ansicht kann nach Art. 38 Abs. 1 lit. d IGH-Statut beachtet werden[183] und ihr ist insofern zuzustimmen, als dass den Vertragsverfassern wohl nie mit absoluter Sicherheit die Antizipation aller möglichen zukünftigen Entwicklungen unterstellt werden kann. Eher dürfte es der Fall sein, dass Begriffe zwar bewusst unspezifisch gehalten wurden, sich aber erst vor dem Hintergrund einer neuen Entwicklung als generisch erweisen.[184]

Drittens ist das Gattungsbegriffkriterium problematisch, weil es in den wenigsten Fällen möglich ist, einen Begriff auf einer abstrakten Ebene anhand seiner semantischen Merkmale einer Klassifizierung zuzuordnen, die eindeutig für oder gegen die evolutive Auslegung spricht. In der Praxis wird das Vorliegen eines Gattungsbegriffs regelmäßig schlicht festgestellt und in einer *post hoc ergo propter hoc*-Manier auf einer rein linguistischen Grundlage darauf geschlossen, dass die evolutive Auslegung anwendbar sei oder nicht.[185] Dies ist insbesondere angesichts der möglichen Rechtsfolgen der evolutiven Auslegung bedenklich, was die vierte Problematik des Gattungsbegriffkriteriums ausmacht.

Diese vierte Problematik bezieht sich darauf, dass die evolutive Auslegung die Verpflichtungen der Vertragsstaaten potenziell ändern kann. Eine solche Änderung der Vertragsstaatenpflichten per evolutiver Auslegung ist in *Navigational Rights*[186] ersichtlich. In diesem Fall hatte der IGH die Weiterentwicklung des Begriffs „comercio“ aus dem Grenzvertrag zwischen Costa Rica und Nicaragua zu klären, um den Umfang der Schifffahrtsrechte von Costa Rica auf dem Fluss San Juan zu bestimmen. Der IGH erwähnte in diesem Zusammenhang sowohl die spätere Staatenpraxis als auch die evolutive Auslegung,[187] stützte seine Argumentation aber – ohne

---

A/CN.4/SER.A/1966/Add.1, 169 (220–221 para. 11); Orakhelashvili, The Interpretation of Acts and Rules in Public International Law, p. 312; Villiger, Article 32, VCLT Commentary, para. 1; *McRae*, Evolutionary Interpretation: The Relevance of Context, in: Abi-Saab et al. (eds.), Evolutionary Interpretation and International Law, 57 (58); *Bernhardt*, Interpretation and Implied (Tacit) Modification of Treaties. Comments on Arts. 27, 28, 29 and 38 of the ILC's 1966 Draft Articles on the Law of Treaties, in: ZaöRV 27, 1967, 491 (497–498).

182 ICJ, *Dispute regarding Navigational and Related Rights* (Costa Rica v. Nicaragua), Judgement, I.C.J. Reports 2009, Declaration of Judge *Ad Hoc* Guillaume, I.C.J. Reports 2009, 290 (296–301 paras. 14–19).

183 *Kämmerer*, Begriff, Geschichte und Rechtsquellen des Völkerrechts in: Proelß (ed.), Völkerrecht, 1 (103 para. 149).

184 Vgl. Venzke, How Interpretation Makes International Law, pp. 232–233.

185 Fitzmaurice/Merkouris, Treaties in Motion, p. 138; *Merkouris*, (Inter)Temporal Considerations in the Interpretative Process of the VCLT: Do Treaties Endure, Perdure or Exdure? in: Ambrus/Wessel (eds.), Netherlands Yearbook of International Law 2014. Between Pragmatism and Predictability: Temporariness in International Law, 121 (143).

186 ICJ, *Dispute regarding Navigational and Related Rights* (Costa Rica v. Nicaragua), Judgement, I.C.J. Reports 2009, 213.

187 Ibid., 213 (242 para. 64).

weitere Erklärungen – ausschließlich auf die evolutive Auslegung.[188] Nach Ansicht des IGH hatte sich der Begriff „comercio" in dem Umfang weiterentwickelt, dass Costa Ricas Schifffahrtsrechte auch Dienstleistungen wie den Personentransport zu touristischen Zwecken beinhalten.[189] Daraus schlussfolgerte er, dass Nicaragua von den beförderten Touristen keine Visa verlangen kann, obwohl dies seiner ständigen Praxis entsprach.[190]

Dieses Ergebnis ist insofern bemerkenswert, als dass Nicaraguas Praxis, Costa Rica die Nutzung des Flusses für den touristischen Personentransport zu gewähren, für die Einbeziehung touristischer Dienstleistungen in „comercio" ausgereicht hätte.[191] Denn diese Praxis Nicaraguas hatte nach Ansicht des IGH eine informelle Änderung des Grenzvertrags hinsichtlich touristischer Schifffahrten begründet, nicht aber in Bezug darauf, von den so beförderten Personen ein Visum zu verlangen.[192] Die Schlussfolgerungen, die der IGH aus der evolutiven Auslegung zog, gingen somit über das per Art. 31 Abs. 3 lit. b WVK erreichbare Ergebnis hinaus, indem Costa Rica durch das fortgefallene Visa-Erfordernis in der evolutiven Auslegung ein größerer Umfang an Schifffahrtsrechten zugestanden wurde als über die spätere Übung.

Der evolutiven Auslegung scheint damit ein noch stärkeres Potenzial für eine Rechtsfortbildung inhärent zu sein, als es bei der bereits an sich umstrittenen[193] Vertragsmodifikation durch Art. 31 Abs. 3 lit. b WVK der Fall ist. Auf diese Umstrittenheit und damit insbesondere auf Art. 39 WVK,[194] das Namibia-[195] und das Mauergutachten[196] des IGH, die *Land and Maritime Boundary*[197] und *Temple of Preah*[198]-Fälle, den *Air Services*-Schlichtungsfall,[199] die travaux préparatoires zur

[188] Ibid., 213 (243 paras. 66–67); vgl. auch Fitzmaurice/Merkouris, Treaties in Motion, p. 230.

[189] ICJ, *Dispute regarding Navigational and Related Rights* (Costa Rica v. Nicaragua), Judgement, I.C.J. Reports 2009, 213 (244 paras. 70–71).

[190] Ibid., 213 (257–258 para. 115).

[191] Ibid., Separate Opinion of Judge Skotnikov, 283 (284–285 paras. 8–9).

[192] Ibid., 283 (286–287 paras. 15–16).

[193] Dazu sogleich Abschn. 4.4.2.1 und 4.4.2.3.

[194] ILC, Report of the International Law Commission. Seventieth session (30 April-1 June and 2 July-10 August 2018, UN Doc. A/73/10, p. 59 para. 26; Gardiner, Treaty Interpretation, pp. 275–280; Sinclair, The Vienna Convention on the Law of Treaties, p. 138; Villiger, Article 31, VCLT Commentary, para. 23; *Thirlway*, The Law and Procedure of the International Court of Justice 1960–1989: supplement, 2006: Part Three, in: British Yearbook of International Law 77(1), 2006, 1 (65).

[195] ICJ, *Legal Consequences for States of the Continued Presence of South Africa in Namibia (South West Africa) notwithstanding Security Council Resolution 276 (1970)*, Advisory Opinion, I.C.J. Reports 1971, 16 (30–31 paras. 51–54).

[196] ICJ, *Legal Consequences of the Construction of a Wall in the Occupied Palestinian Territory*, Advisory Opinion, I.C.J. Reports 2004, 136 (149–150 paras. 27–28).

[197] ICJ, *The Land and Maritime Boundary Between Cameroon and Nigeria* (Cameroon v. Nigeria: Equatorial Guinea intervening), Judgement, I.C.J. Reports 2002, 303 (353 para. 68).

[198] ICJ, *Temple of Preah Vihear* (Cambodia v. Thailand), Merits, Judgement, I.C.J. Reports 1962, 6 (23, 26, 30).

[199] PCA, *Interpretation of the Air Transport Services Agreement between the United States of America and France*, 22 December 1963, 16 UNRIAA 5, 11; *Akehurst*, The Hierarchy of the Sources of International Law, in: British Yearbook of International Law 47(1), 1975, 273 (277).

WVK bzw. die Diskussion um Art. 38 WVK-Entwurf (1966, „Modification of treaties by subsequent practice")[200] sowie die Vermutungsregel der ILC zugunsten der Auslegung[201] ist hier mangels Relevanz für Art. 5 lit. a CEDAW nicht einzugehen.

Mit Blick auf *Navigational Rights*[202] und die EGMR-Rechtsprechung[203] ist zwar anzumerken, dass sowohl die evolutive Auslegung als auch spätere Übungen in Einzelfällen eine Auslegungsänderung von Verträgen bewirken können, welche die Rechte der Vertragsstaaten mit der Wirkung einer formalen Vertragsanpassung verändert. In *Al-Sadoon* wertete der EGMR die Ratifikation des 13. EMRK-ZP[204] durch alle bis auf drei Vertragsstaaten als starken Indikator für die Abschaffung der Todesstrafe unter allen Umständen.[205] Der EGMR hatte daraufhin einen vertragsstaatlichen Konsens bezüglich der Abschaffung der Todesstrafe angenommen, obwohl dieser gerade nicht von allen Vertragsstaaten geteilt wurde.[206] Das heißt, er sprach diesem Konsens eine Bindungswirkung zu, obwohl er nicht als eindeutige Willensübereinstimmung, sondern als Meinungskonsens im Sinne eines sich verdichtenden Meinungsgleichklangs vorlag. Ergebnisse, welche die Rechte der Vertragsstaaten mit der Wirkung einer formalen Vertragsanpassung per Auslegung modifizieren, sind angesichts der Art. 26, 31 Abs. 1 WVK aber problematisch.[207]

Aufgrund der genannten Kritikpunkte ist im Ergebnis festzuhalten, dass das Vorliegen eines Gattungsbegriffs in Art. 5 lit. a CEDAW allein nicht ausreicht, um darauf seine evolutive Auslegbarkeit zu gründen. Insbesondere das pflichtenändernde Potenzial der evolutiven Auslegung erfordert einen über semantisch-linguistische Kriterien hinausgehenden Zeitwillen („time-will"[208]), der die Absicht der *historischen und aktuellen* Vertragsparteien für eine spätere Anpassung zum Ausdruck bringt („mobile sense-intention"/„temporal sense-intention"[209]).

---

[200] ILC, Document A/6309/Rev.1: Reports of the Commission to the General Assembly, Document A/6309/Rev.1, YBIL 1966, Vol. II, UN Doc. A/CN.4/SER.A/1966/Add.1, 169 (236 para. 1); UN, United Nations Conference on the Law of Treaties. First session. Vienna, 26 March-24 May 1968. Official Records. Summary records of the plenary meeting and of the meetings of the Committee of the Whole, UN Doc. A/CONF.39/11, 38th meeting, 210 (210 para. 3, 212–213 paras. 30–32, 35, 40, 42, 47).

[201] ILC, Report of the International Law Commission. Seventieth session (30 April-1 June and 2 July-10 August 2018, UN Doc. A/73/10, p. 51: Conclusion 7.3, p. 58 para. 21.

[202] ICJ, *Dispute regarding Navigational and Related Rights* (Costa Rica v. Nicaragua), Judgement, I.C.J. Reports 2009, 213 (244 paras. 70–71).

[203] ECtHR, *Al-Saadoon and Mufdhi v. the United Kingdom*, no. 61498/08, ECHR 2010, para. 120.

[204] Protocol No. 13 to the Convention for the Protection of Human Rights and Fundamental Freedoms, concerning the abolition of the Death penalty in all circumstance, 3 May 2002, ETS No. 187.

[205] ECtHR, *Al-Saadoon and Mufdhi v. the United Kingdom*, no. 61498/08, ECHR 2010, para. 120.

[206] Ibid.

[207] Dazu sogleich Abschn. 4.4.2.3.

[208] Fitzmaurice/Merkouris, Treaties in Motion, pp. 138–139; *Merkouris*, (Inter)Temporal Considerations in the Interpretative Process of the VCLT: Do Treaties Endure, Perdure or Exdure? in: Ambrus/Wessel (eds.), Netherlands Yearbook of International Law 2014. Between Pragmatism and Predictability: Temporariness in International Law, 121 (143–144).

[209] *Wyatt*, Using Intertemporal Linguistics to Resolve the Problem at the Origin and Core of the Evolutionary Interpretation Debate in: Abi-Saab et al. (eds.), Evolutionary Interpretation and International Law, 47 (54).

Dieser Zeitwille kann durch den Sinn und Zweck eines Vertrags, seine Anwendung in Form der späteren Übereinkünfte und der späteren Übung sowie seine travaux préparatoires als mögliche weitere, nicht kumulative Faktoren identifiziert werden.[210] Im Folgenden ist demnach zu klären, ob Art. 5 lit. a bzw. der CEDAW insgesamt in den genannten Auslegungsmitteln ein Zeitwille zugunsten der evolutiven Auslegung zu entnehmen ist.

4.4.2.2 Das telos der CEDAW als Zeitwille-Element

Bei Menschenrechtsverträgen wie der CEDAW spricht insbesondere ihr Sinn und Zweck für die Anwendbarkeit der evolutiven Auslegung, da ihre nicht-reziproken Regelungsziele und ihr drittschützender Charakter eine erhöhte Anpassungsfähigkeit an sich wandelnde Lebensumstände erfordern. Diese Ansicht vertreten im regionalen Menschenrechtsschutz der EGMR in seiner living instrument-Doktrin zur EMRK[211] sowie der IAGMR in seiner Auslegung der AMRK. Die Auslegungsweise des IAGMR wird als *pro homine*-Ansatz bezeichnet,[212] welcher danach strebt, dem Begünstigten einer AMRK-Norm den größtmöglichen Schutz zuteil werden zu lassen.[213] Der *pro homine*-Ansatz erfasst sowohl die effektive[214] als auch die evolutive

---

[210] ILC, Report of the International Law Commission. Seventieth session (30 April-1 June and 2 July-10 August 2018, UN Doc. A/73/10, pp. 64–65: Conclusion 8, paras. 4–6; Djeffal, Static and Evolutive Treaty Interpretation, pp. 162–167, 170–171; Fitzmaurice/Merkouris, Treaties in Motion, pp. 139–141; *Palchetti*, Interpreting „Generic Terms": Between Respect for the Parties' Original Intention and the Identification of the Ordinary Meaning, in: Boschiero et al. (eds.), International Courts and the Development of International Law. Essays in Honour of Tullio Treves, 91 (97–98); *Arato*, Subsequent Practice and Evolutive Interpretation: Techniques of Treaty Interpretation over Time and Their Diverse Consequences, in: The Law and Practice of International Courts and Tribunals 9(3), 2010, 443 (473–474); *Merkouris*, (Inter)Temporal Considerations in the Interpretative Process of the VCLT: Do Treaties Endure, Perdure or Exdure? in: Ambrus/Wessel (eds.), Netherlands Yearbook of International Law 2014. Between Pragmatism and Predictability: Temporariness in International Law, 121 (143–144).

[211] Statt vieler ECtHR, *Tyrer v. the United Kingdom*, 25 April 1978, Series A no. 26, para. 31 sowie schon Abschn. 2.2.2.2 und 3.4.

[212] Monteiro de Matos, Indigenous Land Rights in the Inter-American System, p. 68; Pasqualucci, The Practice and Procedure of the Inter-American Court of Human Rights, p. 12.

[213] IACtHR, *Matter of Viviana Gallardo*, Advisory Opinion OC-101/81, 13 November 1981, Series A no. 101, para. 16; *The Effect of Reservations on the Entry Into Force of the American Convention on Human Rights (Arts. 74 and 75)*, Advisory Opinion OC-2/82, 24 September 1982, Series A no. 2, para. 29; *Reports of the Inter-American Commission on Human Rights (Art. 51 American Convention on Human Rights)*, Advisory Opinion OC-15/97, 14 November 1997, Series A no. 15, para. 29; *The Right to Information on Consular Assistance in the Framework of the Guarantees of the Due Process of Law*, Advisory Opinion OC-16/99, 1 October 1999, Series A no. 16, paras. 113–114; *Benjamin et al. v. Trinidad and Tobago*, Preliminary Objections, 1 September 2001, Series C no. 81, para. 70.

[214] IACtHR, *Lori Berenson Mejía v. Peru*, Merits, Reparations, and Costs, 25 November 2004, Series C no. 119, para. 220; *Vargas Areco v. Paraguay*, Judgement, Merits, Reparations, and Costs, 26 September 2006, Series C no. 155, para. 85.

Auslegung[215] der AMRK. Auch außerhalb von Menschenrechtsverträgen stützen der IGH,[216] die ILC[217] und das Schrifttum[218] die evolutive Auslegung vor allem auf das *telos* eines Vertrags.

Zwei Erkenntnisse zu Art. 5 lit. a CEDAW sowie zum *telos* der CEDAW implizieren einen Zeitwillen der Vertragsverfasser. Dies ist zum einen, dass Art. 5 lit. a CEDAW die Vertragsstaaten zum Ergreifen von Maßnahmen verpflichtet, deren Erfolg, d. h. die tatsächliche Änderung bzw. Beseitigung von Stereotypen und Rollenbildern, erst nach und nach erreicht werden kann.[219] Zum anderen definiert die CEDAW die Gleichheit nicht bzw. die Gleichheit steht in der CEDAW in einer interdependenten Beziehung zum Zustand der Nicht-Diskriminierung.[220] Wenn die Gleichheit nicht definiert, sondern reziprok an den Zustand der Nicht-Diskriminierung gebunden ist[221] und das Regelungsziel des Art. 5 lit. a CEDAW nicht sofort herbeigeführt werden kann, legt dies nahe, dass das *im Zeitablauf* zu erreichende Normziel bei einer gleichzeitig *nicht statischen* Festlegung auf eine Gleichheitsdefinition den notwendigen Raum dafür lässt, spätere Umstände in der Anwendung des Art. 5 lit. a CEDAW zu berücksichtigen.

4.4.2.3 Spätere Übereinkünfte und Übungen als zwingendes Zeitwille-Element

Die ILC und Teile des Schrifttums gehen davon aus, dass der Zeitwille für eine evolutive Auslegung durch spätere Übereinkünfte oder eine spätere Übung identifiziert werden *kann* („Subsequent agreements and subsequent pratice under articles 31 and

[215] IACtHR, *The Right to Information on Consular Assistance in the Framework of the Guarantees of the Due Process of Law*, Advisory Opinion OC-16/99, 1 October 1999, Series A no. 16, paras. 113–114.

[216] ICJ, *Legal Consequences for States of the Continued Presence of South Africa in Namibia (South West Africa) notwithstanding Security Council Resolution 276 (1970)*, Advisory Opinion, I.C.J. Reports 1971, 16 (30 para. 50); *Aegean Sea Continental Shelf* (Greece v. Turkey), Judgement, I.C.J. Reports 1978, 3 (32 para. 77); *Whaling in the Antarctic* (Australia v. Japan: New Zealand Intervening), Judgement, I.C.J. Reports 2014, 226 (246–247 paras. 42–46, 250–251 paras. 55–56); so auch Separate Opinion of Judge Cançado Trindade, 348 (349–350 paras. 2–5, 357 para. 24).

[217] ILC, Fragmentation of International Law: Difficulties Arising from the Diversification and Expansion of International Law. Report of the Study Group of the International Law Commission, finalized by Mr. Martti Koskenniemi, UN. Doc. A/CN.4/L.682 and Add.1, 13 April 2006, para. 478(a).

[218] Fitzmaurice/Merkouris, Treaties in Motion, p. 139; *Arato*, Subsequent Practice and Evolutive Interpretation: Techniques of Treaty Interpretation over Time and Their Diverse Consequences, in: The Law and Practice of International Courts and Tribunals 9(3), 2010, 443 (473); Constitutional Transformation in the ECtHR: Strasbourg's Expansive Recourse to International Rules of International Law, in: Brooklyn Journal of International Law 37(2), 2012, 349 (355).

[219] Abschn. 4.2.

[220] Abschn. 4.1.

[221] Ibid.

32 *may* assist in determining whether or not the presumed intention of the parties upon the conclusion of the treaty was to give a term used a meaning which is capable of evolving over time [Hervor. d. Verf.].")[222] Aufgrund des eben aufgezeigten vertragsändernden Potenzial der evolutiven Auslegung[223] stellt sich aber die Frage, ob nicht zwingend eine spätere Übereinkunft oder eine spätere Übung i.S.d. Art. 31 Abs. 3 lit. a und b WVK vorliegen muss, damit etwaige intertemporale Vertragsanpassungen durch den Willenskonsens der Vertragsparteien gedeckt sind.

Die Entscheidung dieser Frage führt in Bezug auf die evolutive Auslegbarkeit des Art. 5 lit. a CEDAW und damit hinsichtlich der Möglichkeit potenzieller Vertragsänderungen zu unterschiedlichen Ergebnissen. Die Ansicht, dass eine Übereinstimmung i.S.d. Art. 31 Abs. 3 lit. a oder b WVK ein obligatorisches Kriterium darstellt, würde die evolutive Auslegung ausschließen, da für Art. 5 lit. a CEDAW keine Auslegungsübereinkunft existiert und eine spätere Übung aus Gründen der nahezu unmöglichen eindeutigen Nachweisbarkeit abzulehnen ist.[224] Wird davon ausgegangen, dass Art. 31 Abs. 3 lit. a und b WVK fakultativ sind, wäre die evolutive Auslegung auf Art. 5 lit. a CEDAW anwendbar.

Für Art. 31 Abs. 3 lit. a und b WVK als zwingendes Element des Zeitwillens spricht, dass es bereits umstritten ist, ob eine spätere Übung für sich allein genommen eine informelle Vertragsänderung herbeiführen kann. Aus vertragsstaatlicher Sicht ist genau dies bedenklich, weil die Modifizierung von Verträgen auf einer *Willenserklärung zur Änderung* basiert,[225] während sich die Übereinstimmung bei Art. 31 Abs. 3 lit. a und b WVK allein auf den *Konsens über die Vertragsbedeutung* bezieht.[226]

Diese Bedenken gelten für die evolutive Auslegung umso mehr, als dass – sollte sie ohne Art. 31 Abs. 3 lit. a und b WVK auskommen – eine Auslegungsänderung durch den *Rechtsanwender und ohne Beteiligung der Vertragsstaaten* erreicht werden kann. Dadurch würden der vertragsstaatliche Konsens über die Vertragsbedeutung übergangen und eine Willenserklärung zur Änderung des Vertrags fingiert, was mit Blick auf Art. 26, 31 Abs. 1 WVK abzulehnen ist. Diese Problematik kann nicht aufgelöst werden, weil die Kopplung der authentischen bzw. quasi-

---

[222] ILC, Report of the International Law Commission. Seventieth session (30 April-1 June and 2 July-10 August 2018, UN Doc. A/73/10, pp. 64–65: Conclusion 8, paras. 4–6; so auch Fitzmaurice/Merkouris, Treaties in Motion, pp. 138–139; *Merkouris*, (Inter)Temporal Considerations in the Interpretative Process of the VCLT: Do Treaties Endure, Perdure or Exdure? in: Ambrus/Wessel (eds.), Netherlands Yearbook of International Law 2014. Between Pragmatism and Predictability: Temporariness in International Law, 121 (144).

[223] Abschn. 4.4.2.1.

[224] Abschn. 3.7.

[225] Karl, Vertrag und spätere Praxis, p. 41; *Wiegandt*, Internationale Rechtsordnung oder Machtordnung? Eine Anmerkung zum Verhältnis von Macht und Recht im Völkerrecht, in: ZaöRV 71, 2011, 31 (69).

[226] *Dörr*, Article 31, in: Dörr/Schmalenbach (eds.), VCLT, paras. 70, 74, 77; *Sorel/Boré Eveno*, Art. 31 Convention of 1969, in: Corten/Klein (eds.), VCLT Commentary, para. 42; Dahm/Delbrück/Wolfrum, Völkerrecht, Bd. I/3, § 153, 633 (642–643); Karl, Vertrag und spätere Praxis, p. 192; Linderfalk, On the Interpretation of Treaties, pp. 164, 167–168.

authentischen Auslegung an die Willenserklärung der Vertragsparteien die Grenzen zwischen einer geänderten Auslegung und einer Vertragsmodifikation verwischt.[227]

Zwar zeigen die IGH-Rechtsprechung zu *Navigational Rights*[228] sowie die EGMR-Rechtsprechung,[229] dass sowohl spätere Übungen als auch die evolutive Auslegung in Einzelfällen eine Auslegungsänderung von Verträgen bewirken können, welche die Rechte der Vertragsstaaten mit der Wirkung einer formalen Vertragsanpassung ändert. Ein solches Ergebnis ist aus den genannten Gründen aber kritisch zu sehen und wird dementsprechend teilweise als „judicial activism“[230]/ „propehcy“[231] bzw. als Verletzung der Art. 26, 31 Abs. 1 WVK (*pacta sunt servanda*/good faith) eingeordnet.[232]

Im Ergebnis ist festzuhalten, dass die evolutive Auslegbarkeit des Art. 5 lit. a CEDAW eine spätere Übereinkunft oder Übung als zwingendes Zeitwille-Element voraussetzt. Da das Vorliegen einer späteren Übung für Art. 5 lit. a CEDAW bereits verneint wurde und auch eine spätere Übereinkunft nicht existiert,[233] ist die evolutive Auslegung auf ihn nicht anwendbar.

Dieses Ergebnis ist im Vergleich zur EMRK als einem living instrument zunächst verwunderlich. Dies gilt insbesondere deshalb, weil die Auslegung der EMRK[234] und von Menschenrechtsverträgen des universellen Völkerrechts gleichermaßen den völkergewohnheitsrechtlichen und in Art. 31 bis 33 WVK kodi-

---

[227] Djeffal, Static and Evolutive Treaty Interpretation, p. 15; Linderfalk, On the Interpretation of Treaties, p. 168; Sinclair, The Vienna Convention on the Law of Treaties, p. 138; Villiger, Article 31, VCLT Commentary, para. 23; *Arato*, Subsequent Practice and Evolutive Interpretation: Techniques of Treaty Interpretation over Time and Their Diverse Consequences, in: The Law and Practice of International Courts and Tribunals 9(3), 2010, 443 (461–462, 464–465).

[228] ICJ, *Dispute regarding Navigational and Related Rights* (Costa Rica v. Nicaragua), Judgement, I.C.J. Reports 2009, 213 (244 paras. 70–71, 257–258 para. 115).

[229] ECtHR, *Al-Saadoon and Mufdhi v. the United Kingdom*, no. 61498/08, ECHR 2010, para. 120.

[230] Djeffal, Static and Evolutive Treaty Interpretation, p. 16; *Dupuy*, Evolutionary Interpretation of Treaties: Between Memory and Prophecy, in: Cannizzaro (ed.), The Law of Treaties Beyond the Vienna Convention, 123 (132).

[231] *Dupuy*, Evolutionary Interpretation of Treaties: Between Memory and Prophecy, in: Cannizzaro (ed.), The Law of Treaties Beyond the Vienna Convention, 123 (126, 131–132).

[232] UN, United Nations Conference on the Law of Treaties. First session. Vienna, 26 March-24 May 1968. Official Records. Summary records of the plenary meeting and of the meetings of the Committee of the Whole, UN Doc. A/CONF.39/11, 38th meeting, 210 (210 para. 3, 212–213 paras. 30–32, 35, 40, 42, 47); ICJ, *Gabčíkovo-Nagymaros Project* (Hungary v. Slovakia), Judgement, I.C.J. Reports 1997, Separate Opinion of Judge Bedjaoui, 117 (118 para. 6); *Murphy*, The Relevance of Subsequent Agreement and Subsequent Practice for the Interpretation of Treaties, in: Nolte (ed.), Treaties and Subsequent Practice, 82 (90); so i. E. auch *Dupuy*, Evolutionary Interpretation of Treaties: Between Memory and Prophecy, in: Cannizzaro (ed.), The Law of Treaties Beyond the Vienna Convention, 123 (127–128); *Arato*, Subsequent Practice and Evolutive Interpretation: Techniques of Treaty Interpretation over Time and Their Diverse Consequences, in: The Law and Practice of International Courts and Tribunals 9(3), 2010, 443 (491–492).

[233] Abschn. 3.7.

[234] Statt vieler ECtHR, *Golder v. United Kingdom*, 21 February 1975, Series A no. 18, paras. 29–30, 34–36.

fizierten Regeln unterliegt,[235] welche historisch bedingt an den reziproken Vertragsverhältnissen von Staaten und nicht am völkerrechtlichen Individualschutz orientiert[236] sind. Allerdings wird die EMRK unter Art. 19, 45 EMRK von „ihrem" speziell[237] für die Durchsetzung der Konvention geschaffenem Rechtsprechungsorgan, d. h. dem EGMR als einem Menschengerichtshof ausgelegt.[238] Dieser schöpft den Schutzzweck der Konvention insbesondere auf der Grundlage der EMRK-Präambel, die trotz ihrer Platzierung im nicht operativen Vertragsteil[239] ein in der systematischen Auslegung gemäß Art. 31 Abs. 2 WVK zu berücksichtigendes Auslegungsmittel darstellt,[240] sowie Art. 19 EMRK[241] über die teleologisch-evolutive Auslegung bis „an die Grenzen von gerichtlichen Befugnissen"[242] aus.[243] Das heißt auch und gerade die living instrument-Doktrin des EGMR begegnet den Bedenken einer unzulässigen Rechtsfortbildung („[T]hey [Convention Organs] have perhaps even crossed the boundary and entered territory which is no longer that of treaty interpretation but is actually legal policy making. But this [...] is not for a court to

[235] Einleitung. D. Methodik.

[236] Vgl. *Kämmerer*, Begriff, Geschichte und Rechtsquellen des Völkerrechts in: Proelß (ed.), Völkerrecht, 1 (36 para. 48, 71 para. 97, 75–76 para. 106, 79 para. 111); *Pazarci*, Preamble Convention of 1969, in: Corten/Klein (eds.), VCLT Commentary, paras. 10, 22–23; *Schmalenbach*, Article 1, in: Dörr/Schmalenbach (eds.), VCLT Commentary, para. 1; Villiger, Preamble, VCLT Commentary, para. 13; Article 1, VCLT Commentary, para. 3; Abschn. 6.2.2. (zu Vorbehalten).

[237] *Grabenwarter/Pabel*, Vorwort zur 7. Auflage, in: Grabenwarter/Pabel (eds.), EMRK; *Fuentes*, Art. 19, in: Meyer-Ladewig/Nettesheim/von Raumer (eds.), EMRK, para. 1; *Mayer*, Art. 19, in: Karpenstein/Mayer (eds.), EMRK, para. 1.

[238] *Matscher*, Methods of Interpretation of the Convention, in: Macdonald/Matscher/Petzold (eds.), The European System for the Protection of Human Rights, 63 (63); zur Reform des EMRK-Rechtsschutzsystems mit dem 11. und 14. EMRK-ZP *Grabenwarter/Pabel*, 2. Teil. Verfahrensrecht und Organe der EMRK, in: Grabenwarter/Pabel (eds.), EMRK, § 6 paras. 1–4; *Mayer*, Einleitung, in: Karpenstein/Mayer (eds.), EMRK, paras. 24–25.

[239] *Matscher*, Methods of Interpretation of the Convention, in: Macdonald/Matscher/Petzold (eds.), The European System for the Protection of Human Rights, 63 (66); *Mayer*, Präambel, in: Karpenstein/Mayer (eds.), EMRK, para. 1; *Nettesheim*, Art. 1, in: Meyer-Ladewig/Nettesheim/von Raumer (eds.), EMRK, para. 2; Abschn. 3.1.

[240] ECtHR, *Golder v. United Kingdom*, 21 February 1975, Series A no. 18, para. 34; *Matscher*, Methods of Interpretation of the Convention, in: Macdonald/Matscher/Petzold (eds.), The European System for the Protection of Human Rights, 63 (66); *Mayer*, Präambel, in: Karpenstein/Mayer (eds.), EMRK, para. 1; Abschn. 3.1.

[241] *Grabenwarter/Pabel*, 1. Teil. Die EMRK als völkerrechtlicher Vertrag, in: Grabenwarter/Pabel (eds.), EMRK, § 5 para. 14; *Mayer*, Einleitung, in: Karpenstein/Mayer (eds.), EMRK, para. 50; *Grewe*, Vergleich zwischen den Interpretationsmethoden europäischer Verfassungsgerichte und des Europäischen Gerichtshofes für Menschnerechte, in: ZaöRV 61, 2001, 459 (466–467).

[242] *Grabenwarter/Pabel*, 1. Teil. Die EMRK als völkerrechtlicher Vertrag, in: Grabenwarter/Pabel (eds.), EMRK, § 5 para. 15.

[243] ECtHR, *Axen v. Germany*, 8 December 1983, Series A no. 72, para. 31; *Pretto and Others v. Italy*, 8 December 1983, Series A no. 71, para. 26; *Sutter v. Switzerland*, 22 February 1984, Series A no. 74, para. 33; *Grabenwarter/Pabel*, 1. Teil. Die EMRK als völkerrechtlicher Vertrag, in: Grabenwarter/Pabel (eds.), EMRK, § 5 para. 15; *Matscher*, Methods of Interpretation of the Convention, in: Macdonald/Matscher/Petzold (eds.), The European System for the Protection of Human Rights, 63 (69–70).

do."[244]). Eben jene Bedenken geben hier den Ausschlag dafür, für die evolutive Auslegbarkeit des Art. 5 lit. a CEDAW zwingend einen entsprechenden und in einer späteren Übereinkunft oder Übung zum Ausdruck kommenden Willenskonsens der Vertragsstaaten vorauszusetzen.

Literatur

Akehurst, Michael: The Hierarchy of the Sources of International Law, in: British Yearbook of International Law 47(1), 1975, pp. 273–285

Arato, Julian: Subsequent Practice and Evolutive Interpretation: Techniques of Treaty Interpretation over Time and Their Diverse Consequences, in: The Law and Practice of International Courts and Tribunals 9(3), 2010, pp. 443–494

Arato, Julian: Constitutional Transformation in the ECtHR: Strasbourg's Expansive Recourse to International Rules of International Law, in: Brooklyn Journal of International Law 37(2), 2012, pp. 349–387

Baer, Susanne: Chancen und Risiken Positiver Maßnahmen: Grundprobleme des Antidiskriminierungsrechts, in: Heinrich Böll Stiftung, (ed.), Positive Maßnahmen. Von Antidiskriminierung zu Diversität, Band 24, Berlin 2010, pp. 23–39

Bantekas, Ilias/Stein, Michael Ashley/Anastasiou, Dimitris (eds.): The UN Convention on the Rights of Persons with Disabilities. A Commentary, Oxford 2018

Bernhardt, Rudolf: Interpretation and Implied (Tacit) Modification of Treaties. Comments on Arts. 27, 28, 29 and 38 of the ILC's 1966 Draft Articles on the Law of Treaties, in: ZaöRV 27, 1967, pp. 491–506

Bernhardt, Rudolf, Interpretation in International Law, in: Bernhardt (ed.), Encyclopedia of Public International Law, Vol. II, 2nd edition, Amsterdam 1995, pp. 1416–1426

Bernhardt, Rudolf: Evolutive Treaty Interpretation, Especially of the European Convention of Human Rights, in: 42 German Yearbook of International Law, 1999, pp. 11–25

Bjorge, Eirik: The convergence of the methods of treaty interpretation: Different regimes, different methods of interpretation?, in: Andenas, Mads/Bjorge, Eirik (eds.), A Farewell to Fragmentation. Reassertion and Convergence in International Law. Studies on International Courts and Tribunals, Cambridge 2015, pp. 498–535

Böth, Katharina: Evolutive Auslegung völkerrechtlicher Verträge. Eine Untersuchung zu Voraussetzungen und Grenzen in Anbetracht der Praxis internationaler Streitbeilegungsinstitutionen, Berlin 2013

Braumann, Céline/Reinisch, August: Effet Utile, in: Klingler, Joseph/Parkhomenko, Yuri/Salonidis, Constantinos (eds.), Between the Lines of the Vienna Convention. Canons and Other Principles of Interpretation in Public International Law, Alphen aan den Rijn 2019, pp. 47–72

Çali, Başak: Specialized Rules of Treaty Interpretation Human Rights, in: Hollis, Duncan B. (ed.), The Oxford Guide to Treaties, 2nd edition, Oxford 2020, pp. 504–523

Charlesworth, Hilary/Chinkin, Christine/Wright, Shelley: Feminist Approaches to International Law, in: American Journal of International Law 85(4), 1991, pp. 613–645

Clifford, Jarlath: Equality, in: Shelton, Dinah (ed.), The Oxford Handbook of International Human Rights Law, Oxford 2013, pp. 420–445

[244] *Matscher*, Methods of Interpretation of the Convention, in: Macdonald/Matscher/Petzold (eds.), The European System for the Protection of Human Rights, 63 (69–70); vgl. auch *Grabenwarter/Pabel*, 1. Teil. Die EMRK als völkerrechtlicher Vertrag, in: Grabenwarter/Pabel (eds.), EMRK, § 5 para. 15; Abschn. 4.4.2.1.

Cook, Rebecca J.: Women's International Human Rights: The Way Forward, in: Cook, Rebecca J. (ed.), Human Rights of Women. National and International Perspectives, Philadelphia 1994, pp. 3–36
Corten, Olivier/Klein, Pierre (eds.): The Vienna Conventions on the Law of Treaties. A Commentary. Volume 1, Oxford 2011
Cusack, Simone/Cook, Rebecca J.: Combating Discrimination Based on Sex and Gender, in: Krause, Catarina/Scheinin, Martin (eds.), International Protection of Human Rights: A Textbook, Turku 2009, pp. 205–226
Dahm, Georg/Delbrück, Jost/Wolfrum, Rüdiger: Völkerrecht, Vol. I/3, Die Formen des völkerrechtlichen Handelns: Die inhaltliche Ordnung der internationalen Gemeinschaft, 2nd edition, Berlin 2002
Djeffal, Christian: Static and Evolutive Treaty Interpretation. A Functional Reconstruction, Cambridge 2016.
Djeffal, Christian: An Interpreter's Guide to Static and Evolutive Interpretations: Solving Intertemporal Problems According to the VCLT, in: Abi-Saab, Georges/Keith, Kenneth James/Marceau, Gabrielle/Marquet, Clément (eds.), Evolutionary Interpretation and International Law, Oxford et al. 2019, pp. 21–34
Dörr, Oliver/Schmalenbach, Kirsten (eds.): Vienna Convention on The Law of Treaties. A Commentary, 2nd edition, Berlin 2018
Dupuy, Pierre-Marie: Evolutionary Interpretation of Treaties: Between Memory and Prophecy, in: Cannizzaro, Enzo (ed.), The Law of Treaties. Beyond the Vienna Convention, Oxford 2011, pp. 123–137
Eckes, Thomas: Geschlechterstereotype: Von Rollen, Identitäten und Vorurteilen, in: Becker, Ruth/Kortendiek, Beate (eds.), Handbuch Frauen- und Geschlechterforschung. Theorie, Methode, Empirie 3rd edition, Wiesbaden 2010, pp. 178–189
Fahner, Johannes Hendrik: In Dubio Mitius: Advancing Clarity and Modesty in Treaty Interpretation, in: European Journal of International Law 32(3), 2021, pp. 835–862
Felmeth, Aaron Xavier: Feminism and International Law: Methodology, and Substantive Reform in: Human Rights Quarterly 22(3), 2000, pp. 658–733
Fitzmaurice, Malgosia: Interpretation of Human Rights Treaties, in: Shelton, Dinah (ed.), The Oxford Handbook of International Human Rights Law, Oxford 2013, pp. 739–771
Fitzmaurice, Malgosia: The Practical Working of the Law of Treaties, in: Evans, Malcolm D. (ed.), International Law, 4th edition, Oxford 2014, pp. 166–197
Fitzmaurice, Malgosia/Merkouris, Panos: Treaties in Motion. The Evolution of Treaties from Formation to Termination, Cambridge 2020
Forowicz, Magdalena: Concepts of Substantive Gender Equality: Looking for Coherence among the Regional and International Perspectives in: Buckley, Carla/Donald, Alice/Leach, Philip (eds.), Towards Convergence in International Human Rights Law: Approaches of Regional and International Systems, Leiden/Boston 2016, pp. 193–212
Fredman, Sandra: Beyond the Dichotomy of Formal and Substantive Equality: Towards a New Definition of Equal Rights, in: Boerefijn, Ineke/Coomans, Fons/Goldschmidt, Jenny/Holtmaat, Rikki/Wolleswinkel, Ria (eds.), Temporary Special Measures: Accelerating De Facto Equality of Women Under Article 4(1) UN on the Elimination of All Forms of Discrimination Against Women, Cambridge 2003, pp. 111–118
Fredman, Sandra: Human Rights Transformed: Positive Rights and Positive Duties, Oxford 2008
Fredman, Sandra: Discrimination Law, 2nd edition, Oxford/New York 2011
Freeman, Marsha A./Chinkin, Christine/Rudolf, Beate (eds.), The UN Convention on the Commentary of All Forms of Discrimination Against Women. A Commentary, Oxford 2012
Gardiner, Richard K.: Treaty Interpretation, 2nd edition, Oxford 2015
Grabenwarter, Christoph/Pabel, Katharina (eds.): Europäische Menschenrechtskonvention. Ein Studienbuch, 7th edition, München 2021
Hall, William Edward: A Treatise on International Law, 7th edition, Oxford et al. 1917
Helmersen, Torp Sondre: Evolutive Treaty Interpretation: Legality, Semantics and Distinctions, in: European Journal of Legal Studies 6(1), 2013, pp. 161–188
Hepple, Bob: Equality: The Legal Framework, 2nd edition, Oxford/Portland, 2014

Holtmaat, Rikki: Towards *Different* Law and Public Policy. The significance of Article 5a CEDAW for the elimination of structural gender discrimination, Leiden 2004

Holtmaat, Rikki: The CEDAW: a holistic approach to women's equality and freedom, in: Hellum, Anne/Aasen, Henriette Sindig (eds.), Women's Human Rights: CEDAW in International, Regional and National Law, Cambridge 2013, pp. 95–123

Holtmaat, Rikki/Naber, Jonneke: Women's Human Rights and Culture; From Deadlock to Dialogue, Cambridge/Antwerpen/Portland 2011

Karl, Wolfram: Vertrag und spätere Praxis im Völkerrecht/Treaty and Subsequent Practice in International Law. Zum Einfluß der Praxis auf Inhalt und Bestand völkerrechtlicher Verträge, Berlin/Heidelberg 1983

Karpenstein, Ulrich/Mayer, Franz C. (eds.): Konvention zum Schutz der Menschenrechte und Grundfreiheiten: EMRK, Kommentar, 3rd edition, München 2022

Larouer, Christophe J.: In the Name of Sovereignty? The Battle over In Dubio Mitius Inside and Outside the Courts, in: Cornell Law School Inter-University Graduate. Student Conference Papers. Paper 22, 15 April 2009

Lauterpacht, Hersch: Restrictive Interpretation and the Principle of Effectiveness in the Interpretation of Treaties, in: British Yearbook of International Law 26 (1949), pp. 48–85

Lembke, Ulrike/Liebscher, Doris: Postkategoriales Antidiskriminierungsrecht? – Oder: Wie kommen Konzepte der Intersektionalität in die Rechtsdogmatik, in: Philipp, Simone/Meier, Isabella/Apostolovski, Veronika/Starl, Klaus/Schmidlechner, Karin Maria (eds.), Intersektionelle Benachteiligung und Diskriminierung. Soziale Realitäten und Rechtspraxis, Baden-Baden 2014, pp. 261–290

Liebscher, Doris/Naguib, Tarek/Plümecke, Tino/Remus, Juana: Wege aus der Essentialismusfalle: Überlegungen zu einem postkategorialen Antidiskriminierungsrecht, in: Kritische Justiz 45(2), 2012, pp. 204–218

Linderfalk, Ulf: On the Interpretation of Treaties. The Modern International Law as Expressed in the 1969 Vienna Convention on the Law of Treaties, Dordrecht 2007

Linderfalk, Ulf: Doing the Right Thing for the Right Reason – Why Dynamic or Static Approaches Should be Taken in the Interpretation of Treaties, in: International Community Law Review 10(2), 2008, pp. 109–141

Matscher, Franz: Methods of Interpretation of the Convention, in: Macdonald, Ronald/Matscher, Franz/Petzold, Herbert (eds.), The European System for the Protection of Human Rights, Dordrecht 1993, pp. 63–81

McCall, Leslie: The Complexity of Intersectionality, in: Signs 30(3), 2005, pp. 1771–1800

McLachlan, Campbell: The Principle of Systemic Integration and Article 31(3)(C) of the Vienna Convention, in: International and Comparative Law Quarterly 54(2), 2005, pp. 279–319

McRae, Donald: Evolutionary Interpretation: The Relevance of Context, in: Abi-Saab, Georges/Keith, Kenneth James/Marceau, Gabrielle/Marquet, Clément (eds.), Evolutionary Interpretation and International Law, Oxford et al. 2019, pp. 57–64

Merkouris, Panos: (Inter)Temporal Considerations in the Interpretative Process of the VCLT: Do Treaties Endure, Perdure or Exdure? in: Ambrus, Mónika/Wessel, Ramses A. (eds.), Netherlands Yearbook of International Law 2014. Between Pragmatism and Predictability: Temporariness in International Law, pp. 121–156

Merkouris, Panos: In Dubio Mitius, in: Klingler, Joseph/Parkhomenko, Yuri/Salonidis, Constantinos (eds.), Between the Lines of the Vienna Convention? Canons and Other Principles of Interpretation in Public International Law, Alphen aan den Rijn 2019, pp. 259–305

Meyer-Ladewig, Jens/Nettesheim, Martin/von Raumer, Stefan (eds.): EMRK. Europäische Menschenrechtskonvention, 5th edition, Baden-Baden 2023

Moeckli, Daniel: Equality and Non-Discrimination, in: Weston, Burns H./Grear, Anna (eds.), Human Rights in the World Community. Issues and Action, 4th edition, Philadelphia 2016, pp. 128–137

Monteiro de Matos, Mariana: Indigenous Land Rights in the Inter-American System. Substantive and Procedural Law, Leiden/Boston 2021

Murphy, Sean D.: The Relevance of Subsequent Agreement and Subsequent Practice for the Interpretation of Treaties, in: Nolte, Georg (ed.), Treaties and Subsequent Practice, Oxford 2013, pp. 82–94

Oppenheim, Lassa: International Law: A Treatise, Vol. 1, Peace, 2nd edition, London/New York/ Calcutta 1912

Palchetti, Paolo: Interpreting „Generic Terms": Between Respect for the Parties' Original Intention and the Identification of the Ordinary Meaning, in: Boschiero, Nerina/Scovazzi, Tullio/ Pitea, Cesare/Ragni, Chiara (eds.), International Courts and the Development of International Law. Essays in Honour of Tullio Treves, Den Haag 2013, pp. 91–105

Pasqualucci, Jo M.: The Practice and Procedure of the Inter-American Court of Human Rights, 2nd edition, Cambridge et al. 2013

Peters, Anne: Humanity as the A and Ω of Sovereignty, in: European Journal of International Law 20(3), 2009, pp. 513–544

Potacs, Michael: Rechtstheorie, 2nd edition, Wien 2019

Proelß, Alexander (ed.): Völkerrecht, 9th edition, Berlin 2024

Raday, Frances: Systematizing the Application of Different Types of Temporary Special Measures under Article 4 of CEDAW, in: Boerefijn, Ineke/Coomans, Fons/Goldschmidt, Jenny/Holtmaat, Rikki/Wolleswinkel, Ria (eds.), Temporary special measures. Accelerating de facto equality of women under article 4(1) UN Convention on the Elimination of all forms of Discrimination Against Women, Antwerpen/Oxford/New York 2003, pp. 35–44

Ramcharan, Bertrand G.: Equality and Nondiscrimination, in: Henkin, Louis (ed.), The International Bill of Rights: The Covenant on Civil and Political Rights, New York 1981, pp. 246–269

Rietiker, Daniel: The Principle of "Effectiveness" in the Recent Jurisprudence of the European Court of Human Rights: Its Different Dimensions and Its Consistency with Public International Law – No Need for the Concept of Treaty Sui Generis, in: Nordic Journal of International Law 79(2), 2010, pp. 245–277

Rosenblum, Darren: Unsex CEDAW, or What's Wrong With Women's Rights, in: Columbia Journal of Gender and Law 20(2), 2011, pp. 98–194

Schöpp-Schilling, Hanna Beate: Reflections on a General Recommendation on Article 4(1) of the Convention on the Elimination of All Forms of Discrimination Against Women, in: Boerefijn, Ineke/Coomans, Fons/Goldscmidt, Jenny/Holtmaat, Rikki, Wolleswinkel, Ria (eds.), Temporary special measures. Accelerating de facto equality of women under article 4(1) UN Convention on the Elimination of all forms of Discrimination Against Women, Antwerpen/Oxford/ New York 2003, pp. 15–33

Schulz, Patricia/Halperin-Kaddari, Ruth/Rudolf, Beate/Freeman, Marsha A. (eds.): The UN Convention on the Elimination of All Forms of Discrimination Against Women. A Commentary, 2nd edition, Oxford 2022

Schwarzenberger, Georg: International Law as Applied by International Courts and Tribunals, Vol. I, 3rd edition, London 1957

Smart, Carol Christine: The Woman of Legal Discourse, in: Social & Legal Studies 1(1), 1992, pp. 29–44

Tomuschat, Christian: International Law: Ensuring the Survival of Mankind on the Eve of a New Century. General Course on Public International Law, in: 281 Recueil Des Cours, 1999, pp. 9–438

Venzke, Ingo: How Interpretation Makes International Law. On Semantic Change and Normative Twists, Oxford 2012

Villiger, Mark Eugen: Commentary on the 1969 Vienna on the Law of Treaties, Leiden 2009

Wiegandt, Jan: Internationale Rechtsordnung oder Machtordnung? Eine Anmerkung zum Verhältnis von Macht und Recht im Völkerrecht, in: ZaöRV 71, 2011, pp. 31–76

Wildhaber, Luzuis: The European Court of Human Rights in action, in: Ritsumeikan Law Review 21, 2004, pp. 83–92

Wyatt, Julian: Intertemporal Linguistics in International Law: Beyond Contemporaneous and Evolutionary Treaty Interpretation, Oxford et al. 2019

Wyatt, Julian: Using Intertemporal Linguistics to Resolve the Problem at the Origin and Core of the Evolutionary Interpretation Debate, in: Abi-Saab, Georges/Keith, Kenneth James/Marceau, Gabrielle/Marquet, Clément (eds.), Evolutionary Interpretation and International Law, Oxford et al. 2019, pp. 47–56

Kapitel 5
Ergänzende Auslegung

Gemäß Art. 32 WVK sind in der Auslegung des Art. 5 lit. a CEDAW ergänzende Auslegungsmittel wie die vorbereitenden Vertragsarbeiten und die Umstände des Vertragsschlusses zu berücksichtigen, um mehrdeutige oder unklare (lit. a) oder offensichtlich sinnwidrige (lit. b) Auslegungsergebnisse aufzuklären. Die vorbereitenden Vertragsarbeiten sowie die Umstände des Vertragsabschlusses stellen nicht abschließende Regelbeispiele dar, sodass die Auslegung nach Art. 32 WVK nicht auf eine bestimmte Art von Instrumenten beschränkt ist.

Insbesondere erfasst Art. 32 WVK eine vertragsstaatliche Praxis i.w.S., welche nicht die Schwelle zur Übereinstimmung i. S. v. Art. 31 Abs. 3 lit. b WVK überschreitet[1] sowie Interpretationserklärungen, die nicht als Vorbehalte einzuordnen sind. Auch auslegungsmethodische Prinzipien wie *in dubio mitius*, *lex posterior* und *lex specialis* können unter Art. 32 WVK herangezogen werden.[2] Damit erlaubt Art. 32 WVK die Berücksichtigung einer Vielzahl extrinsischer Auslegungsmittel und ähnelt Art. 31 Abs. 2 und 3 WVK, die ebenfalls außerhalb des Vertrags stehende Auslegungsquellen in die Interpretation einbeziehen.[3]

[1] ICJ, *Kasikili/Sedudu Island* (Botswana v. Namibia), Judgement, I.C.J. Reports 1999, 1045 (1096 paras. 79–80); *Sovereignty Over Pulau Ligitan and Pulau Sipadan* (Indonesia v. Malaysia), Judgement, I.C.J. Reports 2002, 625 (665 para. 80); *Dispute regarding Navigational and Related Rights* (Costa Rica v. Nicaragua), Judgement, I.C.J. Reports 2009, 213 (240–242 paras. 57–64); ILC, Report of the International Law Commission. Seventieth session (30 April-1 June and 2 July-10 August 2018, UN Doc. A/73/10, p. 17: Conclusion 2.4, pp. 20–21 paras. 8–9; *Le Bouthillier*, Article 32 Convention of 1969, in: Corten/Klein (eds.), VCLT Commentary, paras. 21, 42–43; *Crema*, Subsequent Agreement and Subsequent Practice within and outside the Vienna Convention, in: Nolte (ed.), Treaties and Subsequent Practice, 13 (17); Villiger, Article 32, VCLT Commentary, paras. 2–4.

[2] *Le Bouthillier*, Article 32 Convention of 1969, in: Corten/Klein (eds.), VCLT Commentary, para. 46, Villiger, Article 32, in: VCLT Commentary, para. 5.

[3] ILC, Document A/6309/Rev.1: Reports of the International Law Commission on the second part of its seventeenth session and on its eighteenth session, YBIL 1966, Vol. II, UN Doc. A/CN.4/

J. Bertram, *Der völkerrechtliche Diskriminierungsschutz gegen Benachteiligungen der Frau aufgrund von Geschlechterstereotypen und Rollenbildern*, https://doi.org/10.1007/978-3-662-73250-2_5

Art. 32 WVK lässt allerdings zwei wichtige Punkte ungeklärt. Dies ist zum einen die Frage, worauf sich der Begriff „ergänzend" bezieht. In Betracht kommt einerseits, dass sich „ergänzend" auf die Position des Art. 32 WVK im Auslegungsprozess bezieht, d. h. auf seine der allgemeinen Auslegung nachgelagerte Anwendung. Andererseits könnte mit „ergänzend" auch das qualitative Gewicht des mit ihm ermittelten Auslegungsergebnisses gemeint sein, d. h. dass der Auslegung nach Art. 32 im Verhältnis zu Art. 31 WVK eine nur subsidiäre Bedeutung zukommt.

Zum anderen ist fraglich, ob alle unter Art. 32 WVK in Betracht kommenden Auslegungsmittel dasselbe qualitative Gewicht haben. Da die travaux préparatoires auf den historischen Willen der Vertragsverfasser und damit ein subjektives Auslegungselement abstellen, könnte ihnen angesichts des objektiven Auslegungsansatzes der WVK eine qualitativ untergeordnete Bedeutung beizumessen sein.

Die Alternativen zur ersten Frage sowie das qualitative Gewicht der einzelnen Auslegungsmittel können zu unterschiedlichen Auslegungsergebnissen führen, sodass sie vor der Anwendung des Art. 32 WVK auf Art. 5 lit. a CEDAW zu klären sind.

5.1 Die Bedeutung des Wortes „ergänzend"

In Bezug auf die Frage nach der Bedeutung des Begriffs „ergänzend" spricht für ein Verständnis als nachgelagerter Auslegungsschritt, dass die Berücksichtigung ergänzender Auslegungsmittel fakultativ ist und auf die Bestätigung einer nach Art. 31 WVK ermittelten Bedeutung oder die Richtigstellung eines mehrdeutigen oder unklaren oder eines offensichtlich sinnwidrigen oder unvernünftigen Auslegungsergebnisses abzielt. Die fakultative Natur des Art. 32 WVK kommt in seinem Wortlaut deutlich zum Ausdruck („Recourse *may be had* to supplementary means of interpretation [...] in order to confirm [...] [Hervor. d. Verf.]").[4] Die Anwendung des Art. 32 setzt demnach in jedem Fall eine vorherige Auslegung nach Art. 31 WVK voraus, d. h. sie ist ihm im Sinne der ersten Alternative stets nachgelagert.[5]

SER.A/1966/Add.1, 169 (222–223 para. 18); *Dörr*, Article 32, in: Dörr/Schmalenbach (eds.), VCLT Commentary, para. 1; Abschn. 3.7.

[4] So schon PCIJ, *Polish Postal Service in Danzig* (Poland v. High Commissioner of the League of Nations and Free City of Danzig), Advisory Opinion, 16 May 1925, P.C.I.J. Series B, No. 11, 6 (39–40); *S.S. 'Lotus'* (France v. Turkey), P.C.I.J. Series A No. 10, Judgement, 7 September 1927, 4 (16); *Case Concerning the Payment of Various Serbian Loans Issued in France* (France v. the Kingdom of the Serbs, Croats, and Slovenes), Judgement, 12 July 1929, P.C.I.J. Series A No. 20, 5 (30); ICJ, *Conditions of Admission of a State to the United Nations (Charter, Art. 4)*, Advisory Opinion, I.C.J. Reports 1948, 57 (63); *Competence of Assembly regarding admission to the United Nations*, Advisory Opinion, I.C.J. Reports 1950, 4 (8); ILC, Document A/CN.4/167 and Add.1–3: Third Report on the law of Treaties, by Sir Humphrey Waldock, Special Rapporteur, YBIL 1964, Vol. II, UN Doc. A/CN.4/SER.A/1964/ADD.1, 5 (58 para. 20); *Le Bouthillier*, Article 32 Convention of 1969, in: Corten/Klein (eds.), VCLT Commentary, paras. 1, 5–6, 9; *Dörr*, Article 32, in: Dörr/Schmalenbach (eds.), VCLT Commentary, paras. 29.

[5] *Dörr*, Article 32, in: Dörr/Schmalenbach (eds.), VCLT Commentary, para. 28; *Le Bouthillier*, Article 32 Convention of 1969, in: Corten/Klein (eds.), VCLT Commentary, para. 9.

Dem entspricht auch die systematische Position des Art. 32 nach der allgemeinen Auslegungsregel des Art. 31 WVK.

Die travaux préparatoires des Art. 32 WVK legen ebenfalls nahe, dass „ergänzend“ nicht als „subsidiär“ im Sinne von qualitativ weniger gewichtig, sondern als „komplementär“ und grundsätzlich gleichwertig zu Art. 31 WVK zu verstehen ist („complementary”).[6] Noch während der WVK-Kodifizierungsarbeiten war Art. 32 WVK nämlich nicht als eigenständige Norm gefasst, sondern als Art. 71 Abs. 2 WVK-Entwurf (1964, „Application of the general rules“).[7] Dieser regelte die Anwendung der allgemeinen Auslegungsregel[8] und implizierte im unveränderten Wortlaut des heutigen Art. 32 WVK einen automatischen Rückgriff auf ergänzende Auslegungsmittel.

Aufgrund seines fakultativen Wortlauts und seiner klaren Funktion, der systematischen Stellung *nach* der zwingenden Auslegung gemäß Art. 31 WVK sowie seinen travaux préparatoires bzw. der dort betonten, komplementären Natur scheint „ergänzend“ klarstellen zu wollen, dass Art. 32 WVK keine eigenständige Auslegungsmethode darstellt, die etwa alternativ zu Art. 31 WVK angewendet werden könnte.[9] „Ergänzend“ ist eher so zu deuten, dass er die Funktion des Art. 32 WVK als zusätzliche, aber nicht obligatorische Auslegungs*möglichkeit* herausstellt, d. h. dass er im Sinne der ersten Alternative als nachgelagerter Auslegungsschritt zu verstehen ist, dem aber grundsätzlich das gleiche qualitative Gewicht zukommt wie der Auslegung nach Art. 31 WVK.

Daraufhin könnte angenommen werden, dass Art. 32 WVK eine entscheidende Rolle für das Gesamtergebnis der Auslegung des Art. 5 lit. a CEDAW spielen kann. Dies gilt allerdings nicht für alle unter Art. 32 WVK anwendbaren Auslegungsmittel gleichermaßen. Insbesondere die travaux préparatoires eines Vertrags sind im Rahmen des Art. 32 WVK zwar das am häufigsten verwendete, zugleich aber das umstrittenste Auslegungsmittel.[10] Die Umstrittenheit ergibt sich zum einen aus der ungeklärten Frage, welche qualitative Bedeutung ihnen in der ergänzenden Auslegung zukommt. Zum anderen ist aufgrund einer fehlenden Definition der tra-

---

[6] ILC, Summary records of the eighteenth session, 873rd Meeting, Law of treaties (A/CN.4/186 and Addenda; A/CN.4/L.107, L.115) *(continued)*, YBIL 1966, Vol. I, Part II, UN Doc. A/CN.4/SER.A/1966, 202 (206–207 para. 41), 884th Meeting, 268 (270 paras. 33, 35); Villiger, Article 32, in: VCLT Commentary, para. 7.

[7] ILC, Document A/CN.4/167 and Add.1–3: Third Report on the law of Treaties, by Sir Humphrey Waldock, Special Rapporteur, YBIL 1964, Vol. II, UN Doc. A/CN.4/SER.A/1964/ADD.1, 5 (52).

[8] Ibid.

[9] ILC, Document A/6309/Rev.1: Reports of the International Law Commission on the second part of its seventeenth session and on its eighteenth session, YBIL 1966, Vol. II, UN Doc. A/CN.4/SER.A/1966/Add.1, 169 (223 para. 19); Report of the International Law Commission. Seventieth session (30 April-1 June and 2 July-10 August 2018, UN Doc. A/73/10, p. 17: Conclusion 2.4, pp. 20–21 paras. 8–9, p. 51: Conclusion. 7.2, p. 56 para. 15; *Le Bouthillier*, Article 32 Convention of 1969, in: Corten/Klein (eds.), VCLT Commentary, paras. 1, 9.

[10] ILC, Document A/CN.4/167 and Add.1–3: Third Report on the law of Treaties, by Sir Humphrey Waldock, Special Rapporteur, YBIL 1964, Vol. II, UN Doc. A/CN.4/SER.A/1964/ADD.1, 5 (58–59 paras. 20–21); *Dörr*, Article 32, in: Dörr/Schmalenbach (eds.), VCLT Commentary, para. 11.

vaux préparatoires unklar, welche Instrumente als vorbereitende Vertragsarbeiten eines Vertrags gelten und unter Art. 32 WVK berücksichtigt werden können.

5.2 Die qualitative Bedeutung der travaux préparatoires

Mehrere Gründe sprechen dafür, dass die travaux préparatoires nicht dasselbe qualitative Gewicht haben wie die unter Art. 31 WVK ermittelten Auslegungsergebnisse und wie ergänzende Auslegungsmittel, die wie die Staatenpraxis i.w.S. authentische oder quasi-authentische Elemente enthalten. Das Hauptargument dafür ist, dass die travaux préparatoires auf den subjektiv-historischen Willen der Vertragsverfasser abstellen. Der historische Wille spiegelt aber allein das Verständnis der ursprünglichen Vertragsparteien wider, wobei sich dem Vertrag im Zeitverlauf weitere Staaten angeschlossen haben können. Die travaux préparatoires drücken dadurch keinen gemeinsamen authentischen Willen aller Parteien aus,[11] wie es beispielsweise bei Art. 31 Abs. 3 lit. a WVK der Fall ist.[12] Der historische Wille kann zudem missverständlich sein und ist den vorbereitenden Vertragsdokumenten vermutlich niemals vollständig zu entnehmen,[13] was seine Gleichwertigkeit zur Auslegung nach Art. 31 WVK zusätzlich in Frage stellt.

Daran anknüpfend ist mit dem Grundsatz der Auslegung im guten Glauben gemäß Art. 31 Abs. 1 WVK zu argumentieren, dass ein unklares oder offensichtlich sinnwidriges Auslegungsergebnis anhand der travaux préparatoires zwar grundsätzlich zu korrigieren ist. Eine solche Korrektur würde allerdings dem Grundsatz von Treu und Glauben widersprechen, wenn sie auf unvollständige Vertragsdokumente gestützt oder gegen ein Auslegungsergebnis verwendet wird, welches anhand authentischer oder quasi-authentischer Auslegungsmittel erzielt wurde.

In den WVK-Kodifizierungsarbeiten wurde von den Staatenvertretern Israels (Rosenne) und Spaniens (de Luna) mit Verweis auf die völkerrechtliche Rechtsprechung vertreten, dass den travaux préparatoires diesselbe qualitative Bedeutung

---

[11] ILC, Document A/CN.4/167 and Add.1–3: Third Report on the law of Treaties, by Sir Humphrey Waldock, Special Rapporteur, YBIL 1964, Vol. II, UN Doc. A/CN.4/SER.A/1964/ADD.1, 5 (58–59 para. 21); Document A/6309/Rev.1: Reports of the International Law Commission on the second part of its seventeenth session and on its eighteenth session, YBIL 1966, Vol. II, UN Doc. A/CN.4/SER.A/1966/Add.1, 169 (220 para. 10); *Le Bouthillier*, Article 32 Convention of 1969, in: Corten/Klein (eds.), VCLT Commentary, paras. 33–34.

[12] Abschn. 3.7.

[13] ILC, Document A/6309/Rev.1: Reports of the International Law Commission on the second part of its seventeenth session and on its eighteenth session, YBIL 1966, Vol. II, UN Doc. A/CN.4/SER.A/1966/Add.1, 169 (220 para. 10, 222–223 para. 18); *Le Bouthillier*, Article 32 Convention of 1969, in: Corten/Klein (eds.), VCLT Commentary, para. 32; Villiger, Article 32, VCLT Commentary, para. 6.

zukommt wie der Auslegung nach Art. 31 WVK.[14] Die Staatenvertreter haben die von ihnen gemeinte Rechtsprechung allerdings nicht benannt und die ILC vertrat letztlich die Ansicht, dass der Status der travaux préparatoires als ergänzendes Auslegungsmittel aufgrund ihres nicht-authentischen Charakters sowie ihrer möglichen Unvollständigkeit und Missverständlichkeit beizubehalten war.[15] Die ILC verwies damit auf die eben genannten Gründe, die gegen eine qualitative Gleichwertigkeit der travaux préparatoires zur Auslegung nach Art. 31 WVK sowie zu authentischen bzw. quasi-authentischen Auslegungsmitteln unter Art. 32 WVK sprechen.

Der StIGH und der IGH griffen bzw. greifen auf die travaux préparatoires überhaupt nur dann zurück, wenn Art. 31 WVK kein eindeutiges Auslegungsergebnis liefert.[16] Sie scheinen den travaux préparatoires dadurch eine Nachweisfunktion beigemessen zu haben bzw. beizumessen, woraus aber noch nicht hervorgeht, ob die travaux préparatoires ihrer Ansicht nach qualitativ gleichwertig und folglich in der Lage dazu sind, ein nach Art. 31 WVK ermitteltes Auslegungsergebnis zu ändern.

Im Ergebnis ist aus dem Vorstehenden zu schlussfolgern, dass die travaux préparatoires im Verhältnis zu anderen Auslegungsmitteln des Art. 32 WVK sowie zu Art. 31 WVK als qualitativ weniger gewichtig anzusehen sind. Dies gilt insbesondere im Verhältnis zu denjenigen ergänzenden Auslegungsmitteln, die wie die Staatenpraxis i.w.S. jedenfalls einen teilweisen authentischen Willen der Vertragsstaaten zum Ausdruck bringen.[17]

---

[14] ILC, Summary Records of the sixteenth session, 11 May–24 July 1964, 766th meeting, Law of treaties (item 3 of the agenda) (A/CN.4/167/Add.3) (continued), YBIL 1964, Vol. I, UN Doc. A/CN.4/SER.A/1964, 282 (283 para. 17, Mr. Rosenne, 285 para. 40, Mr. de Luna).

[15] ILC, Document A/6309/Rev.1: Reports of the International Law Commission on the second part of its seventeenth session and on its eighteenth session, YBIL 1966, Vol. II, UN Doc. A/CN.4/SER.A/1966/Add.1, 169 (220 para. 10).

[16] PCIJ, *Polish Postal Service in Danzig* (Poland v. High Commissioner of the League of Nations and Free City of Danzig), Advisory Opinion, 16 May 1925, P.C.I.J. Series B, No. 11, 6 (39–40); *S.S. 'Lotus'* (France v. Turkey), P.C.I.J. Series A No. 10, Judgement, 7 September 1927, 4 (16); *Case Concerning the Payment of Various Serbian Loans Issued in France* (France v. the Kingdom of the Serbs, Croats, and Slovenes), Judgement, 12 July 1929, P.C.I.J. Series A No. 20, 5 (30); ICJ, *Conditions of Admission of a State to the United Nations (Charter, Art. 4)*, Advisory Opinion, I.C.J. Reports 1948, 57 (63); *Competence of Assembly regarding admission to the United Nations*, Advisory Opinion, I.C.J. Reports 1950, 4 (8); ILC, Document A/CN.4/167 and Add.1–3: Third Report on the law of Treaties, by Sir Humphrey Waldock, Special Rapporteur, YBIL 1964, Vol. II, UN Doc. A/CN.4/SER.A/1964/ADD.1, 5 (58 paras. 20–21); *Dörr*, Article 32, in: Dörr/Schmalenbach (eds.), VCLT Commentary, paras. 30.

[17] ILC, Document A/CN.4/167 and Add.1–3: Third Report on the law of Treaties, by Sir Humphrey Waldock, Special Rapporteur, YBIL 1964, Vol. II, UN Doc. A/CN.4/SER.A/1964/ADD.1, 5 (58 para. 21); Document A/6309/Rev.1: Reports of the International Law Commission on the second part of its seventeenth session and on its eighteenth session, YBIL 1966, Vol. II, UN Doc. A/CN.4/SER.A/1966/Ald.1, 169 (220 para. 10).

5.3 Die als travaux préparatoires in Betracht kommenden Auslegungsinstrumente

Die travaux préparatoires sind in der WVK nicht definiert. Eine Definition wurde bewusst ausgespart, um mögliche Quellen nicht voreilig auszuschließen.[18] Durch die fehlende Definition ist aber vor allem unklar, welche Art von Dokumenten als vorbereitende Vertragsarbeiten berücksichtigt werden kann. Zudem ist der zeitliche Rahmen fraglich, d. h. wie weit „vorbereitend" in die Historie zurückreicht.[19]

In Hinblick auf die Art der in Betracht kommenden Instrumente gilt als Grundsatz, dass nur veröffentliche, möglicherweise auch nur schriftliche Dokumente heranzuziehen sind. Die Trennlinie verläuft dort, wo die Absichten der Vertragsverfasser für die Außenwelt ersichtlich sind, was insbesondere individuelle Gedanken und mündliche, nicht dokumentierte Stellungnahmen ausschließt.[20]

Unerheblich für die Anwendbarkeit der travaux préparatoires bei multilateralen Verträgen wie der CEDAW scheint es zu sein, ob alle ursprünglichen Staaten an den Vertragsverhandlungen beteiligt waren.[21] Zwar hatte der StIGH im *River Oder*-Fall davon abgesehen, die vorbereitenden Protokolle der Kommission für Häfen, Wasserstraßen und Eisenbahnen für die Auslegung der Bestimmungen über die Oder im VFV[22] zu berücksichtigen, weil drei der Streitparteien nicht daran teilgenommen hatten.[23] Streitgegenständlich in diesem Fall war die räumliche Zuständigkeit der Oderkommission unter Art. 344 VFV, zwei Nebenarme der Oder (Warthe und Netze) als internationale Wasserstraßen i. S. v. Art. 331 VFV einzuordnen.[24] Nach Art. 331 VFV sollten nur diejenigen schiffbaren Flussgebiete der Oder auch als internationale Wasserstraße gelten, wenn sie von mehr als einem Staat als natürlicher

[18] ILC, Document A/CN.4/167 and Add.1–3: Third Report on the law of Treaties, by Sir Humphrey Waldock, Special Rapporteur, YBIL 1964, Vol. II, UN Doc. A/CN.4/SER.A/1964/ADD.1, 5 (58 para. 21); Document A/6309/Rev.1: Reports of the International Law Commission on the second part of its seventeenth session and on its eighteenth session, YBIL 1966, Vol. II, UN Doc. A/CN.4/SER.A/1966/Add.1, 169 (223 para. 20); *Le Bouthillier*, Article 32 Convention of 1969, in: Corten/Klein (eds.), VCLT Commentary, paras. 21–22.

[19] *Dörr*, Article 32, in: Dörr/Schmalenbach (eds.), VCLT Commentary, para. 11.

[20] Vgl. ILC, Document A/6309/Rev.1: Reports of the International Law Commission on the second part of its seventeenth session and on its eighteenth session, 1966, Vol. II, UN Doc. A/CN.4/SER.A/1966/Add.1, 169 (223 para. 20); *Dörr*, Article 32, in: Dörr/Schmalenbach (eds.), VCLT Commentary, paras. 12; *Le Bouthillier*, Article 32 Convention of 1969, in: Corten/Klein (eds.), VCLT Commentary, paras. 23, 26, 36.

[21] ILC, Document A/6309/Rev.1: Reports of the International Law Commission on the second part of its seventeenth session and on its eighteenth session, YBIL 1966, Vol. II, UN Doc. A/CN.4/SER.A/1966/Add.1, 169 (223 para. 20); *Le Bouthillier*, Article 32 Convention of 1969, in: Corten/Klein (eds.), VCLT Commentary, para. 31.

[22] Peace Treaty of Versailles, entry into force 10 January 1920.

[23] PCIJ, *Case relating to the Territorial Jurisdiction of the International Commission on the River Oder* (U.K. v. Poland), Order, 15 August 1929, 1929 P.C.I.J. Series A No. 23, p. 42.

[24] PCIJ, *Case relating to the Territorial Jurisdiction of the International Commission on the River Oder* (U.K. v. Poland), Judgement, 10 September 1929, 1929 P.C.I.J. Series A No. 23, p. 16.

Zugang zum Meer genutzt werden konnten. In den Kodifizierungsarbeiten zu Art. 32 WVK wurde die Ansicht des StIGH im *River Oder*-Fall zurückgewiesen, weil sie nach der Meinung der ILC nicht der Staatenpraxis entsprach.[25]

Weiterhin müssen die als travaux préparatoires in Betracht kommenden Instrumente in den Verhandlungsprozess einbezogen worden sein, was beispielsweise unilaterale Stellungnahmen ausschließt.[26] Die Instrumente müssen nach der IGH-Rechtsprechung auch direkt auf den späteren Vertrag bezogen sein.[27] Dementsprechend können beispielsweise die Verhandlungen zur DEDAW, die der CEDAW als rechtsunverbindliche Deklaration vorausging, nicht *strictu sensu* unter die travaux préparatoires der CEDAW fallen, möglicherweise aber dennoch als „circumstances of its conclusion" unter Art. 32 WVK beachtlich sein.[28]

Unter den genannten Voraussetzungen können als travaux préparatoires der CEDAW Dokumente wie Entwürfe, Memoranden und Stellungnahmen der Staaten und Arbeitskommissionen berücksichtigt werden. Die weiteren Faktoren, die das qualitative Gewicht dieser Auslegungsmittel bestimmen, sind vor allem ihre Relevanz für die Auslegung des Art. 5 lit. a CEDAW, die Anzahl der beteiligten Parteien, die Konsistenz und Klarheit der mit ihnen zum Ausdruck kommenden Ansichten sowie der zeitliche Abstand zu ihrer Anwendung.[29]

---

[25] ILC, Document A/6309/Rev.1: Reports of the International Law Commission on the second part of its seventeenth session and on its eighteenth session, YBIL 1966, Vol. II, UN Doc. A/CN.4/SER.A/1966/Add.1, 169 (223 para. 20); *Le Bouthillier*, Article 32 Convention of 1969, in: Corten/Klein (eds.), VCLT Commentary, para. 31.

[26] ICJ, *Oil Platforms* (Islamic Republic of Iran v. United States of America), Preliminary Objection, Judgement, I.C.J. Reports 1996, 803 (814–815 para. 29); *Dörr*, Article 32, in: Dörr/Schmalenbach (eds.), VCLT Commentary, paras. 14–15; *Le Bouthillier*, Article 32 Convention of 1969, in: Corten/Klein (eds.), VCLT Commentary, para. 27.

[27] ICJ, *LaGrand* (Germany v. United States of America), Judgement, I.C.J. Reports 2001, 466 (504–505 paras. 105–107); *Legality of Use of Force* (Serbia and Montenegro v. Germany), Preliminary Objections, Judgement, I.C.J. Reports 2004, 720 (759–764 paras. 101–111); *Dörr*, Article 32, in: Dörr/Schmalenbach (eds.), VCLT Commentary, para. 19.

[28] Vgl. ICJ, *LaGrand* (Germany v. United States of America), Judgement, I.C.J. Reports 2001, 466 (504–505 paras. 105–107); *Legality of Use of Force* (Serbia and Montenegro v. Germany), Preliminary Objections, Judgement, I.C.J. Reports 2004, 720 (759–764 paras. 101–111); ILC, Document A/CN.4/167 and Add.1–3: Third Report on the law of Treaties, by Sir Humphrey Waldock, Special Rapporteur, YBIL 1964, Vol. II, UN Doc. A/CN.4/SER.A/1964/ADD.1, 5 (59 para. 22); *Le Bouthillier*, Article 32 Convention of 1969, in: Corten/Klein (eds.), VCLT Commentary, paras. 39–40.

[29] *Dörr*, Article 32, in: Dörr/Schmalenbach (eds.), VCLT Commentary, para. 20.

5.4 Die travaux préparatoires

Aus den travaux préparatoires des Art. 5 lit. a CEDAW ergibt sich eine Klarstellung seines Geschlechtsverständnisses sowie der unter ihm zu ergreifenden Maßnahmen. Beide sind nach der bisherigen Auslegung mehrdeutig bzw. unklar i. S. v. Art. 32 lit. a WVK.

5.4.1 Die Unumstrittenheit des Begriffs „Frau"

Der Begriff „Frau" ist in der CEDAW nicht definiert.[30] Den travaux préparatoires kann weder eine Begründung dafür entnommen werden, weshalb eine Definition ausgespart wurde. Noch finden sich Anhaltspunkte dafür, dass der Begriff überhaupt umstritten war. Dass der Begriff „Frau" in den Kodifizierungsarbeiten nicht hinterfragt wurde, impliziert seine Klarheit zum Kodifizierungszeitpunkt. Schon oben wurde festgestellt, dass zur Entstehungszeit der CEDAW über das biologische Verständnis hinausgehende Geschlechtsmodelle noch nicht bekannt waren,[31] woraufhin anzunehmen ist, dass dem Begriff „Frau" das im westlichen Kulturkreis zu diesem Zeitpunkt vorherrschende humanmedizinisch-biologische Verständnis zugrunde lag.

Der CEDAW-Ausschuss scheint ebenfalls der Ansicht zu sein, dass die Vertragsverfasser von einem biologischen Geschlecht als einer vordiskursiven Kategorie ausgingen, wenn er nun hervorhebt, dass ihr Diskriminierungsschutz nicht nur Benachteiligungen aufgrund des biologischen Geschlechts, sondern auch aufgrund des Gender erfasst.[32]

Allerdings zeigen die travaux préparatoires weiterhin, dass die CEDAW-Vertragsverfasser Geschlechterstereotype und Rollenbilder als eines der größten Hindernisse der Gleichheit zwischen Frauen und Männern ansahen.[33] Zudem deutet die im Folgenden aufgezeigte Einbeziehung von Rollenbildern und der Betonung der Mutterschaft als soziales Gemeinwohlinteresse darauf hin, dass sie von einer gewissen sozialen „Gemachtheit" des Geschlechts ausgingen.

---

[30] Abschn. 2.2.

[31] Ibid.

[32] CEDAW Committee, General recommendation No. 28 on the core obligations of States parties under article 2 of the Convention on the Elimination of All Forms of Discrimination against Women, 16 December 2010, UN Doc. CEDAW/C/GC/28, paras. 3, 5.

[33] ECOSOC, Commission on the Status of Women, Draft Report of the Commission on the Status of Women on its Twenty-Fifth Session, 22 January 1974, UN Doc. E/CN.6/L.660/Add.1, para. 7; Commission on the Status of Women, Draft Report of the Commission on the Status of Women on its Twenty-Fifth Session, 31 January 1974, UN Doc. E/CN.6/L.660/Add.12, paras. 3, 6–9.

5.4.2 *Die Einbeziehung von Rollenbildern*

Die travaux préparatoires des Art. 5 lit. a CEDAW legen nahe, dass sich die Vertragsverfasser über die Bedeutung sozialer Zuschreibungen für die Benachteiligung von Frauen bewusst waren. Diskrepanzen zeigen sich aber zwischen den damaligen sozialistischen und nicht-sozialistischen Staaten in Hinblick auf die Frage, ob die Mutter- und Vaterrolle mit den gleichen (familiären) Verpflichtungen verbunden sind.

Diese Ansicht wird zunächst mit dem von der Sowjetunion vorgelegten Art. 6 CEDAW-Entwurf (7. Januar 1974) ersichtlich. Ihm kann die Annahme entnommen werden, dass benachteiligende Stereotype allein auf der Annahme einer Unterlegenheit der Frau basieren und die Gleichstellung von Frauen zu Männern durch die Anerkennung der Mutterschaft als einer sozialen Rolle gefördert werden kann.[34]

Auf der Grundlage der vorliegenden Entwürfe und einem Vorschlag der Sowjetunion und der Philippinen[35] fasste die CEDAW-Arbeitsgruppe Geschlechterstereotype im Januar 1974 erstmals in Art. 5 CEDAW. Mit Art. 5 Abs. 1 CEDAW-Entwurf (14. Januar 1974) wurden Rollenbilder in die travaux préparatoires eingebracht und dort mit der Anerkennung der Mutterschaft als ein Gemeinwohlinteresse der gesamten Staatenwelt verbunden.[36] Das Gros der sozialistischen Staaten sprach sich im Rahmen des späteren Art. 5 CEDAW-Entwurf für die Bedeutung der Mutterrolle und ihren Status als Gemeinwohlziel aus (21. Juni 1976). Die nicht-sozialistischen Staaten bevorzugten eine Formulierung, welche die Mutterschaft durch die allgemeinere Formulierung „stereotyped roles for women" ersetzte.[37]

---

[34] ECOSOC, Consideration of Proposals Concerning a new Instrument or Instruments of International Law to Eliminate Discrimination against Women, Working paper submitted by the Union of Soviet Socialist Republics, 7 January 1974, UN Doc. E/CN.6/AC.1/L.2, p. 4.

[35] ECOSOC, Working Group on a new Instrument or Instruments of International Law to Eliminate Discrimination against Women, Draft Convention on the Elimination of All Forms of Discrimination against Women, Working paper submitted by the Philippines and the Union of Soviet Socialist Republics, Corrigendum, 10 January 1974, UN Doc. E/CN.6/AC.1/L.4/Corr.1, p. 1.

[36] ECOSOC, Commission on the Status of Women, Working Group on a new Instrument or Instruments of International Law to Eliminate Discrimination against Women, Draft Report of the Working Group to the Commission on the Status of Women, 14 January 1974, UN Doc. E/CN.6/AC.1/L.12, p. 9.

[37] ECOSOC, Commission on the Status of Women, Twenty-sixth session, International Instruments Relating to the Status of Women, Draft Convention on the Elimination of All Forms of Discrimination Against Women, Working paper prepared by the Secretary-General, 21 June 1976, UN Doc. E/CN.6/591, pp. 16–17 paras. 68–72; Commission on the Status of Women, Twenty-sixth session, Summary Record of the 636th Meeting, 17 September 1976, UN Doc. E/CN.6/SR.636, p. 2 para. 6; Commission on the Status of Women, International Instruments Relating to the Status of Women, Draft Convention on the Elimination of All Forms of Discrimination Against Women, Cuba: Amendment to the Draft Convention on the elimination of all forms of discrimination against women (E/CN.6/591 and Add.1), 16 September 1976, UN Doc. E/CN.6/L.676, p. 1; GA, Draft Convention on the Elimination of Discrimination against Women, Report of the Secretary-General, 21 September 1977, UN Doc. A/32/218, para. 43.

In den folgenden Vertragsarbeiten wandten sich die nicht-sozialistischen Staaten von der Betonung der Mutterrolle ab. Entwürfe Belgiens und Frankreichs[38] sowie der USA[39] sahen für Art. 5 CEDAW-Entwurf (16. September 1976) einen zweiten Absatz vor, der erstmals die gleichberechtigte Verantwortung der Eltern in Familienangelegenheiten erwähnte und der von den übrigen Staaten überwiegend befürwortet[40] wurde.

Die gleichberechtigte Verantwortung beider Eltern wurde in Art. 5 CEDAW-Entwurf (29. November 1976) beibehalten, welcher bereits annähernd den heutigen Wortlaut erreicht hatte.[41] Am 15. November 1977 wurde der Wortlaut des heutigen Art. 5 lit. a CEDAW ohne Gegenstimmen angenommen.[42] Der Wortlaut des heutigen Art. 5 lit. b CEDAW war zu diesem Zeitpunkt noch unklar, weil die Staaten keine Übereinstimmung in Hinblick auf die Verteilung der familiären Verantwortungen zwischen Frauen und Männern erzielt hatten.[43] Am 18. November

---

[38] ECOSOC, Commission on the Status of Women, Twenty-sixth session, International Instruments Relating to the Status of Women, Draft Convention on the Eliminations of All Forms of Discrimination Against Women, Belgium and France: Amendment to the draft convention on the elimination of all forms of discrimination against women (E/CN.6/591 and. Add.1), 16 September 1976, UN Doc. E/CN.6/L.677.

[39] ECOSOC, Commission on the Status of Women, Twenty-sixth session, International Instruments Relating to the Status of Women, Draft Convention on the Eliminations of All Forms of Discrimination Against Women, United States of America: Amendment to the draft convention on the elimination of all forms of discrimination against women (E/CN.6/591 and. Add.1), 16 September 1976, UN Doc. E/CN.6/L.678.

[40] ECOSOC, Commission on the Status of Women Twenty-sixth Session, Summary Record of the 636th Meeting, 17 September 1976, UN Doc. E/CN.6/SR.636, pp. 6–8 paras. 46–57, 60–62, 67; vgl. auch GA, Draft Convention on the Elimination of Discrimination against Women, Report of the Secretary-General, 21 September 1977, UN Doc. A/32/218, para. 46.

[41] ECOSOC, Commission on the Status of Women, Resumed twenty-sixth session, Draft Convention on the Elimination of All Forms of Discrimination Against Women, 29 November 1976, UN Doc. E/CN.6/L.699, p. 3.

[42] GA, Thirty-second session, United Nations Decade for Women: Equality, Development and Peace, Draft Convention on the Elimination of Discrimination against Women, 28 November 1977, UN Doc. A/C.3/32/WG.1/CRP.9, pp. 7–8; Thirty-second session, United Nations Decade for Women: Equality, Development and Peace, Report of the Working Group of the Whole. On the Drafting of the Convention on the Elimination of Discrimination against Women, 6 December 1977, UN Doc. A/C.3/32/L.59, p. 19 para. 99.

[43] GA, Thirty-second session, United Nations Decade for Women: Equality, Development and Peace, Draft Convention on the Elimination of Discrimination against Women, 28 November 1977, UN Doc. A/C.3/32/WG.1/CRP.9, p. 8; Thirty-second session, United Nations Decade for Women: Equality, Development and Peace, Report of the Working Group of the Whole. On the Drafting of the Convention on the Elimination of Discrimination against. Women, 6 December 1977, UN Doc. A/C.3/32/L.59, pp. 19–20 paras. 100–106; ECOSOC, Commission on the Status of Women, Twenty-sixth Session, Summary Record of the 638th Meeting, 20 September 1976, UN Doc. E/CN.6/SR.638, pp. 2–4 paras. 3–28; Adoption of the Report of the Commission on its Twenty-Sixth Session, Draft Report, 27 September 1976, UN Doc. E/CN.6/L.681/Add.1, pp. 7–8 paras. 17–24.

1977 wurde Art. 5 anstelle zweier Absätze in einen Obersatz sowie die lit. a und b gegliedert.[44]

Die travaux préparatoires lassen den Schluss zu, dass die CEDAW-Verfasser von einer besonderen gesellschaftlichen Bedeutung der Frau als Mutter ausgingen. Die sozialistischen Staaten scheinen dabei der Ansicht gewesen zu sein, dass Benachteiligungen durch eine verstärkte Anerkennung der Mutterrolle verringert bzw. beseitigt werden können. Die nicht-sozialistischen scheinen demgegenüber der Auffassung gewesen zu sein, dass es gerade der Frau allein zugeschriebene familiäre Rollen sind, die zu Diskriminierungen führen können, d. h. dass es nicht auf eine einseitige Betonung der Mutterrolle ankommt, sondern auf geteilte Verantwortlichkeiten der Mutter- und Vaterrolle.

Die letztgenannte Ansicht hat sich im Ergebnis durchgesetzt. Dies zeigt sich darin, dass die Mutterschaft heute in Art. 5 lit. b CEDAW behandelt wird und dort im Zusammenhang zu Maßnahmen steht, die auf familienbezogene Aufklärungs- und Bildungsprogramme zur Anerkennung der gemeinsamen Verantwortung von Mann und Frau für die Erziehung ihrer Kinder gerichtet sind.[45]

Aus der Aufnahme von Rollenbildern und der sozialen Bedeutung der Mutterschaft in Art. 5 lit. a CEDAW kann in Bezug auf sein Geschlechtsverständnis aber nicht geschlussfolgert werden, dass die CEDAW-Verfasser das Geschlecht auch i.S.d. heutigen Modells eines Genders bzw. der oben erklärten sozialen Konstruktion des Geschlechts verstanden. Dies ist schon deshalb ausgeschlossen, weil es den CEDAW-Verfassern während der Kodifizierung noch nicht bekannt war.[46] Die CEDAW wurde in den Jahren 1972 bis 1979 auf der Grundlage der DEDAW aus dem Jahr1967 erarbeitet.[47] Zu diesem Zeitpunkt lagen die Differenzierung zwischen dem biologischen und dem sozialen Geschlecht[48] sowie erste Konzepte der sozialen Geschlechtskonstruktion[49] noch gut 15 bis 20 Jahre entfernt.

Im Ergebnis ist festzuhalten, dass den CEDAW-Verfassern insbesondere aufgrund der Unumstrittenheit des Geschlechts in der CEDAW das zum damaligen Zeitpunkt herrschende humanmedizinisch-biologische Verständnis zugrunde lag, wobei sie sich aber der sozial-konstruierten Unterschiede, die an das biologische Geschlecht geknüpft werden und welche mit den Benachteiligungen der Frau verbunden sind, bewusst waren.

---

[44] GA, Thirty-second session, United Nations Decade for Women: Equality, Development and Peace, Draft Convention on the Elimination of Discrimination against Women, 18 November 1977, UN Doc. A/C.3/32/WG.1/CRP.6/Add. 6.

[45] Abschn. 3.4.

[46] So explizit *Schulz/Halperin-Kaddari/Rudolf*, Introduction, in: Schulz et al. (eds.), CEDAW Commentary, 1 (24).

[47] *Schulz/Halperin-Kaddari/Rudolf*, Introduction, in: Schulz et al. (eds.), CEDAW Commentary, 1 (7–10).

[48] Butler, Gender Trouble: Feminism and the Subversion of Identity (1990); Bodies that matter (1993); Excitable Speech. A Politics of the performance (1997).

[49] *West/Zimmerman*, Doing Gender, in: Gender and Society 1(2), 1987, 125; vgl. auch *Villa*, (De) Konstruktion und Diskurs-Genealogie: Zur Position und Rezeption von Judith Butler, in: Becker/ Kortendiek (eds.), Handbuch Frauen- und Geschlechterforschung, 146 (146–147).

5.4.3 *Alle erforderlichen Maßnahmen*

Art. 5 lit. a CEDAW beruht zu weiten Teilen auf Art. 3 DEDAW. Dieser fordert von den Vertragsstaaten Maßnahmen zur Aufklärung über geschlechtsbezogene Vorurteile und diskriminierende traditionelle Bräuche und Praktiken.[50] Der erste CEDAW-Entwurf der Philippinen (Art. 4 CEDAW-Entwurf, 6. November 1973) war in seinem ersten Absatz eng an Art. 3 DEDAW orientiert und forderte zur Beseitigung aller Praktiken, die auf Annahmen der Unterlegenheit von Frauen beruhen, sofortige, wirksame und geeignete Maßnahmen insbesondere im Bereich der Bildung und Kultur mit dem Ziel, die öffentliche Meinung über benachteiligende Stereotype aufzuklären.[51]

Der folgende von der Sowjetunion vorgelegte Entwurf basierte ausdrücklich auf der DEDAW[52] und sah das Ergreifen aller geeigneten Maßnahmen für einen Wandel von Vorurteilen und Praktiken in der öffentlichen Meinung vor, die auf Annahmen der Unterlegenheit von Frauen basierten („all necessary means with a view to preparing public opinion for the complete eradication of prejudices, customs and all other practices based on the concept of the inferiority of women", Art. 6 CEDAW-Entwurf, 7. Januar 1974).[53]

Der von der CEDAW-Arbeitsgruppe eingebrachte Art. 5 CEDAW-Entwurf (14. Januar 1974)[54] war in beiden Alternativtexten ebenfalls noch auf Aufklärungs- bzw. Bildungsmaßnahmen begrenzt[55] und wurde erst mit Art. 5 CEDAW-Entwurf (21. Juni 1976) aufgegeben. Zu diesem Art. 5 CEDAW-Entwurf hatte Mexiko

---

[50] Vgl. auch ECOSOC, Commission on the Status of Women, Twenty-fourth session, International Instruments and National Standards Relating to the Status of Women, Study of Provisions in existing convention that relate to the status of women, Report of the Secretary-General, 21 January 1972, UN Doc. E/CN.6/552, para. 36.

[51] ECOSOC, Commission on the Status of Women, twenty-fifth session, International Instruments and National Standards Relating to the Status of Women, Consideration of Proposals Concerning a New Instrument or Instruments of International Law to Eliminate Discrimination Against Women, Working paper by the Secretary-General, 6 November 1973, UN Doc. E/CN.6/573, Annex I, p. 2.

[52] ECOSOC, Commission on the Status of Women, Working Group on a new Instrument or Instruments of International Law to Eliminate Discrimination against Women, Draft Report of the Working Group to the Commission on the Status of Women, 14 January 1974, UN Doc. E/CN.6/AC.1/L.12, paras. 15–16.

[53] ECOSOC, Consideration of Proposals Concerning a new Instrument or Instruments of International Law to Eliminate Discrimination against Women, Working paper submitted by the Union of Soviet Socialist Republics, 7 January 1974, UN Doc. E/CN.6/AC.1/L.2, p. 4.

[54] ECOSOC, Working Group on a new Instrument or Instruments of International Law to Eliminate Discrimination against Women, Draft Convention on the Elimination of All Forms of Discrimination against Women, Working paper submitted by the Philippines and the Union of Soviet Socialist Republics, Corrigendum, 10 January 1974, UN Doc. E/CN.6/AC.1/L.4/Corr.1, p. 1.

[55] ECOSOC, Commission on the Status of Women, Working Group on a new Instrument or Instruments of International Law to Eliminate Discrimination against Women, Draft Report of the Working Group to the Commission on the Status of Women, 14 January 1974, UN Doc. E/CN.6/AC.1/L.12, p. 9.

vorgeschlagen, dass „educate public opinion“ entfallen sollte.[56] Der Grund hierfür war allerdings nicht die Sorge um eine fehlende Wirksamkeit von Aufklärungs- und Bildungsprogrammen, sondern das Bedürfnis nach einer formalen Kohärenz zur zeitlich nahestehenden Deklaration von Mexiko.[57]

Die travaux préparatoires bestätigen in summa das Ergebnis der bisherigen Auslegung, dass die unter Art. 5 lit. a CEDAW zu ergreifenden Maßnahmen nicht auf Aufklärungs- und Bildungsprogramme beschränkt sind.[58] Dies erklärt sich dadurch, dass sich die Staatenpflicht unter Art. 5 lit. a CEDAW, alle geeigneten Maßnahmen zu ergreifen, an seinem eigenständigen, wiederum selbst nicht rechtsverbindliches Regelungsziel (Wandel in den Verhaltensmustern von Frauen und Männern) bemisst.[59] Die Maßnahmen können dementsprechend je nach den Verhältnissen eines Vertragsstaates und i. V. m. Art. 4 Abs. 1[60] und Art. 3 CEDAW[61] auch Maßnahmen erfassen, die über Aufklärungs- und Bildungsprogramme hinausgehen. Dies gilt umso mehr, wenn Art. 5 lit. a CEDAW in seiner auslegungsanleitenden Funktion als Grundlagenartikel i. V. m. den besonderen Diskriminierungsverboten der Art. 6 bis 16 CEDAW wirkt. Hier ist es offensichtlich, dass eine Diskriminierung aufgrund von Geschlechterstereotypen im Berufsleben (Art. 5 lit. a i. V. m. Art. 11 Abs. 1 CEDAW) andere Maßnahmen erfordert als eine Benachteiligung beim Recht auf Familienbeihilfen aufgrund stereotyper Rollenerwartungen (Art. 5 lit. a i. V. m. Art. 13 lit. a CEDAW).

Literatur

Corten, Olivier/Klein, Pierre (eds.): The Vienna Conventions on the Law of Treaties. A Commentary. Volume 1, Oxford 2011

Crema, Luigi: Subsequent Agreement and Subsequent Practice within and outside the Vienna Convention, in: Nolte, Georg (ed.), Treaties and Subsequent Practice, Oxford 2013, pp. 13–28

Dörr, Oliver/Schmalenbach, Kirsten (eds.): Vienna Convention on The Law of Treaties. A Commentary, 2nd edition, Berlin 2018

Grabenwarter, Christoph/Pabel, Katharina (eds.): Europäische Menschenrechtskonvention. Ein Studienbuch, 7th edition, München 2021

Grewe, Constance: Vergleich zwischen den Interpretationsmethoden europäischer Verfassungsgerichte und des Europäischen Gerichtshofes für Menschnerechte, in: ZaöRV 61, 2001, pp. 459–473

Karpenstein, Ulrich/Mayer, Franz C. (eds.): Konvention zum Schutz der Menschenrechte und Grundfreiheiten: EMRK, Kommentar, 3rd edition, München 2022

---

[56] ECOSOC, Commission on the Status of Women Twenty-sixth Session, Summary Record of the 636th Meeting, 17 September 1976, UN Doc. E/CN.6/SR.636, p. 2 para. 2.

[57] Ibid.

[58] Abschn. 2.7.2.

[59] Abschn. 4.2.

[60] Abschn. 4.1.5.3.

[61] Abschn. 4.1.5.4.

Matscher, Franz: Methods of Interpretation of the Convention, in: Macdonald, Ronald/Matscher, Franz/Petzold, Herbert (eds.), The European System for the Protection of Human Rights, Dordrecht 1993, pp. 63–81

Schulz, Patricia/Halperin-Kaddari, Ruth/Rudolf, Beate/Freeman, Marsha A. (eds.): The UN Convention on the Elimination of All Forms of Discrimination Against Women. A Commentary, 2nd edition, Oxford 2022

Villa, Paula-Irene: (De)Konstruktion und Diskurs-Genealogie: Zur Position und Rezeption von Judith Butler, in: Becker, Ruth/Kortendiek, Beate (eds.), Handbuch Frauen- und Geschlechterforschung. Theorie, Methoden, Empirie, 3rd edition, Wiesbaden 2010, pp. 146–157

Villiger, Mark Eugen: Commentary on the 1969 Vienna on the Law of Treaties, Leiden 2009

West, Candace/Zimmermann, Don H.: Doing Gender, in: Gender and Society 1(2), 1987, pp. 125–15

Kapitel 6
Besondere Fragen zur Umsetzung der CEDAW

In den bisherigen Untersuchungen wurden drei Bereiche ausgespart, da sie nicht unter die Auslegung des Art. 5 lit. a CEDAW gemäß Art. 31 und 32 WVK gefasst werden können. Dabei handelt es sich um die extraterritoriale Anwendbarkeit der CEDAW, die Vorbehalte und Interpretationserklärungen der Vertragsstaaten gegen CEDAW-Normen sowie die Vereinbarkeit des Islam mit der CEDAW. Aufgrund ihrer gleichwohl generellen Bedeutung werden die diesbezüglichen Fragen in diesem separaten Abschlusskapitel behandelt.

6.1 Die extraterritoriale Anwendbarkeit der CEDAW

6.1.1 Begriffsklärung

Die Untersuchungen zur extraterritorialen Anwendbarkeit der CEDAW sind komplex und erfordern bereits eine Klärung dessen, welche Szenarien unter den Begriff „extraterritorial" zu fassen sind. Diese Frage stellt sich angesichts einer fehlenden Definition des Begriffes,[1] wobei Art. 29 WVK die Extraterritorialität gerade nicht regelt.[2] Art. 29 WVK betrifft allein den territorialen Geltungsbereich eines

[1] *Karagiannis*, Article 29 Convention of 1969, in: Corten/Klein (eds.), VCLT C ommentary, para. 60.

[2] ILC, Summary records of the eighteenth session, 851st Meeting, Law of treaties (item 1 of the agenda) (A/CN.4/L.115) (continued), Article 57 (The territorial scope of a treaty) (continued), YBIL 1966, Vol. I, Part II, 48 (54 para. 65); Document A/6309/Rev.1: Reports of the International Law Commission on the second part of its seventeenth session and on its eighteenth session, YBIL 1966, Vol. II, UN Doc. A/CN.4/SER.A/1966/Add.1. 169 (213–214 para. 5); *Karagiannis*, Article 29 Convention of 1969, in: Corten/Klein (eds.), VCLT Commentary, para. 61; *Odendahl*, Article

J. Bertram, *Der völkerrechtliche Diskriminierungsschutz gegen Benachteiligungen der Frau aufgrund von Geschlechterstereotypen und Rollenbildern*, https://doi.org/10.1007/978-3-662-73250-2_6

völkerrechtlichen Vertrags und stellt sich damit als Antithese zur Extraterritorialität dar,[3] woraus sich aber Präzisierungen für diesen Begriff ergeben.

In Betracht kommt zum einen, die Extraterritorialität darauf zu beziehen, dass die Rechte und Pflichten eines Vertrags auf dem Gebiet eines Staates angewendet werden, der nicht selbst Vertragsstaat, d. h. nicht an dessen Rechte und Pflichten gebunden ist.[4] Zum anderen kann die Extraterritorialität darauf bezogen sein, einen Vertrag in dem Hoheitsgebiet eines anderen Vertragsstaats anzuwenden.[5] Auf eine Unterscheidung dieser beiden Szenarien kommt es hier nicht an, weil es allein um die Frage nach der Geltung der CEDAW außerhalb des Hoheitsgebiets eines Vertragsstaates geht und nicht auch darum, welche rechtlichen Implikationen sich daraus für den extraterritorial betroffenen Staat ergeben. Eine Unterscheidung wäre nur im letztgenannten Fall erforderlich. Der Begriff „Extraterritorialität" meint demnach im Folgenden alle Situationen, in denen die CEDAW außerhalb des Hoheitsgebiets eines Vertragsstaates Anwendung findet.

6.1.2 Die Bedeutung einer fehlenden Regelung zur räumlichen Anwendbarkeit

Die CEDAW enthält keine Norm, welche ihren räumlichen Geltungsbereich regelt. Dadurch unterscheidet sie sich zunächst von ihrem eigenen Fakultativprotokoll, welches die Eingabe von Individualbeschwerden einzelner Frauen oder Personengruppen wegen mutmaßlicher CEDAW-Verletzungen in Art. 2 CEDAW-FP daran bindet, dass die Beschwerdeführerinnen der Hoheitsgewalt des Vertragsstaates unterliegen, gegen den sie die Rechtsverletzung geltend machen („Communications may be submitted by or on behalf of individuals or groups of individuals, *under the jurisdiction of a State Party* […] [Hervor. d. Verf.]. ").[6]

Die fehlende Regelung ihrer räumlichen Anwendbarkeit hat die CEDAW mit der ebenfalls asymmetrischen BRK sowie dem IPwskR gemeinsam. Durch die fehlende Gebietsbestimmung unterscheiden sich diese Verträge von Menschenrechtsverträgen, die für vereinzelte Normen die ausgeübte Hoheitsgewalt der Vertragsstaaten voraussetzen. Vereinzelte Hoheitsgewaltsbestimmungen finden sich im universellen Menschenrechtsschutz in der Anti-Rassismuskonvention (Art. 3 und Art. 6) und in der Anti-Folterkonvention (Art. 2 Abs. 1, Art. 5 und Art. 6). Des Weiteren unterscheiden sich die CEDAW, die BRK und der IPwskR durch ihre fehlende Gebiets-

---

29, in: Dörr/Schmalenbach (eds.), VCLT Commentary, para. 34; Milanovich, Extraterritorial Application of Human Rights Treaties, p. 10.

[3] Ibid.

[4] *Karagiannis*, Article 29 Convention of 1969, in: Corten/Klein (eds.), VCLT Commentary, paras. 60, 63.

[5] Ibid., para. 60.

[6] *Campbell/Connors*, Optional Protocol, in: Schulz et al. (eds.), CEDAW Commentary, 823 (833, 839).

bestimmung im universellen Menschenrechtsschutz vom IPpbR sowie von der KRK und auf der regionalen Ebene von der AMRK und der EMRK. Diese Verträge regeln ihren Anwendungsbereich *ratione loci* jeweils für die gesamte Konvention und setzen diesbezüglich die ausgeübte Hoheitsgewalt und/oder die Anwesenheit des Schutzsubjekts auf dem Territorium des Vertragsstaates voraus.

Im universellen Menschenrechtsschutz erfordert Art. 2 Abs. 1 KRK für die Anwendung der Konvention, dass ein Kind der Hoheitsgewalt des Vertragsstaates unterliegt („within their jurisdiction"). Art. 2 Abs. 1 IPbpR bindet die Ausübung der Hoheitsgewalt darüber hinaus an das Territorium der Vertragsstaaten und verlangt dem Wortlaut nach das kumulative Vorliegen von ausgeübter Hoheitsgewalt *und* der Anwesenheit der Person auf dem Territorium des Vertragsstaates („within its territory *and* subject to its jurisdiction [Hervorh. d. Verf.]").[7] Sowohl der IPbpR als auch die KRK können unter den sogleich aufgezeigten Bedingungen auch extraterritorial anwendbar sein.[8]

Im regionalen Menschenrechtsschutz begrenzt Art. 1 EMRK den räumlichen Geltungsbereich der EMRK auf die Hoheitsgewalt der Vertragsparteien („secure to everyone within their jurisdiction"). Die Ausübung von Hoheitsgewalt ist der Regefall der räumlichen Anwendbarkeit der EMRK und wirkt diesbezüglich als eine Anwendungsschwelle („threshold criterion").[9] In Ausnahmefällen wie einer militärischen Okkupation kann die EMRK allerdings auch auf einem fremden Staatsgebiet Anwendung finden, wenn die Vertragspartei eine „effektive Kontrolle" („effective control")[10] oder eine „Hoheitsgewalt und Kontrolle" („authority and control"/„control and authority")[11] auf dem fremden Gebiet ausübt. Art. 1 Abs. 1 AMRK knüpft die räumliche Anwendung der Konvention ebenfalls an die Hoheitsgewalt, was sich sowohl auf die Abwehr- als auch die Schutzpflichten der Vertragsstaaten bezieht („The States Parties to this Convention undertake to *respect* the rights and freedoms herein and to *ensure to all persons subject to their jurisdiction* the free and full

[7] Human Rights Committee, Considerations of Reports Submitted by States Parties under Article 40 of the Covenant. Third periodic reports of States parties due in 2003, United States of America, 28 November 2005, UN Doc. CCPR/C/USA/3, Annex I (Territorial Scope of Application of the International Covenant on Civil and Political Rights), p. 109; *McGoldrick*, Extraterritorial Application of the International Covenant on Civil and Political Rights, in: Coomans/Kamminga (eds.), Extraterritorial Application of Human Rights Treaties, 41 (47–48); sogleich das folgende Abschn. 6.1.3.1.

[8] Abschn. 6.1.3.1.

[9] Z. B. ECtHR, *Al-Skeini and Others v. the United Kingdom* [GC], no. 55721/07, ECHR 2011-IV, paras. 130–131; *Al-Jedda v. the United Kingdom* [GC], no. 27021/08, ECHR 2011-I, para. 74; *Johann*, Art. 1, in: Karpenstein/Mayer (eds.), EMRK, para. 18; *Nettesheim*, Art. 1, in: Meyer-Ladewig/Nettesheim/von Raumer (eds.), EMRK, para. 26.

[10] Z. B. ECtHR, *Loizidou v. Turkey (Preliminary Objections)*, 23 March 1995, Series A no. 310, para. 62; *Bankovic and Others v. Belgium and Others* (dec.) [GC], no. 52207/99, ECHR 2001-XII, paras. 67–82; *Issa and Others v. Turkey* (dec.), no. 31821/96, ECHR 2004, paras. 65–71.

[11] Z. B. ECtHR, *Al-Saadoon and Mufdhi v. the United Kingdom* (dec.), no. 61498/08, ECHR 2010-II, para. 87; *Al-Skeini and Others v. the United Kingdom* [GC], no. 55721/07, ECHR 2011-IV, para. 149; *Al-Jedda v. the United Kingdom* [GC], no. 27021/08, ECHR 2011-I, para. 85; *Pisari v. The Republic of Moldova and Russia*, no. 42139/12, ECHR 2015, para. 33.

exercise of those rights and freedoms […] [Hervor. d. Verf.].").[12] Vergleichbar mit der EMRK gilt auch die AMRK ausnahmsweise extraterritorial, wenn die Vertragsstaaten außerhalb ihres Territoriums „Hoheitsgewalt" („authority"[13]) oder die „effektive Kontrolle" („effective control"[14]) ausüben.

Regeln völkerrechtliche Menschenrechtsverträge wie die CEDAW, die BRK und der IPwskR ihre räumliche Anwendbarkeit nicht, spricht dies ebenso wenig gegen extraterritoriale Vertragsstaatenpflichten wie die allgemeinen Gebietsbeschränkungen im Wortlaut des IPbpR und der KRK.[15] Für die CEDAW folgt daraus, dass das Fehlen einer entsprechenden Regelung extraterritoriale Pflichten der Vertragsstaaten weder per se ausschließt noch bekräftigt. Die IGH-Rechtsprechung im Kongo-Fall impliziert diesbezüglich eine Abstufung zwischen extraterritorialen Achtungs- und Schutzpflichten,[16] weshalb beide Pflichtenarten im Folgenden getrennt voneinander behandelt werden.

6.1.3 Extraterritoriale Achtungspflichten

6.1.3.1 Die Bedeutung des drittschützenden Charakters der CEDAW

Die teleologische Auslegung der CEDAW als einem drittschützenden Menschenrechtsvertrag spricht für extraterritorial anwendbare Achtungspflichten. Dies ergibt sich *a fortiori* aus einem Vergleich zwischen der CEDAW ohne eine Regelung ihrer räumlichen Anwendbarkeit sowie den Art. 2 Abs. 1 IPbpR und Art. 2 Abs. 1 KRK, welche eine ausdrückliche Gebietsbeschränkung enthalten, für die aus teleologischen Erwägungen aber von einer extraterritorialen Geltung ihrer Achtungspflichten ausgegangen wird.

Am deutlichsten kommt dies mit Art. 2 Abs. 1 IPbpR zum Ausdruck, dessen Wortlaut aufgrund des „and" zwischen „within its territory" sowie „subject to its jurisdiction" zunächst auf kumulativ zu erfüllende Voraussetzungen hindeutet (kumulative Auslegung).[17] Diese Auslegung hat eine begrenzte Schutzwirkung des

---

[12] Hennebel/Tigroudja, Article 1-1, ACHR Commentary, pp. 46–49.

[13] IACtHR, *The Environment and Human Rights (State Obligations in Relation to the Environment in the Context of the Protection and Guarantee of the Rights to Life and to Personal Integrity: Interpretation and Scope of Articles 4(1) and 5(1) in Relation to Articles 1(1) and 2 of the American Convention on Human Rights)*, Advisory Opinion OC-23/17, 15 November 2017, Series A no. 23, para. 81.

[14] Ibid.

[15] ICJ, *Legal Consequences of the Construction of a Wall in the Occupied Palestinian Territory*, Advisory Opinion, I.C.J. Reports 2004, 136 (180 para. 112).

[16] Abschn. 6.1.4.2.

[17] *Buergenthal*, To respect and to ensure: state obligations and permissible derogations, in: Henkin (ed.), The International Bill of Rights: The Covenant on Civil and Political Rights, 72 (73–74); *McGoldrick*, Extraterritorial Application of the International Covenant on Civil and Political Rights, in: Coomans/Kamminga (eds.), Extraterritorial Application of Human Rights Treaties,

IPbpR zur Folge, indem die mit ihm garantierten Rechte nur denjenigen Personen zugute kommen, die auf dem Gebiet des Vertragsstaates anwesend sind *und* dieses Gebiet auch der Hoheitsgewalt des Staates untersteht. Zwar kann das „and" auch als Alternative verstanden werden, d. h. dass die IPbpR-Rechte in allen Situationen gelten, in denen sich eine Person auf dem Gebiet des Vertragsstaates befindet *und darüber hinaus* auch in Fällen, in denen sie nicht auf dem Gebiet anwesend ist, der Vertragsstaat dort aber Hoheitsgewalt ausübt (alternative Auslegung).[18] Allerdings stellt die Annahme alternativer Voraussetzungen in Art. 2 Abs. 1 IPbpR eine disjunktive Verknüpfung zwischen der Ausübung von Jurisdiktion und dem Hoheitsgebiet dar (disjunctive conjunction), weil die ausgübte Hoheitsgewalt grundsätzlich territorial bestimmt ist und das „and" explizit als „or" hätte normiert werden können, wenn die Verfasser des IPbpR alternativ geltende Voraussetzungen beabsichtigt hätten.[19]

Die alternative Auslegung ist damit durch den Wortlaut weniger gedeckt als die kumulative Auslegung. Allerdings steht ein alternatives Verständnis des „and" nicht im Einklang mit teleologischen Erwägungen. Dem Sinn und Zweck des IPbpR entspricht die kumulative Auslegung, da nur sie seinen menschenrechtlichen Schutzzweck erfüllen kann, wohingegen die alternative Auslegung die Schutzwirkung des IPbpR verringert.[20]

Der IGH erklärte im Mauergutachten unter Verweis auf die Entscheidungen des Menschenrechtsausschusses in Individualbeschwerdeverfahren, dass die Vertragsstaaten angesichts des Ziels und Zweckes des IPbpR unabhängig von einer Gebietsbestimmung zur Achtung der Vertragsrechte verpflichtet sind, soweit sie eine effektive Hoheitsgewalt über ein fremdes Territorium ausüben („exercise of effective jurisdiction").[21] Andernfalls würde die Situation geschaffen, dass sie die mit dem IPbpR garantierten Rechte auf ihrem eigenen Staatsgebiet einhalten müssen, auf

41 (47); *Meron*, Extraterritoriality of Human Rights Treaties, in: American Journal of International Law 89(1), 1995, 78 (79).

[18] Milanovich, Extraterritorial Application of Human Rights Treaties, pp. 222–223; *McGoldrick*, Extraterritorial Application of the International Covenant on Civil and Political Rights, in: Coomans/Kamminga (eds.), Extraterritorial Application of Human Rights Treaties, 41 (48); *King*, The Extraterritorial Human Rights Obligations of States, in: Human Rights Law Review 9(4), 2009, 521 (523); *Peters*, Humanity as the A and Ω of Sovereignty, European Journal of International Law 20(3), 2009, 513 (542).

[19] *Buergenthal*, To respect and to ensure: state obligations and permissible derogations, in: Henkin (ed.), The International Bill of Rights: The Covenant on Civil and Political Rights, 72 (74); *McGoldrick*, Extraterritorial Application of the International Covenant on Civil and Political Rights, in: Coomans/Kamminga (eds.), Extraterritorial Application of Human Rights Treaties, 41 (48).

[20] Milanovich, Extraterritorial Application of Human Rights Treaties, p. 223; *Buergenthal*, To respect and to ensure: state obligations and permissible derogations, in: Henkin (ed.), The International Bill of Rights: The Covenant on Civil and Political Rights, 72 (74); *Peters*, Humanity as the A and Ω of Sovereignty, European Journal of International Law 20(3), 2009, 513 (542).

[21] ICJ, *Legal Consequences of the Construction of a Wall in the Occupied Palestinian Territory*, Advisory Opinion, I.C.J. Reports 2004, 136 (179–180 paras. 109–111, insbes. para. 110).

fremden Territorien aber nicht.[22] Ein solches Szenario widerspreche zudem den travaux préparatoirs des IPbpR, da es von den Vertragsverfassern gerade nicht beabsichtigt worden sei.[23] Unter dem Argument der 37-jährigen Besatzungszeit Israels bestätigte der IGH auch für den IPwskR und die KRK eine extraterritoriale Geltung.[24] Mit dem Mauergutachten äußerte sich der IGH auf Anfrage der UN-Generalversammlung[25] und gemäß Art. 65 Abs. 1 IGH-Statut zu den Rechtsfolgen des geplanten und teilweise in Vollzug befindlichen Mauerbaus durch Israel in den besetzten palästinensischen Gebieten und in Ostjerusalem[26] und prüfte dabei inzident die extraterritoriale Anwendbarkeit des IPbpR, des IPwskR und der KRK,[27] denen Israel als Vertragsstaat angehört.[28]

Im Kongo-Fall bejahte der IGH unter Verweis auf sein Mauergutachten die extraterritoriale Anwendung unter anderem des IPbpR und der KRK,[29] unterschied dabei aber zwischen negativen Achtungs- und positiven Schutzpflichten. Dieser Punkt wird sogleich vertieft.[30] Hier bedeutsam ist der Halbsatz im Urteil des IGH, wonach die extraterritoriale Anwendung völkerrechtlicher Menschenrechtsinstrumente *insbesondere* in besetzten Gebieten in Betracht kommt („[I]nternational human rights instruments are applicable […] *particularly in occupied territories* [Hervor. d. Verf.].").[31] Der IGH verwies dabei auf den Abschnitt des Mauergutachtens,[32] in dem er drei Individualbeschwerden des Menschenrechtsausschusses ohne Besatzungssituation[33] referenzierte. Daraus sowie aus der Wortwahl „particularly"

[22] Ibid., 136 (179 para. 109); so auch Human Rights Committee, *López Burgos v. Uruguay*, Communication No. 052/1979, 8 April 1981, UN Doc. CCPR/C/12/D/52/1979, para. 12.3; *Celiberti de Casariego v. Uruguay*, Communication No. 056/1979, 29 July 1981, UN Doc. CCPR/C/13/D/56/1979, para. 10.3; *Montero v. Uruguay*, Communication No. 106/1981, 31 March 1983, UN Doc. CCPR/C/18/D/106/1981, para. 5.

[23] ICJ, *Legal Consequences of the Construction of a Wall in the Occupied Palestinian Territory*, Advisory Opinion, I.C.J. Reports 2004, 136 (179 para. 109).

[24] Ibid., 136 (180–181 paras. 112–113).

[25] GA, Resolution adopted by the General Assembly, ES-10/14. Illegal Israeli actions in Occupied East Jerusalem and the rest of the Occupied Palestinian Territory, 12 December 2003, UN Doc. A/RES/ES-10/14.

[26] ICJ, *Legal Consequences of the Construction of a Wall in the Occupied Palestinian Territory*, Advisory Opinion, I.C.J. Reports 2004, 136 (154 para. 39, 164–165 paras. 66–68).

[27] Ibid., 136 (171 para. 86, 177–178 paras. 103, 107).

[28] Ibid., 136 (177 para. 103).

[29] ICJ, *Armed Activities on the Territory of the Congo* (Democratic Republic of the Congo v. Uganda), Judgement, I.C.J. Reports 2005, 168 (242–244 paras. 216–217).

[30] Abschn. 6.1.4.2.

[31] ICJ, *Armed Activities on the Territory of the Congo* (Democratic Republic of the Congo v. Uganda), Judgement, I.C.J. Reports 2005, 168 (242–243 para. 216).

[32] ICJ, *Legal Consequences of the Construction of a Wall in the Occupied Palestinian Territory*, Advisory Opinion, I.C.J. Reports 2004, 136 (179 para. 109).

[33] Human Rights Committee, *López Burgos v. Uruguay*, Communication No. 052/1979, 8 April 1981, UN Doc. CCPR/C/12/D/52/1979, para. 12.3; *Celiberti de Casariego v. Uruguay*, Communication No. 056/1979, 29 July 1981, UN Doc. CCPR/C/13/D/56/1979, para. 10.3; *Montero v. Uruguay*, Communication No. 106/1981, 31 March 1983, UN Doc. CCPR/C/18/D/106/1981, para. 5.

kann geschlussfolgert werden, dass der IGH die extraterritoriale Geltung von Menschenrechtsverträgen nicht auf den Fall der Besatzung eines Staates beschränken will, sondern sie als besonders deutliches Beispiel der extraterritorialen Anwendung eines Vertrags versteht.

Der Menschenrechtsausschuss weist in seiner Praxis eine kumulative Auslegung des Art. 2 Abs. 1 IPbpR zurück und vertritt die Ansicht, dass in bestimmten Situationen aus teleologischen Erwägungen die ausgeübte Hoheitsgewalt ausreicht, um den IPbpR – jedenfalls achtungsrechtlich – extraterritorial anzuwenden.[34] Der CEDAW-Ausschuss schien die extraterritoriale Anwendbarkeit der CEDAW mit seiner Allgemeinen Empfehlung Nr. 28 aus dem Jahr 2010 zunächst den Maßstäben des effective control-Tests zu unterwerfen („The obligations of States parties apply, [...] within their territory *or effective control*, even if not situated within the territory [Hervor. d. Verf.]"[35]). Diese Eingrenzung findet sich in den späteren Allgemeinen Empfehlungen Nr. 34,[36] Nr. 35[37] sowie Nr. 37[38] nicht mehr, wobei der Ausschuss die extraterritoriale Anwendbarkeit der CEDAW voraussetzungs- und erklärungslos sogar auf die Schutzpflichten der Vertragsstaaten erstreckt.[39]

---

[34] Human Rights Committee, *López Burgos v. Uruguay*, Communication No. 052/1979, 8 April 1981, UN Doc. CCPR/C/12/D/52/1979, para. 12.3; *Celiberti de Casariego v. Uruguay*, Communication No. 056/1979, 29 July 1981, UN Doc. CCPR/C/13/D/56/1979, para. 10.3; *Montero v. Uruguay*, Communication No. 106/1981, 31 March 1983, UN Doc. CCPR/C/18/D/106/1981, para. 5; Compilation of General Comments and General Recommendations Adopted by the Human Rights Treaty Bodies, General Comments adopted by the Human Rights Committee, General Comment 3 (Thirteenth session, 1981), Article 2: Implementation at the national level, 29 July 1994, UN Doc. HRI/GEN/1/Rev. 1, p. 4 para. 1; General Comment Adopted by the Human Rights Committee under Article 40, Paragraph 4, of the International Covenant on Civil and Political Rights, General Comment No. 23(50) (art. 27), 26 April 1994, UN Doc. CCPR/C/21/Rev.1/Add.5, 1994, para. 4; General Comment Adopted by the Human Rights Committee under Article 40, Paragraph 4, of the International Covenant on Civil and Political Rights, General Comment No. 24(52), General Comment on issues relating to reservations made upon ratification or accession to the Covenant or the Optional Protocols thereto, or in relation to declarations under article 41 of the Covenant, 11 November 1994, UN Doc. CCPR/C/21/Rev.1/Add.6, 1994, p. 4 para. 12; General Comment No. 31: The Nature of the General Legal Obligation Imposed on States Parties to the Covenant, 26 May 2004, UN Doc. CCPR/21/Rev.1/Add.13, para. 10; Milanovich, Extraterritorial Application of Human Rights Treaties, p. 223; *Meron*, Extraterritoriality of Human Rights Treaties, in: American Journal of International Law 89(1), 1995, 78 (79).

[35] CEDAW Committee, General recommendation No. 28 on the core obligations of States parties under article 2 of the Convention on the Elimination of All Forms of Discrimination against Women, 16 December 2010, UN Doc. CEDAW/C/GC/28, para. 12.

[36] CEDAW Committee, General recommendation No. 34 (2016) on the rights of rural women, 7 March 2016, UN Doc. CEDAW/C/GC/34, para. 13.

[37] CEDAW Committee, General recommendation No. 35 on gender-based violence against women, updating general recommendation No. 19, 26 July 2017, UN Doc. CEDAW/C/GC/35, para. 20.

[38] CEDAW Committee, General recommendation No. 37 on Gender-related dimensions of disaster risk reduction in the context of climate change, 7 February 2018, UN Doc. CEDAW/c/GC/37, paras. 43–51, insbes. 49.

[39] So z. B. auch in CEDAW Committee, Concluding observations on the eighth periodic report of Luxembourg, 28 February 2025, UN Doc. CEDAW/C/LUX/CO/8, para. 17 und sogleich vertieft in Abschn. 6.1.4.2.

6.1.3.2 Zwischenergebnis

Die teleologische Auslegung von Menschenrechtsverträgen scheint entscheidend für die extraterritoriale Anwendung negativer Achtungspflichten zu sein, denn sie führte bei den Art. 2 Abs. 1 IPbpR und Art. 2 Abs. 1 KRK sogar dazu, dass ein ausdrücklich anwendungsbeschränkender Wortlaut mit Wirkung für den gesamten Vertrag aufgrund des drittschützenden Schutzzweckes dieser Verträge unterlaufen wird. Dies ist angesichts der Art. 26 und 31 WVK insofern bemerkenswert, als dass unter der teleologischen Auslegung nicht jedwede Zielsetzung als Sinn und Zweck eines Vertrags i. S. v. Art. 31 Abs. 1 WVK beansprucht werden kann.[40] Bei der Achtung individuumsschützender Menschenrechtsnormen scheint es sich demnach aber um einen so ausreichend legitimen Schutzzweck zu handeln, der im Ergebnis selbst den ausdrücklichen Wortlaut einer Vertragsnorm aushebeln kann.

Für die CEDAW bestehen extraterritoriale Achtungspflichten nach dem Vorstehenden *vor allem* dann, wenn ein Vertragsstaat auf einem fremden Gebiet eine effektive Hoheitsgewalt ausübt. Für extraterritoriale Achtungspflichten ist dadurch die Tatbestandsebene ausschlaggebend, d. h. die Voraussetzung, dass dem Staat die Verletzung einer Menschenrechtsnorm nach den Regeln der allgemeinen Staatenverantwortlichkeit bzw. Art. 2 lit. a ILC-ASR zuzurechnen[41] ist. Dieser Punkt bestätigt sich durch den Kongo-Fall und führt zu der hiesigen Unterscheidung zwischen extraterritorialen Achtungs- und Schutzpflichten.[42]

6.1.4 Extraterritoriale Schutzpflichten

6.1.4.1 Aus der Auslegung der CEDAW

Extraterritoriale Schutzpflichten könnten sich am ehesten aus Art. 2 lit. e CEDAW ergeben. Der CEDAW-Ausschuss begründet extraterritoriale Schutzpflichten der Vertragsstaaten unter anderem in den Allgemeinen Empfehlungen Nr. 34,[43] Nr. 35[44] sowie Nr. 37[45] mit Art. 2 lit. e CEDAW, ohne diese Ansicht zu erklären.[46] Die Ansicht

---

[40] Kap. 4.

[41] Abschn. 3.6.3.

[42] Sogleich Abschn. 6.1.4.2.

[43] CEDAW Committee, General recommendation No. 34 (2016) on the rights of rural women, 7 March 2016, UN Doc. CEDAW/C/GC/34, para. 13.

[44] CEDAW Committee, General recommendation No. 35 on gender-based violence against women, updating general recommendation No. 19, 26 July 2017, UN Doc. CEDAW/C/GC/35, para. 24(b).

[45] CEDAW Committee, General recommendation No. 37 on Gender-related dimensions of disaster risk reduction in the context of climate change, 7 February 2018, UN Doc. CEDAW/c/GC/37, para. 49.

[46] So auch in CEDAW Committee, General recommendation No. 28 on the core obligations of States parties under article 2 of the Convention on the Elimination of All Forms of Discrimination against Women, 16 December 2010, UN Doc. CEDAW/C/GC/28, para. 36; General recommendation

extraterritorialer Schutzpflichten drückt der CEDAW-Ausschuss sehr deutlich auch in seinen ebenfalls rechtsunverbindlichen Abschließenden Bemerkungen zu den Erst- und periodischen Staatenberichten der Vertragsstaaten gemäß Art. 18 CEDAW aus.[47] In den Abschließenden Bemerkungen zum periodischen Staatenbericht Luxemburgs vom Februar 2025 beispielsweise äußert er sich zu den nationalen Aktionsplänen Luxemburgs für Wirtschaft und Menschenrechte.[48] Diesbezüglich teilt er seine Sorge über die fehlende unabhängige Bewertung der Auswirkungen der extraterritorialen Unternehmens- und Finanzpolitik Luxemburgs auf die CEDAW-Rechte[49] und betont die extraterritoriale Geltung der vertragsstaatlichen Schutzpflichten unter der CEDAW („The Committeee reminds the State Party that, under the *obligation of due diligence*, it may be held responsible should it fail to take all appropriate measures to prevent, as well as to investigate, prosecute and punish perpetrators of and provide reparations for, acts and omission by non-State actors, *including actions taken by corporations operating extraterritorially* [Hervor. d Verf].“[50]).

Der Wortlaut des Art. 2 lit. e CEDAW gibt keine Hinweise auf seine extraterritoriale Anwendbarkeit, wodurch diese zunächst weder ausgeschlossen noch bekräftigt wird.[51] Teleologisch könnte der Schutzzweck des Art. 2 lit. e i. V. m. Art. 1 CEDAW, Frauen vor *allen* Formen der Diskriminierung durch Private, Organisationen und Unternehmen zu schützen, nicht auf das Hoheitsgebiet der Vertragsstaaten begrenzte Schutzpflichten nahelegen, d. h. dass Art. 2 lit. e i. V. m. Art. 1 CEDAW die Vertragsstaaten auch dazu verpflichten, Maßnahmen zu ergreifen, mit denen

No. 30 on women in conflict prevention, conflict and post-conflict situations, 18 October 2013, UN Doc. CEDAW/C/GC/30, paras. 8–12; General recommendation No. 34 (2016) on the rights of rural women, 7 March 2016, UN Doc. CEDAW/C/GC/34, para. 13; General recommendation No. 37 on Gender-related dimensions of disaster risk reduction in the context of climate change, 7 February 2018, UN Doc. CEDAW/c/GC/37, paras. 43–51, insbes. 49.

[47] Z. B. CEDAW Committee, Concluding observations on the eighth periodic report of Luxembourg, 28 February 2025, UN Doc. CEDAW/C/LUX/CO/8, para. 17; Concluding observations on the tenth periodic reports of Canada, 30 October 2024, UN Doc. CEDAW/C/CAN/CO/10, paras. 13–14; Concluding observations on the ninth periodic report of Germany, 31 May 2023, UN Doc. CEDAW/C/DEU/CO/9, paras. 19–20; paras. 13–14; Concluding observations on the sixth periodic report of Switzerland, 1 November 2022, UN Doc. CEDAW/C/CHE/CO/6, paras. 17–22; Concluding observations on the eighth periodic report of Australia, 25 July 2018, UN Doc CEDAW/C/AUS/CO/8, para. 29(b); Concluding observations on the combined sixth and seventh periodic reports of Luxembourg, 14 March 2018, UN Doc. CEDAW/C/LUX/CO/6-7, para. 16; Concluding observations on the combined seventh and eighth periodic reports of Germany, 9 March 2017, UN Doc. CEDAW/C/DEU/CO/7-8, para. 15; Concluding observations on the combined eighth and ninth periodic reports of Canada, 25 November 2016, UN Doc. CEDAW/C/CAN/CO/8-9, para. 18.

[48] CEDAW Committee, Concluding observations on the eighth periodic report of Luxembourg, 28 February 2025, UN Doc. CEDAW/C/LUX/CO/8, para. 16.

[49] Ibid.

[50] Ibid., para. 17.

[51] ICJ, *Legal Consequences of the Construction of a Wall in the Occupied Palestinian Territory*, Advisory Opinion, I.C.J. Reports 2004, 136 (180–181 para. 112).

Frauen außerhalb des eigenen Hoheitsgebiets vor Benachteiligungen privater Akteure geschützt werden.

Für extraterritoriale Schutzpflichten spricht *e contrario* weiter, dass eine extraterritoriale Geltung des Art. 2 lit. e CEDAW explizit hätte ausgeschlossen werden können, wenn sie nicht beabsichtigt oder zumindest einkalkuliert wäre. Extraterritoriale Schutzpflichten lassen sich im Ergebnis allerdings weder aus dem Wortlaut noch aus der systematischen und teleologischen Auslegung des Art. 2 lit. e CEDAW eindeutig herleiten. Im folgenden Abschnitt wird gezeigt, dass extraterritoriale Schutzpflichten grundsätzlich höheren Anforderungen unterliegen als die extraterritoriale Anwendung negativer Achtungspflichten

6.1.4.2 Bei der Ausübung einer effektiven Verwaltungskontrolle durch den Vertragsstaat

Extraterritoriale Schutzpflichten können den CEDAW-Vertragsstaaten dann obliegen, wenn sie eine effektive (Verwaltungs-)Kontrolle auf fremdem Hoheitsgebiet ausüben. Dies folgt aus der IGH-Entscheidung im Kongo-/Uganda-Fall sowie seinen Erklärungen zum IPwskR im Mauergutachten. Der IPwskR enthält primär positive Vertragsstaatenpflichten zur Verwirklichung der mit ihm normierten Rechte und regelt seinen räumlichen Anwendungsbereich, wie die CEDAW, nicht. Im Mauergutachten stellte der IGH darauf ab, dass Israel seit 37 Jahren als gefestigte Besatzungsmacht in den palästinensischen Gebieten auftritt und dort Hoheitsgewalt ausübt.[52] Infolgedessen war der IPwskR, dessen Rechte zunächst grundsätzlich „essentially territorial“[53] gelten, in den besetzten Gebieten anwendbar und verpflichtete Israel dazu, die Erfüllung des IPwskR zu gewährleisten.[54]

Aus dem Kongo-Fall folgt die hiesige Unterscheidung zwischen extraterritorialen Achtungs- und Schutzpflichten, welche bereits darin angelegt war, dass der Kongo ausdrücklich die Feststellung von *Menschenrechtsverletzungen aufgrund unterlassener Schutzmaßnahmen* durch Uganda begehrte.

> „The Congo requests the Court to adjudge and declare: [...] That the Republic of Uganda [...] by *failing to take adequate measures to prevent violations of human rights in the DRC by persons under its jurisdcition or control, and/or failing to punish persons under its jurisdcition or control* having engaged in the above mentioned acts, has violated [...] the right of Congolese nationals to enjoy the most basic rights, both civil and political, as well as economic, social and cultural [Hervor. d. Verf.].“[55]

Für die extraterritoriale Anwendbarkeit der CEDAW-Schutzpflichten müssen nach der Kongo-/Uganda-Entscheidung zwei Konstellationen unterschieden werden. Dies sind zum einen diejenigen Fälle, in denen ein Staat als Besatzungsmacht

---

[52] Ibid.

[53] Ibid.

[54] Ibid.

[55] ICJ, *Armed Activities on the Territory of the Congo* (Democratic Republic of the Congo v. Uganda), Judgement, I.C.J. Reports 2005, 168 (186–187 para. 25(2)).

i.S.d. humanitären Völkerrechts gemäß Art. 42 HLKO (IV) 1907[56] auftritt (*ius in bello*) und eine effektive Verwaltungskontrolle ausübt. Der IGH bejahte die Stellung Ugandas als Besatzungsmacht für die kongolesische Region Ituri, weil Uganda dort nicht lediglich Militär stationiert hatte, sondern die Verwaltungskontrolle durch seinen provisorischen Gouverneur in dem dann als „Kibali-Ituri" bezeichneten Gebiet ersetzte.[57] Davon zu unterscheiden sind zum anderen diejenigen Fälle, in denen ein Staat ein Gebiet lediglich besetzt, ohne aber die Verwaltungskontrolle übernommen zu haben. Von einer solchen Situation ging der IGH für alle anderen kongolesischen Regionen aus. Für sie stellte er unter Verweis auf sein Mauergutachten fest, dass Menschenrechtsverträge – in diesem Fall der IPbpR und die KRK – *insbesondere* in besetzten Gebieten anwendbar sind.[58]

Für die Region Ituri bejahte der IGH Menschenrechtsverletzungen aufgrund unterlassener Schutzmaßnahmen durch Uganda, für die übrigen kongolesischen Regionen, in denen Uganda eine niedrigschwelligere, reine Besatzungskontrolle ausübte, hingegen nicht. Für diese Regionen stellte er Menschenrechtsverletzungen allein in den Fällen fest, in denen Uganda den IPbpR und die KRK durch das ihm zurechenbare Verhalten seines Militärs, d. h. seine negativen Achtungspflichten verletzte.

> „The Court thus concludes that Uganda is internationally responsible for violations of international human rights law and international humanitarian law committed by the UPDF and by its members in the territory of the DRC *and for failing to comply with its obligations as an occupying Power in Ituri* in respect of violations of international human rights law and international humanitarian law in the occpuied territory [Hervor. d. Verf.]."[59]

Die IGH-Entscheidung im Kongo-Fall legt im Ergebnis eine abgestufte extraterritoriale Geltung der CEDAW-Achtungs- und Schutzpflichten nahe, da die letztgenannten nur dann angenommen werden können, wenn ein Vertragsstaat eine Herrschaftsgewalt innehat, die es ihm erlaubt, Maßnahmen zum Schutz vor Verletzungen der CEDAW-Rechte zu ergreifen. Diese Herrschaftsgewalt muss sich mehr als bei Achtungspflichten zu einer (Verwaltungs-)Kontrollmacht kumulieren und kann insbesondere dann bejaht werden, wenn ein Vertragsstaat auf dem fremden Staatsgebiet als Besatzungsmacht i.S.d. Art. 42 HLKO (IV) 1907 auftritt.

---

[56] International Peace Conference, Convention (IV) respecting the Laws and Customs of War on Land and its annex: Regulations concerning the Laws and Customs of War on Land, adopted 18 October 1907, entered into force 26 January 1910, 205 CTS 277.

[57] ICJ, *Armed Activities on the Territory of the Congo* (Democratic Republic of the Congo v. Uganda), Judgement, I.C.J. Reports 2005, 168 (230–231 paras. 173–180).

[58] Ibid., 168 (242–244 paras. 216–217).

[59] Ibid., 168 (245 para. 220).

6.2 Vorbehalte und Interpretationserklärungen

Vorbehalte und Interpretationserklärungen fallen typischerweise unter Art. 31 Abs. 2 lit. b WVK,[60] welcher alle von einer oder mehreren Vertragsparteien anlässlich des Vertragsabschlusses abgefassten Urkunden, soweit die übrigen Vertragsparteien diese als eine sich auf den Vertrag beziehende Urkunde angenommen haben,[61] als extrinsisches Auslegungsmittel in die systematische Auslegung einbezieht. Eine sich auf den Vertrag beziehende und zwischen allen Vertragsparteien geschlossene Übereinkunft anlässlich des Vertragsabschlusses i.S.d. Art. 31 Abs. 2 lit. a WVK liegt in Bezug auf die CEDAW nicht vor.

Vorbehalte und Interpretationserklärungen werden deshalb in diesem Kapitel besprochen, weil sie grundsätzliche Problematiken in den reziprozitätsbasierten Regelungen der WVK sowie für die Umsetzung der CEDAW und des Art. 5 lit. a CEDAW aufzeigen. Diese Problematiken ergeben sich unter anderem aus der Subjektivität der Kompatibilitätskriterien in Art. 19 lit. c WVK und Art. 28 Abs. 2 CEDAW sowie aus der materiell- und verfahrensrechtlichen Bilaterialisierung der Rechtsfolgen von Vorbehalten. Weiter augenfällig ist, dass islamische Vertragsstaaten die materiellen CEDAW-Normen unter dem Argument ihrer Religion abbedingen, was nach Art. 27 Satz 1 WVK, der insoweit Völkergewohnheitsrecht[62] wiedergibt, unzulässig ist.

6.2.1 Die Rechtsgrundlagen, Voraussetzungen und Wirkungen von Vorbehalten

Der Vorbehalt ist nach Art. 2 Abs. 1 lit. d WVK jede bei der Unterzeichnung, Ratifikation, Annahme oder Genehmigung des Vertrags oder beim Beitritt abgegebene einseitige Erklärung eines Staates, durch die er die Rechtswirkung einzelner Vertragsbestimmungen für sich ausschließen oder ändern will.[63] Die CEDAW sieht die

---

[60] Linderfalk, On the Interpretation of Treaties, p. 149; Villiger, Article 31, VCLT Commentary, para. 19.

[61] *Sorel/Boré Eveno*, Article 31 Convention of 1969, in: Corten/Klein (eds.), VCLT Commentary, para. 8; Villiger, Article 31, VCLT Commentary, paras. 15, 18–19; *Kämmerer*, Begriff, Geschichte und Rechtsquellen des Völkerrechts in: Proelß (ed.), Völkerrecht, 1 (77, 81 paras. 108, 115); Dahm/Delbrück/Wolfrum, Völkerrecht, Bd. I/3, § 153, 633 (642).

[62] *Schaus*, Article 27 Convention of 1969, in: Corten/Klein (eds.), VCLT Commentary, para. 5; *Schmalenbach*, Article 27, in: Dörr/Schmalenbach (eds.), VCLT Commentary, para. 4.

[63] ILC, Document A/66/10: Report of the International Law Commission on the work of its sixty-third session (26 April-3 June and 4 July-12 August 2011) (Addendum), YBIL 2011, Vol. II, Part Three, UN Doc. A/CN.4/SER.A/2011/Add. 1 (Part 3), 1 (23 paras. 1, 1.1); *Walter*, Article 19, in: Dörr/Schmalenbach (eds.), VCLT Commentary, para. 1; *Kämmerer*, Begriff, Geschichte und Rechtsquellen des Völkerrechts in: Proelß (ed.), Völkerrecht, 1 (77 para. 108); Dahm/Delbrück/

Erklärung von Vorbehalten in Art. 28 Abs. 1 CEDAW vor und entspricht damit Art. 19 lit. a WVK, welcher Vorbehalte erlaubt, soweit ein Vertrag sie nicht verbietet.[64] Art. 28 CEDAW enthält keine Einschränkungen i. S. v. Art. 19 lit. b WVK, dass nur bestimmte Vorbehalte erklärt werden dürfen.

Art. 28 Abs. 2 CEDAW drückt allerdings noch eindringlicher als Art. 19 lit. c WVK aus, dass Vorbehalte mit dem Ziel und Zweck der CEDAW vereinbar sein müssen, um zulässig zu sein. Nach Art. 19 lit. c WVK kann die Unzulässigkeit eines Vorbehalts subsidiär daraus folgen, dass er mit dem Ziel und Zweck des Vertrags unvereinbar ist.[65] Die deutlichere Betonung der Komptabilität eines Vorbehalts mit dem Ziel und Zweck der CEDAW ist daran ersichtlich, dass Art. 28 Abs. 2 CEDAW ein *Verbot* von mit dem Ziel und Zweck der CEDAW unvereinbaren Vorbehalten formuliert („A reservation incompatible with the object and purpose of the present Convention shall *not be permitted* [Hervor. d. Verf.]"),[66] wohingegen Art. 19 lit. c WVK unzulässige Vorbehalte nur per *Konditionalsatz* ausschließt („A State may [...] formulate a reservation *unless* [...] the reservation is incompatible with the object and purpose of the treaty.").

Vorbehalte relativieren die reziproken Rechtsverhältnisse der Vertragsstaaten dergestalt, dass zwischen dem Vorbehaltsstaat und den Staaten, die den Vorbehalt angenommen oder keinen Einspruch gegen ihn eingelegt haben, der Vertrag nach Art. 20 Abs. 4, Art. 21 Abs. 1 WVK nur in dem durch den Vorbehalt bestimmten Ausmaß gilt. Haben Staaten keinen Einspruch erklärt, ist der Vertrag zwischen ihnen gemäß Art. 21 Abs. 2 WVK vollinhaltlich anwendbar.[67] Nach Art. 20 Abs. 4 lit. b WVK tritt der Vertrag zwischen dem Staat, der gegen den Vorbehalt des anderen Staates protestiert, grundsätzlich in Kraft, soweit der Einspruch einlegende Staat

---

Wolfrum, Völkerrecht, Bd. I/3, § 148, 557 (558, 565); Doehring, Völkerrecht, para. 350; Villiger, Article 19, VCLT Commentary, para. 6; *Giegerich*, Vorbehalte zu Menschenrechtsabkommen: Zulässigkeit, Gültigkeit und Prüfungskompetenzen von Vertragsgremien, in: ZaöRV 55, 1995, 713 (719).

[64] *Connors*, Article 28, in: Schulz et al. (eds.), CEDAW Commentary, 785 (785).

[65] ILC, Document A/66/10: Report of the International Law Commission on the work of its sixty-third session (26 April-3 June and 4 July-12 August 2011) (Addendum), YBIL 2011, Vol. II, Part Three, UN Doc. A/CN.4/SER.A/2011/Add. 1 (Part 3), 1 (209 para. 5); *Walter*, Article 19, in: Dörr/Schmalenbach (ed.), VCLT Commentary, para. 67; *Kämmerer*, Begriff, Geschichte und Rechtsquellen des Völkerrechts in: Proelß (ed.), Völkerrecht, 1 (77–78 para. 109); Dahm/Delbrück/Wolfrum, Völkerrecht, Bd. I/3, § 148, 557 (566); Doehring, Völkerrecht, para. 351; Villiger, Article 19, VCLT Commentary, para. 12; *Giegerich*, Vorbehalte zu Menschenrechtsabkommen: Zulässigkeit, Gültigkeit und Prüfungskompetenzen von Vertragsgremien, in: ZaöRV 55, 1995, 713 (723).

[66] CEDAW Committee, Report of the Committee on the Elimination against Women (Eighteenth and nineteenth sessions), UN Doc. A/53/38/Rev. 1, p. 43 para. 7; *Connors*, Article 28, in: Schulz et al. (eds.), CEDAW Commentary, 785 (785); *Schöpp-Schilling*, Reservations to CEDAW, in: Ziemele (ed.), Reservations to Human Rights Treaties and the Vienna Convention, 3 (6–7).

[67] *Walter*, Article 21, in: Dörr/Schmalenbach (eds.), VCLT Commentary, para. 15; *Kämmerer*, Begriff, Geschichte und Rechtsquellen des Völkerrechts in: Proelß (ed.), Völkerrecht, 1 (79 para. 111); Doehring, Völkerrecht, para. 355.

nicht seine gegenteilige Absicht eindeutig zum Ausdruck bringt. Ist dies nicht der Fall, sind die Bestimmungen, auf die sich der Vorbehalt bezieht, gemäß Art. 21 Abs. 3 WVK in dem darin vorgesehenen Ausmaß zwischen den beiden Staaten nicht anwendbar.[68]

Die CEDAW regelt die Annahme von Vorbehalten und Einsprüche gegen sie nicht,[69] sodass Vorbehalte allein *ex nunc*[70] nach Art. 28 Abs. 2 CEDAW unzulässig sein können.[71] Ein Vorschlag Schwedens im Rahmen des Vertragsstaaten-Dialogs über Vorbehalte, wonach Art. 28 CEDAW um eine an Art. 20 Abs. 2 Satz 2 Anti-Rassismuskonvention orientierte Regel ergänzt werden sollte, wurde unter anderem aufgrund des Vorwurfs mangelnder kultureller Sensitivität nicht weiterverfolgt.[72] Nach Art. 20 Abs. 2 Satz 2 Anti-Rassismuskonvention ist ein Vorbehalt dann unzulässig, wenn zwei Drittel der übrigen Vertragsstaaten Einspruch gegen ihn eingelegt haben.

6.2.2 Generelle Fragen zu Vorbehalten

Ersichtlicher Weise fußen die WVK-Vorbehaltsregelungen auf den Grundsätzen der staatlichen Souveränität nach Art. 2 Ziff. 1 UN-Charta und der Reziprozität, wie sie mit Art. 19 bis 21 WVK zum Ausdruck kommt. Das Kompatibilitätskriterium des Art. 19 lit. c WVK ist hierbei das Epizentrum eines allgemeinen und schon seit den frühen 1950er-Jahren diskutierten,[73] dilemmatischen[74] Spannungsverhältnisses zwi-

[68] *Walter*, Article 20, in: Dörr/Schmalenbach (eds.), VCLT Commentary, para. 47; Article 21, in: Dörr/Schmalenbach (eds.), VCLT Commentary, paras. 26–27; *Kämmerer*, Begriff, Geschichte und Rechtsquellen des Völkerrechts in: Proelß (ed.), Völkerrecht, 1 (79 para. 111).

[69] Vgl. Doehring, Völkerrecht, para. 354; *Moloney*, Incompatible Reservations to Human Rights Treaties: Severability and the Problem of State Consent, in: Melbourne Journal of International Law 5(1), 2004, 155 (155–156).

[70] *Walter*, Article 19, in: Dörr/Schmalenbach (eds.), VCLT Commentary, para. 109; *Swaine*, Reserving, in: The Yale Journal of International Law 31(2), 2006, 307 (314–315).

[71] Vgl. *Walter*, Article 19, in: Dörr/Schmalenbach (eds.), VCLT Commentary, paras. 68–72.

[72] *Connors*, Article 28, in: Schulz et al. (eds.), CEDAW Commentary, 785 (799).

[73] ILC, Document A/1858: Report of the International Law Commission covering the work of its third session, 16 May-27 July 1951, YBIL 1951, Vol. II, UN Doc. A/CN.4/SER.A/1951/Add. 1, 123 (126–130 paras. 18–32); Document A/CN.4/144: First report on the law of treaties, by Sir Humphrey Waldock, Special Rapporteur, YBIL 1962, Vol. II, UN. Doc. A/CN.4/SER.A/1962/Add. 1, 27 (62–65 (Commentary on articles 17, 18 and 19)); Document A/CN.4/477 and Add. 1: Second Report on reservations to treaties, by Mr. Alain Pellet, Special Rapporteur, YBIL 1996, Vol. II, Part One, UN Doc. A/CN.4/SER.A/1996/Add. 1 (Part 1), 37 (58–59 paras. 102–111).

[74] ILC, Document A/CN.4/477 and Add. 1: Second Report on reservations to treaties, by Mr. Alain Pellet, Special Rapporteur, YBIL 1996, Vol. II, Part One, UN Doc. A/CN.4/SER.A/1996/Add. 1 (Part 1), 37 (58 para. 101).

schen dem rechtspolitischen Anliegen, infolge der grundsätzlichen Zulässigkeit von Vorbehalten einerseits möglichst viele Staaten als Vertragsparteien zu gewinnen (Universalitätsinteresse).[75] Andererseits müssen Vorbehaltsregelungen auch dem Integritätsinteresse an der Erhaltung eines Vertrags gerecht werden, wenn dieser nämlich durch die großzügige Zulässigkeit von Vorbehalten „verwässert" werden kann.[76] Diese gegensätzlichen Interessen werden durch Art. 19 lit. c WVK ausgeglichen, indem ein Vorbehalt nicht unvereinbar mit dem Ziel und Zweck eines Vertrags sein darf.[77]

Die Inkompatibilität mit dem Ziel und Zweck eines Vertrags scheint zunächst ein objektives Kriterium zu sein. Doch angesichts der Tatsache, dass die WVK nicht regelt, wie die Kompatibilität oder Inkompatibilität eines Vorbehalts festzustellen ist, unterliegt die letztliche Entscheidung darüber der subjektiven Bewertung der Vertragsstaaten und stellt damit faktisch ein subjektives Zulässigkeitskriterium dar.[78] Dies wirft eine Reihe bedeutsamer Fragen auf. Darunter fallen insbesondere die Fragen, wem die Feststellungskompetenz über die Zulässigkeit oder Unzulässigkeit eines Vorbehalts mit dem Sinn und Zweck des jeweiligen Vertrags obliegt, ob ein

---

[75] Ibid., 37 (56–57 paras. 90–93, 97); *Walter*, Article 19, in: Dörr/Schmalenbach (Hrsg.), VCLT Commentary, para. 2; *Kämmerer*, Begriff, Geschichte und Rechtsquellen des Völkerrechts in: Proelß (ed.), Völkerrecht, 1 (77–78 para. 109); *Pellet/Müller*, Reservations to Human Rights Treaties: Not An Absolute Evil..., in: Fastenrath et al. (eds.), From Bilateralism to Community Interest. Essays in Honour of Judge Bruno Simma, 521 (522–523); Dahm/Delbrück/Wolfrum, Völkerrecht, Bd. I/3, § 148, 557 (559, 566–567).

[76] ILC, Document A/CN.4/477 and Add. 1: Second Report on reservations to treaties, by Mr. Alain Pellet, Special Rapporteur, YBIL 1996, Vol. II, Part One, UN Doc. A/CN.4/SER.A/1996/Add. 1 (Part 1), 37 (56–57 paras. 90–93, 97); *Walter*, Article 19, in: Dörr/Schmalenbach (eds.), VCLT Commentary, para. 2; *Pellet/Müller*, Reservations to Human Rights Treaties: Not An Absolute Evil..., in: Fastenrath et al. (eds.), From Bilateralism to Community Interest. Essays in Honour of Judge Bruno Simma, 521 (522–523); Dahm/Delbrück/Wolfrum, Völkerrecht, Bd. I/3, § 148, 557 (567); *Moloney*, Incompatible Reservations to Human Rights Treaties: Severability and the Problem of State Consent, in: Melbourne Journal of International Law 5(1), 2004, 155 (155–156).

[77] ILC, Document A/CN.4/477 and Add. 1: Second Report on reservations to treaties, by Mr. Alain Pellet, Special Rapporteur, YBIL 1996, Vol. II, Part One, UN Doc. A/CN.4/SER.A/1996/Add. 1 (Part 1), 37 (66 para. 156, 70 para. 176); *Pellet/Müller*, Reservations to Human Rights Treaties: Not An Absolute Evil..., in: Fastenrath et al. (eds.), From Bilateralism to Community Interest. Essays in Honour of Judge Bruno Simma, 521 (525–526, 529); *Goodman*, Human Rights Treaties, Invalid Reservations, and State Consent, in: American Journal of International Law 96(3), 2002, 531 (535); *Moloney*, Incompatible Reservations to Human Rights Treaties: Severability and the Problem of State Consent, in: Melbourne Journal of International Law 5(1), 2004, 155 (156).

[78] Dahm/Delbrück/Wolfrum, Völkerrecht, Bd. I/3, § 148, 557 (567); Villiger, Article 19, VCLT Commentary, para. 14; *Pellet/Müller*, Reservations to Human Rights Treaties: Not An Absolute Evil..., in: Fastenrath et al. (eds.), From Bilateralism to Community Interest. Essays in Honour of Judge Bruno Simma, 521 (526–527); *Simma*, Reservations to Human Rights Treaties – Some Recent Developments, in: Hafner et al. (eds.), Liber Amicorum Professor Ignaz Seidl-Hohenveldern in honor of his 80th birthday, 659 (662–663); *Giegerich*, Vorbehalte zu Menschenrechtsabkommen: Zulässigkeit, Gültigkeit und Prüfungskompetenzen von Vertragsgremien, in: ZaöRV 55, 1995, 713 (742).

unzulässiger Vorbehalt auch rechtsunwirksam ist und welche Rechtsfolgen ein unwirksamer Vorbehalt hat.

Diese Fragen betreffen jeweils komplexe Problembereiche wie die gegenteiligen Annahmen der Einwendungs-[79] und Zulässigkeitslehre[80] (opposability vs. permissibility school, subjective vs. purposive view,[81] Rechtswirksamkeit unzulässiger Vorbehalte), die Eingriffs-,[82] Trennungslehre[83] und die absolute Nichtig-

---

[79] ILC, Document A/CN.4/470: First Report on the law and practice relating to reservations to treaties by Mr. Alain Pellet, Special Rapporteur, YBIL 1995, Vol. II, Part One, UN Doc. A/CN.4/SER.A/1995/Add. 1 (Part 1), 121 (142–143 para. 102); Document A/66/10/Add.1: Report of the International Law Commission on the work of its sixty-third session (26 April-3 June and 4 July-12 August 2011) (Addendum), YBIL 2011, Vol. II, Part Three, UN Doc. A/CN.4/SER.A/2011/Add. 1 (Part 3), 1 (224 para. 16); *Bradley/Goldsmith*, Treaties, Human Rights, and Conditional Consent, in: University of Pennsylvania Law Review 149(2), 2000, 399 (435–437); *Koh*, Reservations to Multilateral Treaties: How International Legal Doctrine Reflects World Vision, in: Harvard International Law Journal 23 (1982–1983), 71 (98); vgl. auch *Moloney*, Incompatible Reservations to Human Rights Treaties: Severability and the Problem of State Consent, in: Melbourne Journal of International Law 5(1), 2004, 155 (158).

[80] *Bowett*, Reservations to Non-Restricted Multilateral Treaties, in: British Yearbook of International Law 1976–1977, 48(1), 67 (80, 88); vgl. auch *Simma*, Reservations to Human Rights Treaties – Some Recent Developments, in: Hafner et al. (eds.), Liber Amicorum Professor Ignaz Seidl-Hohenveldern in honor of his 80th birthday, 659 (663); *Koh*, Reservations to Multilateral Treaties: How International Legal Doctrine Reflects World Vision, in: Harvard International Law Journal 23 (1982–1983), 71 (74–76, 95–99).

[81] *Koh*, Reservations to Multilateral Treaties: How International Legal Doctrine Reflects World Vision, in: Harvard International Law Journal 23 (1982–1983), 71 (73–76).

[82] *Cameron/Horn*, Reservations to the European Convention: The Belilos Case, in: German Yearbook of International Law 33, 1990, 69 (115); *Goodman*, Human Rights Treaties, Invalid Reservations, and State Consent, in: American Journal of International Law 96(3), 2002, 531 (531–532); *Moloney*, Incompatible Reservations to Human Rights Treaties: Severability and the Problem of State Consent, in: Melbourne Journal of International Law 5(1), 2004, 155 (156, 158–159).

[83] EComHR, *Temeltasch v. Switzerland*, no. 9116/80, Commission's report, 5 May 1982, Decisions and Reports 31, paras. 53–94; *Chrysostomos et al. v. Turkey*, no. 15299/89, 15300/89, 15318/89, Admissibility Decision, 4 March 1991, Decisions and Reports 68, paras. 44–49; ECtHR, *Belilos v. Switzerland*, 29 April 1988, Series A no. 132, para. 60; *Weber v. Switzerland*, 22 May 1990, Series A no. 177, paras. 36–38; *Loizidou v. Turkey (Preliminary Objections)*, 23 March 1995, Series A no. 310, para. 97; IACHR, *Hilaire v. Trinidad and Tobago*, Judgement (Preliminary Objections), 1 September 2001, Series C no. 81, paras. 78–98; GA, Summary Record of the 17th meeting, 20 November 1998, UN Doc. A/C.6/53/SR.17, para. 6; Human Rights Committee, General Comment No. 24: Issues relating to reservations made upon ratification or accession to the Covenant or the Optional Protocols thereto, or in relation to declarations under article 41 of the Covenant, 4 November 1994, UN Doc. CCPR/C/21/Rev.1/Add.6, paras. 17–18; *Rawle Kennedy v. Trinidad and Tobago*, Communication No 845/1999, 31 December 1999, UN Doc. CCPR/C/67/D/845/1999, paras. 6.4–6.7; ILC, Document A/66/10: Report of the International Law Commission on the work of its sixty-third session (26 April-3 June and 4 July-12 August 2011), YBIL 2011, Vol. II, Part Two, UN Doc. A/CN.4/SER.A/2011/Add. 1 (Part 2), 1 (26 para. 75, 4.5.3, Abs. 1, 2, 3); Document A/66/10/Add.1: Report of the International Law Commission on the work of its sixty-third session (26 April-3 June and 4 July-12 August 2011) (Addendum), YBIL 2011, Vol. II, Part Three, UN Doc. A/CN.4/SER.A/2011/Add. 1 (Part 3), 1 (306–307 para. 1); *Pellet/Müller*, Reservations to Human Rights Treaties: Not An Absolute Evil…, in: Fastenrath et al. (eds.), From Bilateralism to Community Interest. Essays in Honour of Judge Bruno Simma, 521 (546); *Simma*, Reservations to

keitslösung[84] sowie die Abgrenzung zwischen essenziellen vs. nicht-essenziellen[85] Vorbehalten (Rechtsfolgen unwirksamer Vorbehalte). Sie sind weiter eingebettet in eine doktrinäre Entwicklung seit dem Ende des Zweiten Weltkrieges, im Rahmen derer die traditionell staatenzentrierte und am synallagmatischen Austauschcharakter staatlicher Verpflichtungen orientierte Völkerrechtsordnung durch drittschützend-individuumszentrierte Werte angereichert wurde, welche rechtsnormativ in einer Vielzahl universeller und regionaler Menschenrechtsverträge verankert sind.[86]

Human Rights Treaties – Some Recent Developments, in: Hafner et al. (eds.), Liber Amicorum Professor Ignaz Seidl-Hohenveldern in honor of his 80th birthday, 659 (672–673); *Simma/Hernández*, Legal Consequences of an Impermissible Reservation to a Human Rights Treaty: Where Do We Stand?, in: Cannizzaro (ed.), The Law of Treaties. Beyond the Vienna Convention, 60 (64–65); *Baylis*, General Comment 24: Confronting the Problem of Reservations to Human Rights Treaties, in: Berkeley Journal of International Law 17(2), 1999, 277 (277–278); *Baratta*, Should Invalid Reservations to Human Rights Treaties Be Disregarded?, in: European Journal of International Law 11(2), 2000, 413 (414–415); *Bradley/Goldsmith*, Treaties, Human Rights, and Conditional Consent, in: University of Pennsylvania Law Review 149(2), 2000, 399 (429–430); *Giegerich*, Vorbehalte zu Menschenrechtsabkommen: Zulässigkeit, Gültigkeit und Prüfungskompetenzen von Vertragsgremien, in: ZaöRV 55, 1995, 713 (775–778); *Moloney*, Incompatible Reservations to Human Rights Treaties: Severability and the Problem of State Consent, in: Melbourne Journal of International Law 5(1), 2004, 155 (156); *Redgwell*, Reservations to Treaties and Human Rights Committee General Comment No.24(52), in: International and Comparative Law Quarterly 46(2), 1997, 390 (406–407); *Swaine*, Reserving, in: The Yale Journal of International Law 31(2), 2006, 307 (320–321).

[84] United States of America, Annex VI, Observations of States parties under article 40, paragraph 5, of the Covenant, Observations on General comment No. 24 (52), on issues relating to reservations made upon ratification or accession to the Covenant or the Optional Protocols thereto, or in relation to declarations under article 41 of the Covenant, Reports of the Human Rights Committee, Vol. 1 (1996), UN Doc. A/50/40, 126 (129); United Kingdom of Great Britain and Northern Ireland, Annex VI, Observations of States parties under article 40, paragraph 5, of the Covenant, Observations on General comment No. 24 (52), on issues relating to reservations made upon ratification or accession to the Covenant or the Optional Protocols thereto, or in relation to declarations under article 41 of the Covenant, Reports of the Human Rights Committee, Vol. 1 (1996), UN Doc. A/50/40, 130 (133–134 paras. 13–15); France, Annex VI, Observations of States parties under article 40, paragraph 5, of the Covenant, Reports of the Human Rights Committee, Vol. 1 (1997), UN Doc. A/51/40, 104 (106 para. 13); *Walter*, Article 19, in: Dörr/Schmalenbach (eds.), VCLT Commentary, para. 116; *Baratta*, Should Invalid Reservations to Human Rights Treaties Be Disregarded?, in: European Journal of International Law 11(2), 2000, 413 (424); *Bradley/Goldsmith*, Treaties, Human Rights, and Conditional Consent, in: University of Pennsylvania Law Review 149(2), 2000, 399 (437); *Goodman*, Human Rights Treaties, Invalid Reservations, and State Consent, in: American Journal of International Law 96(3), 2002, 531 (531); *Moloney*, Incompatible Reservations to Human Rights Treaties: Severability and the Problem of State Consent, in: Melbourne Journal of International Law 5(1), 2004, 155 (156, 158–159).

[85] ECtHR, *Loizidou v. Turkey (Preliminary Objections)*, 23 March 1995, Series A no. 310, para. 90; *Baratta*, Should Invalid Reservations to Human Rights Treaties Be Disregarded?, in: European Journal of International Law 11(2), 2000, 413 (419); *Moloney*, Incompatible Reservations to Human Rights Treaties: Severability and the Problem of State Consent, in: Melbourne Journal of International Law 5(1), 2004, 155 (166–167).

[86] GA, A more secure world: our shared responsibility. Report of the High-level Panel on Threats, Challenges and Change, 2 December 2004, UN Doc. A/59/565, paras. 29–30; World Summit Out-

6.2.3 Die verfahrensrechtliche Bilateralisierung von Vorbehalten

Generell bedeutsam ist weiter die verfahrensrechtliche Bilateralisierung der Rechtswirkungen eines (unzulässigen) Vorbehalts. Hier zeigt die IGH-Entscheidung zur Klage des Kongo gegen Ruanda im Zusammenhang mit dem Zweiten Kongokrieg (1998–2003)[87] sehr eindrücklich, dass sich die materiellrechtliche Bilateralisierung, wie sie sich aus Art. 21 WVK ergibt, auf der prozeduralen Ebene fortsetzt und für den völkerrechtlichen Menschenrechtsschutz sehr befremdliche Ergebnisse zur Folge haben kann. Gemeint ist, dass der IGH die Vorbehalte Ruandas gegen die Zuständigkeitsklausel der Völkermordkonvention (Art. IX) und der Anti-Rassismuskonvention (Art. 22) als rein prozedurale Normen eingeordnet hatte, da sie allein darauf gerichtet seien, eine bestimmte Streitbeilegungsoption auszuschließen. Ruandas Vorbehalte waren deshalb nach Ansicht des IGH nicht unvereinbar mit dem Sinn und Zweck der Verträge und konnten seine Zuständigkeit für die diesbezüglichen Vorwürfe wirksam abbedingen.[88] Damit implizierte der IGH, dass für Vorbehalte gegen eine Zuständigkeitsklausel per se von ihrer Vereinbarkeit mit dem Sinn und Zweck des Vertrags auszugehen ist, weil sie nur prozedural wirken.[89]

Diese Ansicht ist insofern problematisch, als dass Zuständigkeitsklauseln auch ein materiellrechtlicher Gehalt beigemessen werden kann, da sie mutmaßlich auch die Erfüllung eines Vertrags betreffen. Dies trifft mit einiger Klarheit jedenfalls auf die Völkermordkonvention zu, da sich die Vertragsstaaten nach Art. I bis IV Völkermordkonvention materiellrechtlich gerade zur Verhütung und *Bestrafung* des Völkermords verpflichten.[90]

Für die CEDAW kann mit ihrem *telos* ebenfalls argumentiert werden, dass die Zuständigkeitsklausel des Art. 29 Abs. 1 CEDAW ein verfahrens- *und* materiellrechtliches Kernelement der Konvention darstellt,[91] da der nicht justiziell ausgestaltete CEDAW-Ausschuss (Art. 17 CEDAW) weder durch das spezialvertrag-

---

come, 24 October 2005, UN Doc. A/RES/60/1, para. 138; *Peters*, Humanity as the A and Ω of Sovereignty, European Journal of International Law 20(3), 2009, 513 (519–522, 524–526).

[87] ICJ, *Armed Activities on the Territory of the Congo* (Democratic Republic of the Congo v. Burundi), Order, I.C.J. Reports 2001, 3; *Armed Activities on the Territory of the Congo* (Democratic Republic of the Congo v. Uganda), Judgement, I.C.J. Reports 2005, 168; *Armed Activities on the Territory of the Congo (New Application: 2002)* (Democratic Republic of the Congo v. Rwanda), Jurisdiction and Admissibility, Judgement, I.C.J. Reports 2006, 6.

[88] ICJ, *Armed Activities on the Territory of the Congo (New Application: 2002)* (Democratic Republic of the Congo v. Rwanda), Jurisdiction and Admissibility, Judgement, I.C.J. Reports 2006, 6 (32–33 paras. 67–70, 35 paras. 76–79).

[89] Ibid., 6 (32 para. 67).

[90] Ibid., Dissenting Opinion of Judge Koroma, 55 (56–58 paras. 4–13).

[91] *Kroworsch*, Article 29, in: Schulz et al. (eds.), CEDAW Commentary, 814 (816); vgl. auch ICJ, *Armed Activities on the Territory of the Congo (New Application: 2002)* (Democratic Republic of the Congo v. Rwanda), Jurisdiction and Admissibility, I.C.J. Reports 2006, Dissenting Opinion of Judge Koroma, 55 (57–58 paras. 11–13); Joint Separate Opinion of Judges Higgins, Kooijmans, Elaraby, Owada and Simma, 142 (147–148 paras. 21–23).

liche Monitoring in Form der Prüfung der Erst- und periodischen Staatenberichte (Art. 18 CEDAW) einschließlich der Abschließenden Bemerkungen und eines follow-up-Verfahrens, noch durch Individualbeschwerde- (Art. 2 CEDAW-FP) und Untersuchungsverfahren (Art. 8 CEDAW-FP) rechtsverbindliche Feststellungen über Vertragsverletzungen aussprechen und Wiedergutmachung für die Opfer anordnen kann.[92] Das Ziel dieser Verfahren ist es in erster Linie, die Vertragsstaaten zur Einhaltung ihrer vertraglichen Verpflichtungen anzuregen, indem Beanstandungen aufgezeigt und ein *politischer* Erklärungsbedarf vor der nationalen und internationalen Öffentlichkeit erzeugt wird.[93] Art. 29 Abs. 1 CEDAW stellt im Vergleich dazu den einzigen Mechanismus bereit, welcher zu einem nach Art. 59 IGH-Statut *inter partes*-wirkenden Urteil des IGH über konkrete Rechtsverletzungen gelangen und den Schutzzweck der CEDAW dadurch erst verwirklichen kann.[94]

In der Klage des Kongo gegen Ruanda verwies der IGH zudem darauf, dass der Kongo den ruandischen Vorbehalten gegen Art. IX Völkermordkonvention und Art. 22 Anti-Rassismuskonvention nicht widersprochen hatte.[95] Damit implizierte er, dass es für die Zulässigkeit eines Vorbehalts zu einer Zuständigkeitsklausel darauf ankommt, dass der Staat, der die Klausel geltend macht, dem Vorbehalt widersprochen hat. Gegen diese prozedurale Bilateralisierung spricht vor allem, dass der Widerspruch eines Vertragsstaats gegen einen Vorbehalt bzw. das Unterlassen desselben aufgrund der geringen Eigeninteressen von Staaten an drittschützenden Menschenrechtsverträgen auch durch nicht-völkerrechtliche, sondern beispielsweise durch politische Zulässigkeitserwägungen motiviert sein kann,[96] sodass einem

---

[92] Vgl. *Schulz/Halperin-Kaddari/Rudolf*, Introduction, in: Schulz et al. (eds.), CEDAW Commentary, 1 (22); *Boerefijn/Fraser*, Article 18, in: Schulz et al. (eds.), CEDAW Commentary, 701 (710, 713).

[93] Vgl. *Scheinin*, The ICJ and the Individual, in: International Community Law Review 9(2), 2007, 123 (133–134).

[94] *Kroworsch*, Article 29, in: Schulz et al. (eds.), CEDAW Commentary, 814 (816); vgl. auch ICJ, *Application of the International Convention on the Elimination of all Forms of Racial Discrimination* (Georgia v. Russian Federation), Preliminary Objections, Judgement, I.C.J. Reports 2011, Joint Dissenting Opinion of President Owada, Judges Simma, Abraham and Donoghue and Judge Ad Hoc Gaja, 142 (156 para. 43).

[95] ICJ, *Armed Activities on the Territory of the Congo (New Application: 2002)* (Democratic Republic of the Congo v. Rwanda), Jurisdiction and Admissibility, Judgement, I.C.J. Reports 2006, 6 (32–33 para. 68).

[96] ICJ, *Reservations to the Convention on the Prevention and Punishment of the Crime of Genocide*, Advisory Opinion, I.C.J. Reports 1951, 15 (23); Human Rights Committee, General Comment No. 24: Issues relating to reservations made upon ratification or accession to the Covenant or the Optional Protocols thereto, or in relation to declarations under article 41 of the Covenant, 4 November 1994, UN Doc. CCPR/C/21/Rev.1/Add.6, para. 17; *Connors*, Article 28, in: Schulz et al. (eds.), CEDAW Commentary, 785 (794–796); *Swaine*, Reserving, in: The Yale Journal of International Law 31(2), 2006, 307 (313, 327); *Goodman*, Human Rights Treaties, Invalid Reservations, and State Consent, in: American Journal of International Law 96(3), 2002, 531 (537); *Moloney*, Incompatible Reservations to Human Rights Treaties: Severability and the Problem of State

(fehlenden) Widerspruch kein dahingehendes Gewicht beigemessen werden dürfte, ausschlaggebend für die Zuständigkeit des IGH zu sein.

Zudem zeichnen sich Menschenrechtsverträge gerade dadurch aus, dass die Reziprozität der vertragsstaatlichen Verpflichtungen *pro homine* hinter die individualschützenden Ziele des Vertrags zurücktritt, was zurückführt zu der eben benannten Problematik der Subjektivität des Komptabilitätskriteriums, d. h. zu der Frage, ob die Beurteilung von Vorbehalten als zulässig oder unzulässig bei Menschenrechtsverträgen allein von der subjektiven Einschätzung der Vertragsstaaten abhängen darf/soll.[97] Der Sonderberichterstatter zu Vorbehalten vertritt diesbezüglich eine vermittelnde, freilich rechtsunverbindliche Lösung, nach welcher auch die Ansichten der entsprechenden Vertragsorgane zu berücksichtigen sind, selbst wenn ihnen nicht die Kompetenz einer rechtsverbindlichen Unzulässigkeitsfeststellung zukommt.[98]

De lege lata sind gemäß Art. 19 lit. c WVK allerdings allein die Vertragsstaaten dazu befugt, durch ihren Widerspruch zu einem mutmaßlich unzulässigen Vorbehalt die rechtliche Unwirksamkeit im bilateralen Verhältnis zum Vorbehaltsstaat herbeizuführen.[99] Daraus folgt auch für die verfahrensrechtliche Ebene, dass ein fehlender Widerspruch zum Vorbehalt gegen eine Zuständigkeitsklausel die IGH-Gerichtsbarkeit wirksam abbedingen kann.

Im Kongo-/Ruanda-Fall führte die Aufrechterhaltung der ruandischen Vorbehalte dazu, dass zwei Klagen, denen unterschiedliche Rechtsgrundlagen für die IGH-Zuständigkeit, aber ansonsten dieselben Fakten und Anschuldigungen zugrunde lagen, nämlich die Klagen des Kongo gegen Uganda und gegen Ruanda, gegensätzlich entschieden wurden.[100] Im Kongo-/Ruanda-Fall musste der Kongo die Zuständigkeit des IGH mangels der Unterwerfung Ruandas unter die IGH-Gerichtsbarkeit nach der Fakultativklausel in Art. 36 Abs. 2 IGH-Statut auf die Zuständigkeitsklauseln in Menschenrechtsverträgen stützen, welche der IGH unter anderem aufgrund der ruandischen Vorbehalte verneinte.[101] Für die Klage gegen Uganda konnte der Kongo die Zuständigkeit des IGH hingegen auf die Unterwer-

Consent, in: Melbourne Journal of International Law 5(1), 2004, 155 (157); *Saraswati*, The Discourse of Reservations to CEDAW on Women's Rights in Malaysia, Brunei and Indonesia, in: Indonesian Journal of International Law 19(4), 2022, 515 (520).

[97] Abschn. 6.2.2.

[98] ILC, Document A/CN.4/477 and Add. 1: Second Report on reservations to treaties, by Mr. Alain Pellet, Special Rapporteur, YBIL 1996, Vol. II, Part One, UN Doc. A/CN.4/SER.A/1996/Add. 1 (Part 1), 37 (80 paras. 239 and 241, 82 para. 252).

[99] Abschn. 6.2.1.

[100] Vgl. ICJ, *Armed Activities on the Territory of the Congo (New Application: 2002)* (Democratic Republic of the Congo v. Rwanda), Jurisdiction and Admissibility, I.C.J. Reports 2006, Dissenting Opinion of Judge *Ad Hoc* Mavungu, 95 (95–96 paras. 2–4).

[101] ICJ, *Armed Activities on the Territory of the Congo (New Application: 2002)* (Democratic Republic of the Congo v. Rwanda), Jurisdiction and Admissibility, I.C.J. Reports 2006, 6 (53 para. 128).

fung Ugandas[102] unter die IGH-Gerichtsbarkeit nach Art. 36 Abs. 2 IGH-Statut gründen, woraufhin der IGH für diese Klage zuständig war.[103] In diesem Fall fand der IGH unter anderem eine Verletzung des Art. 2 Ziff. 4 UN-Charta und des humanitäres Völkerrechts durch Uganda[104] und setzte die Reparationszahlungen nach gescheiterten Verhandlungen der Konfliktparteien im Februar 2022 auf insgesamt 325 Mio. US-Dollar für Personenschäden und die Beschädigung von Eigentum und Rohstoffen fest.[105]

Anfang Mai 2025 wurden die Folgen (unzulässiger) Vorbehalte auf der prozeduralen Ebene erneut im Zusammenhang mit Art. IX Völkermordkonvention deutlich, als der IGH seine Zuständigkeit für die Klage des Sudan gegen die Vereinigten Arabischen Emirate aufgrund ihres Vorbehalts gegen die Norm verneinte und unter Verweis auf seine Rechtsprechung im Kongo-/Ruanda-Fall mit der nichtmateriellrechtlichen Natur des Art. IX Völkermordkonvention sowie dem fehlenden Widerspruch des Sudan gegen den Vorbehalt begründete.[106]

6.2.4 *Die Vorbehalte gegen die CEDAW*

Die aufgezeigten allgemeinen Problematiken zu Vorbehalten gelten für die CEDAW umso mehr, weil sie unter den UN-Menschenrechtsverträgen derjenige Vertrag ist, gegen welchen die Vertragsstaaten die meisten Vorbehalte erklärt haben.[107] Unter diesen Vorbehalten ist zum einen augenfällig, dass die meisten Vorbehalte unter allen CEDAW-Artikeln gegen die Zuständigkeitsklausel des Art. 29 Abs. 1 CEDAW erklärt wurden (39 der 189 Vertragsstaaten).[108] Dadurch betreffen die eben dargelegten Probleme der verfahrensrechtlichen Bilateralisierung insbesondere die CEDAW.

---

[102] United Nations Treaty Collection, Declarations recognizing as compulsory the jurisdiction of the International Court of Justice under Article 36, paragraph 2, of the Statute of the Court, https://treaties.un.org/pages/ViewDetails.aspx?src=IND&mtdsg_no=I-4&chapter=1&clang=_en (zuletzt abgerufen am 03.12.2025).

[103] ICJ, *Armed Activities on the Territory of the Congo* (Democratic Republic of the Congo v. Uganda), Judgement, I.C.J. Reports 2005, 168 (175 para. 1).

[104] Ibid., 168 (279–282 para. 345).

[105] ICJ, *Armed Activities on the Territory of the Congo* (Democratic Republic of the Congo v. Uganda), Reparations, Judgement, I.C.J. Reports 2022, 13 (137–139 paras. 405, 409).

[106] ICJ, *Application of the Convention on the Prevention and Punishment of the Crime of Genocide in Sudan* (Sudan v. United Arab Emirates), Order, 5 May 2025, General List No. 197, paras. 19–33.

[107] United Nations Treaty Collection, Convention on the Elimination of All Forms of Discrimination against Women, https://treaties.un.org/pages/viewdetails.aspx?src=treaty&mtdsg_no=iv-8&chapter=4&clang=_en (zuletzt abgerufen am 03.12.2025); vgl. auch *Simma*, Reservations to Human Rights Treaties – Some Recent Developments, in: Hafner et al. (eds.), Liber Amicorum Professor Ignaz Seidl-Hohenveldern in honor of his 80th birthday, 659 (661).

[108] United Nations Treaty Collection, Convention on the Elimination of All Forms of Discrimination against Women, https://treaties.un.org/pages/viewdetails.aspx?src=treaty&mtdsg_no=iv-8&chapter=4&clang=_en (zuletzt abgerufen am 03.12.2025); vgl. auch *Connors*, Article 28, in: Schulz et al. (eds.), CEDAW Commentary, 785 (786).

Zum anderen ist es problematisch, dass 440 aller gegen die CEDAW erklärten Vorbehalte, d. h. mehr als 60 %, mit der Religion eines Vertragsstaates argumentiert werden, wobei der Islam und das mit ihm verbundene Scharia-Recht die vorherrschend angeführte Religion ist.[109] Dies zeigt sich deutlich an den Vorbehalten gegen Art. 2 CEDAW. Gegen ihn haben Algerien, Ägypten, die Bahamas, Bahrain, Bangladesch, der Irak, Lesotho, Libyen, Marokko, Niger, Syrien, Qatar sowie die Vereinigten Arabischen Emirate entweder generelle Vorbehalte oder hinsichtlich einzelner Unterabschnitte des Art. 2 CEDAW erklärt.[110] Die genannten Staaten gehören allesamt nicht den westlich-christlichen Demokratien an, sondern sind muslimisch geprägt, zum Teil nicht-säkularisiert und/oder als totalitäres System einzuordnen.

Vorbehalte mit der Religion und dem daraus abgeleitetem (Scharia-)Recht zu begründen, widerspricht Art. 27 Satz 1 WVK, wonach sich Vertragsstaaten nicht auf ihr innerstaatliches Recht berufen können, um die Nicht-Erfüllung ihrer vertraglichen Verpflichtungen zu rechtfertigen.[111] Die mit dem islamischen Scharia-Recht argumentierten Vorbehalte sind insofern in zweifacher Hinsicht fragwürdig, nämlich aufgrund ihrer vermuteten Unvereinbarkeit mit dem Sinn und Zweck der CEDAW gemäß Art. 28 Abs. 2 CEDAW und aufgrund ihres Verstoßes gegen Art. 27 Satz 1 WVK.

6.2.5 Die Erklärung Qatars

Qatar hat bei seiner Ratifikation der CEDAW[112] als einziger Staat eine Auslegungsansicht zu Art. 5 lit. a CEDAW erklärt, welche nicht näher als einfache oder bedingte Interpretationserklärung spezifiziert ist.[113] Nach dieser Erklärung legt Qatar den Art. 5 lit. a CEDAW so aus, dass familiäre Strukturen nicht unterminiert werden dürfen, indem Frauen dazu ermutigt werden, ihre Mutterrolle aufzugeben.[114] Die Erklärung Qatars ist deshalb interessant, weil sie die wichtige Unterscheidung zwischen einfachen und bedingten Interpretationserklärungen sowie Vorbehalten be-

---

[109] *Saraswati*, The Discourse of Reservations to CEDAW on Women's Rights in Malaysia, Brunei and Indonesia, in: Indonesian Journal of International Law 19(4), 2022, 515 (516, 518).

[110] United Nations Treaty Collection, Convention on the Elimination of All Forms of Discrimination against Women, https://treaties.un.org/Pages/ViewDetails.aspx?src=IND&mtdsg_no=IV-8&chapter=4 (zuletzt abgerufen am 03.12.2025).

[111] *Schaus*, Article 27 Convention of 1969, in: Corten/Klein (eds.), VCLT Commentary, para. 1; *Schmalenbach*, Article 27, in: Dörr/Schmalenbach (eds.), VCLT Commentary, para. 1.

[112] United Nations Treaty Body Database, Ratification Status for Qatar, https://tbinternet.ohchr.org/_layouts/15/TreatyBodyExternal/Treaty.aspx?CountryID=140&Lang=EN (zuletzt abgerufen am 03.12.2025).

[113] United Nations Treaty Collection, Convention on the Eliminations of All Forms of Discrimination against Women, https://treaties.un.org/Pages/ViewDetails.aspx?src=IND&mtdsg_no=IV-8&chapter=4 (zuletzt abgerufen am 03.12.2025).

[114] Ibid.

trifft. Die Abgrenzung ist erheblich, weil einfache Interpretationserklärungen andere Wirksamkeitsvoraussetzungen und Rechtswirkungen haben als bedingte Interpretationserklärungen und Vorbehalte.

6.2.5.1 Die Erklärung Qatars als einfache oder bedingte Interpretationserklärung

Interpretationserklärungen werden wie Vorbehalte einseitig erklärt, sie sind anders als Vorbehalte in der WVK aber nicht definiert.[115] Für die Unterscheidung zwischen einer Interpretationserklärung und einem Vorbehalt ist die nach Treu und Glauben i. S. v. Art. 31 Abs. 1 WVK zu ermittelnde Intention des Vertragsstaates maßgeblich, d. h. die Rechtswirkung, die er mit seiner Erklärung erzielen möchte.[116]

Mit einfachen Interpretationserklärungen nehmen die Vertragsstaaten eine bestimmte Auslegung von Vertragsnormen für sich in Anspruch, ohne diese in ihrer Geltung aber ausschließen oder modifizieren zu wollen (simple interpretative declaration).[117] Mit einem Vorbehalt wollen sie ihre Bindung an eine Vertragsnorm in den im Vorbehalt dargelegten Ausmaß beschränken.[118] Aufgrund dieser unterschiedlichen Rechtswirkungen unterliegen einfache Interpretationserklärungen nicht denselben Wirksamkeitsvoraussetzungen wie Vorbehalte.[119] Legen Vertragsstaaten Einspruch gegen eine einfache Interpretationserklärung ein, ist davon auszugehen, dass sie nicht daran gebunden sind; tun sie dies nicht, soll sie akzeptiert sein.[120]

Etwas anderes gilt für bedingte Interpretationserklärungen (conditional interpretative declarations). Im Gegensatz zu einfachen Interpretationserklärungen können sie eine unabdingbare Voraussetzung des vertragsstaatlichen Bindungswillens darstellen und – wie Vorbehalte – eine rechtsändernde Wirkung auf den Vertrag ent-

[115] ILC, Document A/66/10/Add.1: Report of the International Law Commission on the work of its sixty-third session (26 April-3 June and 4 July-12 August 2011) (Addendum), YBIL 2011, Vol. II, Part Three, UN Doc. A/CN.4/SER.A/2011/Add. 1 (Part 3), 1 (51 para. 1 zu 1.2); *Fitzmaurice*, The Practical Working of the Law of Treaties, in: Evans (ed.), International Law, 166 (191).

[116] Vgl. ILC, Document A/66/10/Add.1: Report of the International Law Commission on the work of its sixty-third session (26 April-3 June and 4 July-12 August 2011) (Addendum), YBIL 2011, Vol. II, Part Three, UN Doc. A/CN.4/SER.A/2011/Add. 1 (Part 3), 1 (58 paras. 2, 4 zu 1.3, 58 paras. 2–4 zu 1.3.1).

[117] Ibid., 1 (51 para. 1, 58 para. 2 zu 1.3, 58 para. 2 zu 1.3.1, 64 para. 8 zu 1.4); Document A/66/10: Report of the International Law Commission on the work of its sixty-third session (26 April-3 June and 4 July-12 August 2011), YBIL 2011, Vol. II, Part Two, UN Doc. A/CN.4/SER.A/2011/Add. 1 (Part 2), 1 (26 para. 75, 1.2); *Walter*, Article 19, in: Dörr/Schmalenbach (eds.), VCLT Commentary, para. 3; *Fitzmaurice*, The Practical Working of the Law of Treaties, in: Evans (ed.), International Law, 166 (191).

[118] Abschn. 6.2.1.

[119] Doehring, Völkerrecht, para. 353.

[120] Ibid.

falten.[121] Aufgrund dieser rechtsändernden Wirkung stehen bedingte Interpretationserklärungen den Vorbehalten näher als den einfachen Interpretationserklärungen, weshalb sie im Ergebnis den Art. 19 bis 23 WVK unterliegen.[122]

Die Abgrenzung zwischen einer bedingten und einer einfachen Interpretationserklärung hat aufgrund der unterschiedlichen Wirksamkeitsvoraussetzungen und Rechtswirkungen einerseits eine hohe Praxisrelevanz. Andererseits ist die Abgrenzung ebenso schwierig, weil kaum zweifelsfrei ermittelt werden kann, ob ein Vertragsstaat eine rechtsändernde Wirkung beabsichtigt oder nicht.[123]

Auf den ersten Blick schließt die Auslegungsansicht Qatars die Bindung an Art. 5 lit. a CEDAW weder aus, noch bedeutet sie eine Änderung der Norm. Nach Art. 2 Abs. 1 lit. d WVK könnte sie daraufhin als Interpretationserklärung eingeordnet werden. Diese könnte weiterhin als einfache Interpretationserklärung zu verstehen sein, da ihr Wortlaut zunächst nicht darauf hindeutet, dass Qatars Verständnis des Art. 5 lit. a CEDAW ausdrücklich eine modifizierende oder normausschließende *sine qua non* für seine Ratifikation der CEDAW darstellt. Allerdings kann auch vertreten werden, dass Qatars Auslegungsansicht seine Rechtsbindung insoweit ausschließt, als dass durch Art. 5 lit. a CEDAW eine Änderung geschlechterstereotyper Rollenzuweisungen der Frau und damit (traditioneller) Familienstrukturen herbeigeführt würde. Nach den bisherigen Auslegungsergebnissen verfolgt Art. 5 lit. a CEDAW gerade dieses Ziel.[124]

Qatars Erklärung kann somit eine den Art. 5 lit. a CEDAW einschränkende Wirkung beigemessen werden. Sie wäre dann als ein bei der Ratifikation erklärter Vorbehalt i.S.d. Art. 2 Abs. 1 lit. d und Art. 19 WVK oder als bedingte Interpretationserklärung einzuordnen. Ob die eine oder die andere Alternative zutrifft, ist aufgrund derselben Wirksamkeitsvoraussetzungen und Rechtswirkungen nicht entscheidungsrelevant. Erheblich ist allein die Unterscheidung zwischen einer einfachen Interpretationserklärung und einem Vorbehalt bzw. einer bedingten Interpretationserklärung.

6.2.5.2 Die Erklärung Qatars als Vorbehalt

Für eine Einordnung als Vorbehalt bzw. als bedingte Interpretationserklärung spricht die weitere und offiziell als Interpretationserklärung bezeichnete Ansicht Qatars zu Art. 1 CEDAW.[125] Nach dem ersten Satz dieser Erklärung akzeptiert Qatar den

---

[121] ILC, Document A/66/10/Add.1: Report of the International Law Commission on the work of its sixty-third session (26 April-3 June and 4 July-12 August 2011) (Addendum), YBIL 2011, Vol. II, Part Three, UN Doc. A/CN.4/SER.A/2011/Add. 1 (Part 3), 1 (63–65 paras. 1–12).

[122] Ibid., 1 (62 para. 3).

[123] Ibid., 1 (64–65 paras. 8–12).

[124] Abschn. 2.6, 3.4, und 4.1.3.

[125] United Nations Treaty Collection, Convention on the Eliminations of All Forms of Discrimination against Women, https://treaties.un.org/Pages/ViewDetails.aspx?src=IND&mtdsg_no=IV-8&chapter=4 (zuletzt abgerufen am 03.12.2025).

Art. 1 CEDAW nur unter der Voraussetzung, dass „irrespective of their marital status" entsprechend dem islamischen Scharia-Recht und seiner nationalen Gesetzgebung nicht dazu bestimmt ist, familiäre Beziehungen außerhalb der rechtmäßigen Ehe zu fördern.[126] Im zweiten Satz erklärt Qatar, dass es sich vorbehält, Art. 1 CEDAW gemäß dieser Erklärung anzuwenden.[127]

Bereits der Wortlaut „vorbehalten" („reserves the right") impliziert, dass es sich bei dieser Erklärung entgegen seiner ausdrücklichen Bezeichnung nicht um ein Auslegungsverständnis handelt, sondern gemäß Art. 2 Abs. 1 lit. d WVK um einen Vorbehalt. Diese Ansicht bestätigt sich dadurch, dass Qatar das allgemeine Diskriminierungsverbot des Art. 1 CEDAW für alle familiären Strukturen ausschließt, die nicht dem Scharia-Recht oder seinen nationalen Gesetzen entsprechen.

Die Kombination aus Qatars Erklärungen zu Art. 5 lit. a und zu Art. 1 CEDAW hat im Ergebnis weitreichende Einschränkungen der für die Umsetzung der CEDAW wesentlichen Normen zur Folge. Dies gilt insbesondere deshalb, weil Art. 1 CEDAW nach den bisherigen Erkenntnissen nicht ohne Art. 5 lit. a CEDAW gedacht werden kann und dieser eine interdependente Funktion zur Verwirklichung des allgemeinen und der besonderen Diskriminierungsverbote der CEDAW einnimmt.[128]

Die Erklärungen Qatars zu Art. 5 lit. a und Art. 1 CEDAW bzw. ihre Begründungen bekräftigen zudem die obige[129] Feststellung, dass Vertragsstaaten die materiellen CEDAW-Normen unter dem Argument des Islam abbedingen. Die umfangreiche Vorbehaltspraxis islamischer Vertragsstaaten führt dementsprechend zu der abschließenden Frage, ob der Islam als unvereinbar mit der CEDAW gelten würde.

6.3 Geschlechtergleichheit und der Islam

Die Frage nach der Vereinbarkeit des Islam mit der CEDAW ist komplex und wirft Teilfragen beispielsweise nach den Faktoren für die beanspruchte Vorrangstellung des Scharia-Rechts und die Rolle islamischer Exegeten für die inhaltliche Entwicklung der Scharia auf. Diese Teilfragen sind ihrerseits mit umstrittenen Bereichen wie der religionswissenschaftlichen Korandeutung,[130] dem islamischen Rechtsdenken

---

[126] Ibid.

[127] Ibid.

[128] Abschn. 4.3.3.

[129] Abschn. 6.2.4.

[130] Dazu *Hefny*, Hermeneutik, Koraninterpretation und Menschenrechte, in: Elliesie (ed.), Beiträge zum Islamischen Recht VII. Islam und Menschenrechte, 73 (73–85).

(fiqh),[131] der islamischen Rechtsgeschichte[132] und dem Begriff sowie der Bedeutung der Scharia[133] verbunden. Die folgenden Ausführungen beschränken sich auf die Darlegung dessen, dass der Koran an sich von einer ontologischen Gleichheit von Frau und Mann ausgeht und erst die Scharia nachteilige Auswirkungen auf die Menschenrechte von Frauen hat.

6.3.1 Die Gleichheit von Frau und Mann im Koran

Der Koran gilt als heiliges Buch göttlicher Offenbarung und stellte jedenfalls in der Frühzeit des Islam kein primäres und bindendes Dokument dar.[134] Die Koran-Sure 4/1 beschreibt den Mann und die Frau als zwei verschiedene Geschlechter, die aus demselben Wesen geschaffen wurden und denen Gott in der dritten und letzten Schöpfungsphase (Verlebendigung) seinen Geist eingehaucht hat (Sure 38/71 f.).[135] Vor allem die Sure 13/8 stellt heraus, dass die Geschlechter biologisch andersartig sind und sich insbesondere durch die weibliche Gebärfähigkeit unterscheiden („God knows what any female bears, of male and female, one or more, and otherwise, and what the wombs reduce, of the time of gestation, and what they increase, of it. And everything with Him is according to a [precise] measure, a [precise] amount and limit which it does not exceed."[136]).

Allerdings sollen Frau und Mann aufgrund ihrer Verstandes- und Willensfähigkeit sowie der Fähigkeit, Wissen zu erzeugen, gleichermaßen den anderen Wesen überlegen und vor den Augen Gottes gleich sein.[137] Das, was Menschen voneinan-

[131] Dazu Müller, Recht und historische Entwicklung der Scharia im Islam, pp. 16–26, 36–39; Renard, Islam and Christianity, pp. 18–19; *Uçar*, Islam und Verfassungsstaat vor dem Hintergrund der Scharia-Regelungen, in: Häberle/Hattler (eds.), Islam – Säkularismus – Religionsrecht, 27 (29).

[132] Dazu Müller, Recht und historische Entwicklung der Scharia im Islam, pp. 64–159; Renard, Islam and Christianity, pp. 18–21.

[133] Müller, Recht und historische Entwicklung der Scharia im Islam, pp. 1–2; Rohe, Das Islamische Recht, pp. 9–10, 16; *Hefny*, Hermeneutik, Koraninterpretation und Menschenrechte, in: Elliesie (ed.), Beiträge zum Islamischen Recht VII. Islam und Menschenrechte, 73 (87); *Uçar*, Islam und Verfassungsstaat vor dem Hintergrund der Scharia-Regelungen, in: Häberle/Hattler (eds.), Islam – Säkularismus – Religionsrecht, 27 (27, 29).

[134] Müller, Recht und historische Entwicklung der Scharia im Islam, p. 67; Renard, Islam and Christianity, p. 18; *Hefny*, Hermeneutik, Koraninterpretation und Menschenrechte, in: Elliesie (ed.), Beiträge zum Islamischen Recht VII. Islam und Menschenrechte, 73 (77–78).

[135] Asad, The Message of the Quran, pp. 154–155, 953; Tafsīr al-Jalālayn, translated by Feras Hamza, pp. 83–84; *Bozkurt*, Geschlecht, Mann, Frau, Familie, in: Selcuk/Thurner (eds.), Der Mensch in Christentum und Islam, 133 (133).

[136] Tafsīr al-Jalālayn, translated by Feras Hamza, p. 257; vgl. auch Asad, The Message of the Quran, pp. 492–493; *Bozkurt*, Geschlecht, Mann, Frau, Familie, in: Selcuk/Thurner (eds.), Der Mensch in Christentum und Islam, 133 (133).

[137] *Bozkurt*, Geschlecht, Mann, Frau, Familie, in: Selcuk/Thurner (eds.), Der Mensch in Christentum und Islam, 133 (133–134).

der unterscheidet und den anderen Wesen überlegen macht, ist nach Sure 49/13 nicht das Geschlecht, sondern der Respekt gegenüber Gott, das gute Handeln und das Meiden des Bösen („We have indeed created you from a male and a female, [from] Adam and Eve, and made you nations [...] that you may acquire knowledge of [the customs of] one another and not to boast to one another of [whose is the more] noble lineage, for pride lies only in [the extent to which you have] fear of God. Truly the noblest of you in the sight of God is the most God-fearing among you."[138] „[I]mplying that this equality of biological origin is reflected in the human dignity common to all."[139]).

Der Koran sieht demnach grundsätzlich „keine Überlegenheit des Mannes in seinem Menschsein vor."[140] Er geht vielmehr von einer ontologischen Gleichheit zwischen den Geschlechtern aus und weist ihnen gerade keine an den Schöpfungsakt gebundenen Rollen und Funktionen zu.[141] Dadurch unterscheidet sich der Koran von der christlich-biblischen Ansicht, welche – als ebenso monotheistisch-abrahamitische Religion – die Frau „nur" als eine Variante des Mannes ansieht, die zudem den Sündenfall und daraufhin die Verbannung aus dem Paradies ausgelöst hat.

Wenn der Koran von einer Gleichheit zwischen Frauen und Männern bzw. keiner Über- oder Unterlegenheit aufgrund des Geschlechts ausgeht, ist es umso bemerkenswerter, dass diese Gleichheit nicht auch der menschenrechtlichen Gleichheit von Frauen i.S.d. CEDAW entspricht. Dies gilt umso mehr im Vergleich zur biblischen Ungleichheit der Frau, die sich anders als die „fortschrittlichere" Ansicht der Gleichheit der Frau im Koran in eine menschenrechtliche Gleichheit übersetzt hat. Diesbezüglich spielt die Scharia eine entscheidende Rolle.

6.3.2 Korandeutungen und die Rolle der Scharia

Der Begriff „Scharia" hat seinen Ursprung im Koran, wo er an einer Stelle erwähnt wird (Sure 45/18) und sich dort auf einen Pfad in der Wüste bezieht, der zur Wasserquelle führt.[142] „Scharia" kann demnach als „breiter Weg" oder als „Weg, der aus der Wüste zur Tränke und Quelle führt" übersetzt werden.[143] Aus Sure 45/18 wird der göttliche Ursprung der Scharia hergeleitet, der in der islamischen Geschichte

[138] Tafsīr al-Jalālayn, translated by Feras Hamza, p. 606; vgl. auch Asad, The Message of the Quran, p. 1079.

[139] Asad, The Message of the Quran, p. 1080 fn. 15; vgl. auch *Bozkurt*, Geschlecht, Mann, Frau, Familie, in: Selcuk/Thurner (eds.), Der Mensch in Christentum und Islam, 133 (134).

[140] Ibid., 133 (136).

[141] *Bozkurt*, Geschlecht, Mann, Frau, Familie, in: Selcuk/Thurner (eds.), Der Mensch in Christentum und Islam, 133 (135).

[142] Asad, The Message of the Quran, pp. 1043–1044 fn. 18.

[143] Ibid.; *Uçar*, Islam und Verfassungsstaat vor dem Hintergrund der Scharia-Regelungen, in: Häberle/Hattler (eds.), Islam – Säkularismus – Religionsrecht, 27 (27).

seit den frühen Kalifen des siebten Jahrhunderts zur Vorstellung der Scharia als „heiliges Recht“ entwickelt wurde.[144] Diese Entwicklung muss hier nicht nachgezeichnet werden.[145] Für die Zwecke dieses Abschnitts kommt es darauf an, *was* die Scharia ist und woraus sich die Diskrepanz zwischen der eigentlich im Koran angelegten Geschlechtergleichheit und der Scharia als vermeintliche Legitimationsbasis für die Ablehnung der Geschlechtergleichheit im menschenrechtlichen Sinne der CEDAW ergibt.

Der Begriff „Scharia“ ist sehr vielschichtig und wird in einem engen und weiten Verständnis verwendet. Im weiten Verständnis bezeichnet er die „Gesamtheit aller religiösen und rechtlichen Normen, Mechanismen zur Normfindung und Interpretationsvorschriften des Islam“.[146] In einem engen Verständnis bezieht sich „Scharia“ auf die Abgrenzung zwischen religiösen und rechtlichen Verpflichtungen sowie in der Folge auf den Unterschied zwischen der dies- und jenseitigen Rechtsdurchsetzung, wobei diesem Verständnis allein die mutmaßlich „rechtlichen“ Anteile des Koran unterfallen und als solche beispielsweise die Beurteilung von Gebetsvorschriften vor Arbeitsgerichten oder die Scheidung vor Familiengerichten ausmachen können.[147]

Mit dem weiten Verständnis wird deutlich, dass die Scharia kein kodifiziertes Gesetzeswerk darstellt, sondern vorschreibt, welche islamisch-religiösen Texte wie zu deuten sind. Als unumstrittene Quellen liegen der Scharia in allen islamischen Strömungen der Koran und die Sunna (überlieferte Prophetenpraxis Mohammeds) zugrunde, wohingegen andere Quellen wie ʿUrf (Gewohnheitsrecht) von einigen Deutungsschulen in die Scharia einbezogen werden und von anderen nicht.[148] Was die Scharia inhaltlich ist, hängt damit maßgeblich von der herrschenden Rechtsquellen- und -findungslehre ab (Usūl al-fiqh des fiqh[149]) und ist immer Ausdruck einer bestimmten Deutungsschule zu einer bestimmten Zeit. Diesen Deutungsschulen kann selbst der Status einer Konfession zukommen.[150]

Bei der Scharia handelt es sich folglich nicht um ein religiöses Werk wie die Thora, die Bibel oder den Koran, sondern um ein Regelwerk für die Auslegung des letztgenannten. Da sich Auslegungen aber wandeln können[151] und „Macht eine beeinflussende Rolle bei der Interpretation [spielt]“,[152] kommt den islamischen Exege-

[144] Asad, The Message of the Quran, pp. 1043–1044 fn. 18; Müller, Recht und historische Entwicklung der Scharia im Islam, pp. 1–2.

[145] Dazu Müller, Recht und historische Entwicklung der Scharia im Islam, pp. 1–2.

[146] Rohe, Das Islamische Recht, pp. 9–10, 16.

[147] Ibid., pp. 10–11, 15–16, 48–49.

[148] *Hefny*, Hermeneutik, Koraninterpretation und Menschenrechte, in: Elliesie (ed.), Beiträge zum Islamischen Recht VII. Islam und Menschenrechte, 73 (87).

[149] *Uçar*, Islam und Verfassungsstaat vor dem Hintergrund der Scharia-Regelungen, in: Häberle/Hattler (eds.), Islam – Säkularismus – Religionsrecht, 27 (29).

[150] *Hefny*, Hermeneutik, Koraninterpretation und Menschenrechte, in: Elliesie (ed.), Beiträge zum Islamischen Recht VII. Islam und Menschenrechte, 73 (87).

[151] Rohe, Das Islamische Recht, p. 17.

[152] *Hefny*, Hermeneutik, Koraninterpretation und Menschenrechte, in: Elliesie (ed.), Beiträge zum Islamischen Recht VII. Islam und Menschenrechte, 73 (84).

ten eine entscheidende Bedeutung für die Deutung des Koran und damit für das Verständnis der Gleichheit zwischen Frau und Mann zu.

Diesbezüglich besteht die Vermutung, dass die Scharia als Mittel genutzt wird, um den status quo einer patriarchalischen Gesellschaftsordnung aufrechtzuerhalten, welche die Benachteiligungen von Frauen jedenfalls in Kauf nimmt, die aber nicht im Koran als solchem angelegt ist. Für die Vereinbarkeit des Islam mit der CEDAW geht es dadurch im Grunde nicht um den Gegensatz „Islam vs. CEDAW", sondern um die „Deutungshoheit vs. CEDAW" bzw. um „Souveränitätsrechte vs. CEDAW". Denn letztlich steht es im Ermessen jedes islamischen Staates, welcher Deutungsschule er folgt bzw., ob er seiner Rechtsordnung überhaupt die Scharia zugrunde legt, wobei „der politische Aspekt als wichtiger Faktor bei der Steuerung der Interpretation [gilt]".[153]

Literatur

Asad, Muhammad: The Message of the Quran, Petaling Jaya, Malaysia 2011

Baratta, Roberta: Should Invalid Reservations to Human Rights Treaties Be Disregarded?, in: European Journal of International Law 11(2), 2000, pp. 413–425

Baylis, Elena A.: General Comment 24: Confronting the Problem of Reservations to Human Rights Treaties, in: Berkeley Journal of International Law 17(2), 1999, pp. 277–329

Bowett, Derek William: Reservations to Non-Restricted Multilateral Treaties, in: British Yearbook of International Law 1976–1977, 48(1), pp. 67–90

Bozkurt, Nahide: Geschlecht, Mann, Frau, Familie, in: Selcuk, Mualla/Thurner, Martin (eds.), Der Mensch in Christentum und Islam, Stuttgart 2019, pp. 133–140

Bradley, Curtis A./Goldsmith, Jack L.: Treaties, Human Rights, and Conditional Consent, in: University of Pennsylvania Law Review 149(2), 2000, pp. 399–468

Buergenthal, Thomas: To respect and to ensure: state obligations and permissible derogations, in: Henkin, Louis (ed.), The International Bill of Rights: The Covenant on Civil and Political Rights, New York 1981, pp. 72–91

Cameron, Iain/Horn, Frank: Reservations to the European Convention: The Belilos Case, in: German Yearbook of International Law 33, 1990, pp. 69–129

Corten, Olivier/Klein, Pierre (eds.): The Vienna Conventions on the Law of Treaties. A Commentary. Volume 1, Oxford 2011

Dahm, Georg/Delbrück, Jost/Wolfrum, Rüdiger: Völkerrecht, Vol. I/3, Die Formen des völkerrechtlichen Handelns: Die inhaltliche Ordnung der internationalen Gemeinschaft, 2nd edition, Berlin 2002

Doehring, Karl: Völkerrecht, 2nd edition, Heidelberg 2004

Dörr, Oliver/Schmalenbach, Kirsten (eds.): Vienna Convention on The Law of Treaties. A Commentary, 2nd edition, Berlin 2018

Fitzmaurice, Malgosia: The Practical Working of the Law of Treaties, in: Evans, Malcolm D. (ed.), International Law, 4th edition, Oxford 2014, pp. 166–197

Giegerich, Thomas: Vorbehalte zu Menschenrechtsabkommen: Zulässigkeit, Gültigkeit und Prüfungskompetenzen von Vertragsgremien, in: ZaöRV 55, 1995, pp. 713–782

Goodman, Ryan: Human Rights Treaties, Invalid Reservations, and State Consent, in: American Journal of International Law 96(3), 2002, pp. 531–560

[153] Ibid.

Hefny, Assem: Hermeneutik, Koraninterpretation und Menschenrechte, in: Elliesie, Hatem (ed.), Beiträge zum Islamischen Recht VII. Islam und Menschenrechte, Frankfurt a.M. 2010, pp. 73–97
Hennebel, Ludovic/Tigroudja, Hélène: The American Convention on Human Rights. A Commentary, Oxford 2022
Karpenstein, Ulrich/Mayer, Franz C. (eds.): Konvention zum Schutz der Menschenrechte und Grundfreiheiten: EMRK, Kommentar, 3rd edition, München 2022
King, Hugh: The Extraterritorial Human Rights Obligations of States, in: Human Rights Law Review 9(4), 2009, pp. 521–556
Koh, Jean Kyongun: Reservations to Multilateral Treaties: How International Legal Doctrine Reflects World Vision, in: Harvard International Law Journal 23 (1982–1983), pp. 71–116
Linderfalk, Ulf: On the Interpretation of Treaties. The Modern International Law as Expressed in the 1969 Vienna Convention on the Law of Treaties, Dordrecht 2007
McGoldrick, Dominic: Extraterritorial Application of the International Covenant on Civil and Political Rights, in: Coomans, Fons/Kamminga, Menno T. (eds.), Extraterritorial Application of Human Rights Treaties, Antwerp/Oxford 2004, pp. 41–72
Meron, Theodor: Extraterritoriality of Human Rights Treaties, in: American Journal of International Law 89(1), 1995, pp. 78–82
Meyer-Ladewig, Jens/Nettesheim, Martin/von Raumer, Stefan (eds.): EMRK. Europäische Menschenrechtskonvention, 5th edition, Baden-Baden 2023
Milanovich, Marko: Extraterritorial Application of Human Rights Treaties. Law, Principles, and Policy, Oxford 2011
Moloney, Roslyn: Incompatible Reservations to Human Rights Treaties: Severability and the Problem of State Consent, in: Melbourne Journal of International Law 5(1), 2004, pp. 155–168
Müller, Christian: Recht und historische Entwicklung der Scharia im Islam, Berlin/Boston 2022
Pellet, Alain/Müller, Daniel: Reservations to Human Rights Treaties: Not An Absolute Evil …, in: Fastenrath, Ulrich/Geiger, Rudolf/Khan, Daniel-Erasmus/Paulus, Andreas/Schorlemer, Sabine von/Vedder, Christoph (eds.), From Bilateralism to Community Interest. Essays in Honour of Judge Bruno Simma, Oxford 2011, pp. 521–551
Peters, Anne: Humanity as the A and Ω of Sovereignty, in: European Journal of International Law 20(3), 2009, pp. 513–544
Proelß, Alexander (ed.): Völkerrecht, 9th edition, Berlin 2024
Redgwell, Catherine J.: Reservations to Treaties and Human Rights Committee General Comment No.24(52), in: International and Comparative Law Quarterly 46(2), 1997, pp. 390–412
Renard, John: Islam and Christianity. Theological Themes in Comparative Perspective, Berkeley/Los Angeles/London 2011
Rohe, Mathias, Das Islamische Recht. Geschichte und Gegenwart, 4th edition, München 2022
Saraswati, Anak Agung Ayu Nanda: The Discourse of Reservations to CEDAW on Women's Rights in Malaysia, Brunei and Indonesia, in: Indonesian Journal of International Law 19(4), 2022, pp. 515–535
Scheinin, Martin: The ICJ and the Individual, in: International Community Law Review 9(2), 2007, pp. 123–137
Schöpp-Schilling, Hanna Beate: Reservations to the Convention on the Elimination of All Forms of Discrimination against Women: An Unresolved Issue or (No) New Development?, in: Ziemele, Ineta (ed.), Reservations to Human Rights Treaties and the Vienna Convention. Conflict, Harmony or Reconciliation, Dordrecht 2004, pp. 3–39
Schulz, Patricia/Halperin-Kaddari, Ruth/Rudolf, Beate/Freeman, Marsha A. (eds.): The UN Convention on the Elimination of All Forms of Discrimination Against Women. A Commentary, 2nd edition, Oxford 2022
Simma, Bruno: Reservations to Human Rights Treaties – Some Recent Developments, in: Hafner, Gerhard/Loibl, Gerhard/Rest, Alfred/Sucharipa-Behrmann, Lilly/Zemanek, Karl (eds.), Liber Amicorum Professor Ignaz Seidl-Hohenveldern in honor of his 80th birthday, Den Haag et al. 1998, pp. 659–680

Simma, Bruno/Hernández, Gleider I.: Legal Consequences of an Impermissible Reservation to a Human Rights Treaty: Where Do We Stand?, in: Cannizzaro, Enzo (ed.), The Law of Treaties. Beyond the Vienna Convention, Oxford 2011, pp. 60–85
Swaine, Edward T.: Reserving, in: The Yale Journal of International Law 31(2), 2006, pp. 307–366
Tafsīr al-Jalālayn, translated by Feras Hamza. The Complete Text, Amman 2007
Uçar, Bülent: Islam und Verfassungsstaat vor dem Hintergrund der Scharia-Regelungen, in: Häberle, Lothar/Hattler, Johannes (eds.), Islam – Säkularismus – Religionsrecht. Aspekte und Gefährdungen der Religionsfreiheit, Heidelberg et al. 2012, pp. 27–40
Villiger, Mark Eugen: Commentary on the 1969 Vienna on the Law of Treaties, Leiden 2009

Kapitel 7
Schlussbetrachtung

Die Arbeit hat die Frage untersucht, wie Art. 5 lit. a CEDAW Frauen völkervertraglich vor Benachteiligungen aufgrund von Geschlechterstereotypen und Rollenbildern schützt und die Norm dafür anhand der Art. 31 bis 33 WVK ausgelegt. Darüber hinaus wurden Fragestellungen in drei Bereichen aufgezeigt, die sich im Zusammenhang mit der Auslegung des Art. 5 lit. a CEDAW als besonders bedeutsam für die Umsetzung der CEDAW herausgestellt haben. Die Ergebnisse der Arbeit lassen sich in den folgenden Thesen zusammenfassen.

7.1 Zum Diskriminierungsverständnis

These A.1
Art. 5 lit. a CEDAW bringt zum Ausdruck, dass es nicht die biologische Andersartigkeit von Frauen zu Männern ist, welche Frauen benachteiligen, sondern die daran geknüpften Geschlechtsstereotype und Rollenbilder.

Geschlechterstereotype und Rollenbilder sind sozio-kulturelle Phänomene, die sich an die Geschlechtszuordnung eines Menschen anhand seiner biologischen Merkmale knüpfen. Art. 5 lit. a CEDAW adressiert Geschlechterstereotype und Rollenbilder und macht in seiner systematischen Platzierung unter den CEDAW-Grundlagenartikeln und der Präambel deutlich, dass es nicht die biologischen Merkmale einer Frau sind, welche zu ihrer Diskriminierung führen, sondern die diesen Merkmalen zugeschriebenen Eigenschaften und Verhaltensweisen. Die diesen Zuschreibungen zugrunde liegenden Überzeugungen bestehen in Hinblick auf die Benachteiligung von Frauen unter anderem in der Annahme einer Dominanz des Mannes über die Frau sowie ihrer Rolle in der häuslichen Sphäre, insbesondere als Mutter.

J. Bertram, *Der völkerrechtliche Diskriminierungsschutz gegen Benachteiligungen der Frau aufgrund von Geschlechterstereotypen und Rollenbildern*, https://doi.org/10.1007/978-3-662-73250-2_7

These A.2
Geschlechterstereotype und Rollenbilder stellen für sich selbst genommen eine Diskriminierung gemäß Art. 1 CEDAW dar, wenn sie Frauen im Sinne dieser Definition benachteiligen.

Art. 1 CEDAW definiert die Diskriminierung der Frau als jede mit dem Geschlecht begründete Unterscheidung, Ausschließung oder Beschränkung, die es zur Folge oder zum Ziel hat, Frauen in der gleichberechtigten Anerkennung, Inanspruchnahme oder Ausübung ihrer Menschenrechte und Grundfreiheiten zu beeinträchtigen. Da es nach dieser Definition nicht auf eine Intention zur Benachteiligung ankommt, stellen Geschlechterstereotype und Rollenbilder an sich eine Diskriminierung i. S. v. Art. 1 CEDAW dar, wenn sie benachteiligend für Frauen wirken.

7.2 Zum Regelungsziel

These B.1
Das Regelungsziel des Art. 5 lit. a CEDAW besteht darin, benachteiligende Stereotype und Rollenverteilungen zwischen Männern und Frauen zu beseitigen oder zu ändern.

Angesichts seines Verständnisses zum Zusammenhang zwischen Geschlechterstereotypen und Rollenbildern und der Diskriminierung von Frauen beabsichtigt Art. 5 lit. a CEDAW die Beseitigung oder Änderung benachteiligender Stereotype und Rollenbilder. Art. 5 lit. a CEDAW intendiert damit Änderungen in den Verhaltensweisen von Frauen und Männern in den Vertragsstaaten, die aufgrund der Entstehung und Verwurzelung von Stereotypen und Rollenbildern in sozialen Gemeinwesen als „sozio-kultureller Wandel" bezeichnet wurden.

These B.2
Das Regelungsziel macht Art. 5 lit. a CEDAW zu einer nicht-akzessorischen Norm und strahlt aufgrund seiner Position als Grundlagenartikel auf die besonderen CEDAW-Diskriminierungsverbote aus.

Das Regelungsziel des sozio-kulturellen Wandels ist nicht an die Geltendmachung der besonderen Diskriminierungsverbote der Art. 6 bis 16 CEDAW gebunden und macht Art. 5 lit. a CEDAW dadurch zu einer nicht-akzessorischen Norm mit einer eigenständigen, für den Diskriminierungsschutz der CEDAW materiellrechtlich bedeutsamen Zielbestimmung. Aufgrund seiner systematischen Stellung als Grundlagenartikel strahlt das Regelungsziel des Art. 5 lit. a CEDAW auf die besonderen Diskriminierungsverbote aus und ist in ihrer Auslegung/Anwendung zwingend zu berücksichtigen.

7.3 Zu den Pflichtenarten

These C
Art. 5 lit. a CEDAW begründet für die Vertragsstaaten die Pflicht zum Ergreifen aller geeigneten Maßnahmen, die nach ihrer Art und ihrem Ausmaß dazu geeignet sind, sein selbst nicht-rechtsverbindliches Regelungsziel herbeizuführen.

Art. 5 CEDAW begründet in seinem Obersatz eine Pflicht der Vertragsstaaten zum Ergreifen aller geeigneten Maßnahmen. Das Erreichen des Regelungsziels des Art. 5 lit. a CEDAW ist selbst keine Pflicht der Vertragsstaaten. Die Pflicht besteht in dem grundsätzlichen Ergreifen aller geeigneten Maßnahmen, welche sich in Bezug auf Art. 5 lit. a CEDAW aber durch sein Regelungsziel konkretisieren. Die von den Vertragsstaaten zu ergreifenden Maßnahmen müssen demnach dazu geeignet sein, durch die Beseitigung oder Änderung benachteiligender Geschlechterstereotype und Rollenbilder einen Wandel in den Verhaltensmustern von Frauen und Männern herbeizuführen. Aufgrund der unterschiedlich starken Ausprägung von Geschlechterstereotypen und Rollenbildern in den Vertragsstaaten kommt ihnen bei der Auswahl der Maßnahmen ein Ermessensspielraum zu. Völkerrechtlich verantwortlich sind die Vertragsstaaten dementsprechend für das Ergreifen aller Maßnahmen, die dazu in der Lage sein müssen, das Regelungsziel des Art. 5 lit. a CEDAW zu erreichen.

7.4 Zu Rechtsverletzungen durch Private

These D.1
Art. 5 lit. a begründet i. V. m. Art. 2 lit. e und f CEDAW eine Schutzpflicht der Vertragsstaaten, Diskriminierungen aufgrund von Geschlechterstereotypen und Rollenbildern in horizontalen Rechtsbeziehungen zu verhindern, zu verfolgen und zu sanktionieren.

Das Benachteiligungspotenzial von Geschlechterstereotypen und Rollenbildern entfaltet sich insbesondere in privaten Rechtsbeziehungen. Art. 2 lit. e und f i. V. m. Art. 5 lit. a CEDAW tragen diesem Benachteiligungspotenzial Rechnung, indem sie eine Schutzpflicht der Vertragsstaaten begründen und den Diskriminierungsschutz der CEDAW auf die Rechtsbeziehungen Privater erstrecken. Eine solche Ausstrahlungswirkung auf horizontale Rechtsverhältnisse ist bemerkenswert, weil völkerrechtliche Verträge primär ihre Subjekte, d. h. Staaten verpflichten und nicht Private. Art. 2 lit. e und f i. V. m. Art. 5 lit. a CEDAW können somit als eine völkervertraglich positivierte Wertentscheidung gegen alle Formen der Diskriminierung von Frauen einschließlich der Rechtsverletzungen durch Private verstanden werden, welche zu der Pflicht der Vertragsstaaten führt, Frauen in ihren nationalen Rechtsordnungen vor Benachteiligungen durch Private zu schützen und im Einzelfall einzuschreiten, um Rechtsverletzungen zu verhindern, zu verfolgen und zu sanktionieren.

These D.2
Die Nicht-Erfüllung der Schutzpflicht stellt ein pflichtwidriges Unterlassen des Vertragsstaates dar und löst seine völkerrechtliche Verantwortung aus.

Für die völkerrechtliche Verantwortung wegen einer Verletzung der Schutzpflicht kommt es nicht auf die Zurechnung des Verhaltens des Privaten zu einem CEDAW-Vertragsstaat an. Da die Schutzpflicht nach Art. 2 lit. e und f i. V. m. Art. 5 lit. a CEDAW ein positives Tun der Vertragsstaaten verlangt, stellt die Nicht-Erfüllung der Schutzpflicht ein pflichtwidriges Unterlassen des Vertragsstaates dar, für die er gemäß Art. 1, 2 ILC-ASR völkerrechtlich verantwortlich ist.

These D.3
Die Erforderlichkeit und Gebotenheit einer Schutzpflicht gegen Rechtsverletzungen durch Private sind Jahrzehnte nach dem Inkrafttreten der CEDAW durch regionale Menschenrechtsverträge zum Schutz von Frauen vor Diskriminierungen bekräftigt.

Art. 2 lit. e und f i. V. m. Art. 5 lit. a CEDAW normierten völkervertraglich zum ersten Mal eine Schutzpflicht der Vertragsstaaten gegen Rechtsverletzungen von Frauen aufgrund von Geschlechterstereotypen und Rollenbildern durch Private. Die Konvention von Belém do Para der OAS, die Istanbul-Konvention des Europarates und das Maputo-Protokoll der AU enthalten ebenfalls eine Pflicht der Vertragsstaaten zum Ergreifen aller geeigneten Maßnahmen gegen Rechtsverletzungen der Frau durch Private, welche jeweils an Art. 2 lit. e und f i. V. m. Art. 5 lit. a CEDAW orientiert ist. Der Schutzpflicht aus Art. 2 lit. e und f i. V. m. Art. 5 lit. a CEDAW ist insofern eine Vorreiterrolle beizumessen, die im völkerrechtlichen Menschenrechtsschutz von Frauen nach wie vor geboten und erforderlich ist.

7.5 Zum Gleichheitsverständnis

These E.1
Art. 5 lit. a CEDAW ist in der Konvention der Ausgangspunkt der transformativen Gleichheit.

Die transformative Gleichheit zielt darauf ab, durch die Veränderung bestehender sozialer Strukturen und der Funktionsweisen von Organisationen und Institutionen die faktische Gleichstellung benachteiligter Gruppen herbeizuführen. Art. 5 lit. a CEDAW ist der Ausgangspunkt der transformativen Gleichheit in der CEDAW, weil er einen sozio-kulturellen Wandel in den Verhaltensmustern von Frauen und Männern erreichen, d. h. diejenigen Strukturen ändern will, welche

Geschlechterstereotype und Rollenbilder und dadurch die Benachteiligung von Frauen produzieren und aufrechterhalten.

These E.2
Die transformative Gleichheit i. S. d. Art. 5 lit. a CEDAW ist kein eigenständiges Gleichheitsmodell, sondern unterstützt die materielle Gleichheit in der CEDAW und gleicht sie aus.

Die transformative Gleichheit des Art. 5 lit. a CEDAW stellt kein eigenständiges und neben die materielle Gleichheit tretendes Gleichheitsmodell dar, sondern ist eine Unterform der letztgenannten. Dies folgt daraus, dass beide die de facto-Gleichheit von Frauen zum Ziel haben und sich nur darin unterscheiden, wie sie dieses Ziel erreichen wollen. Die materielle Gleichheit sieht pro- und reaktiv wirkende zeitweilige Sondermaßnahmen in Art. 4 Abs. 1 CEDAW vor, deren proaktiver Anteil durch Art. 5 lit. a CEDAW unterstützt wird, indem er die Ursachen der Diskriminierung von Frauen beseitigt. Art. 5 lit. a CEDAW kommt über diese Unterstützungsfunktion hinaus eine ausgleichende Funktion zu, indem er die Gefahr, dass durch zeitweilige Sondermaßnahmen benachteiligende Stereotype und Rollenbilder verfestigt werden, durch die unter ihm ergriffenen Maßnahmen zur Beseitigung bzw. zur Änderung von Stereotypen und Rollenbildern verringert.

These E.3
Art. 5 lit. a CEDAW und sein transformatives Gleichheitsziel sind die nicht hinwegdenkbare Bedingung für die Verwirklichung des CEDAW-Diskriminierungsschutzes.

Art. 5 lit. a CEDAW und sein transformatives Gleichheitsziel stellen die *sine qua non* für die Verwirklichung des CEDAW-Diskriminierungsschutzes dar, weil Geschlechterstereotype und Rollenbilder im Verständnis der CEDAW die „root cause" der Benachteiligung von Frauen sind und der Zustand der Nicht-Diskriminierung ohne einen Wandel der zugrunde liegenden Ursachen nicht bzw. nicht vollständig erreicht werden kann.

7.6 Zum Geschlechtsverständnis

These F
Das Geschlechtsverständnis des Art. 5 lit. a CEDAW bzw. der CEDAW insgesamt ist humanmedizinisch fundiert.

Das Geschlechtsverständnis des Art. 5 lit. a CEDAW bzw. der CEDAW wurde in der grammatikalischen Auslegung als intertemporale Frage herausgestellt, weil das Geschlecht seit dem Inkrafttreten der CEDAW im Maputo-Protokoll, in der regionalen Rechtsprechung des EGMR und des IAGMR sowie in den Sozialwissenschaften mittlerweile auch anhand nicht-anatomischer bzw. gänzlich nicht-medizinischer Kriterien definiert wird.

Dass die Geschlechter „Frau“ und „Mann“ in der CEDAW humanmedizinisch definiert sind, steht somit nicht ohne Weiteres fest. Eher ist das Geschlecht ein Ausdruck historischer und kultureller Bedeutungszuschreibungen, welche körperlichen Merkmalen im heutigen westlichen Kulturkreis die Signifikanz einer mutmaßlich eindeutigen Geschlechtszuordnung beimessen. Die ergänzende Auslegung des Art. 5 lit. a CEDAW anhand seiner travaux préparatoires stellte gleichwohl klar, dass das Geschlecht zum Entstehungszeitpunkt der CEDAW nicht hinterfragt wurde und sie „Frau“ und „Mann“ deshalb in dem zur damaligen Zeit vorherrschenden humanmedizinischen Sinne versteht.

7.7 Zur extraterritorialen Anwendbarkeit

These G

Die Achtungspflichten der CEDAW sind grundsätzlich extraterritorial anwendbar. Die Schutzpflichten der CEDAW gelten nur dann extraterritorial, wenn die Vertragsstaaten auf einem fremden Hoheitsgebiet eine Verwaltungskontrollmacht ausüben.

Nach der IGH-Rechtsprechung im Kongo-/Uganda-Fall ist für die extraterritoriale Anwendung der CEDAW zwischen negativen Achtungspflichten und positiven Schutzpflichten zu unterscheiden. Dass die CEDAW ihren räumlichen Anwendungsbereich nicht regelt, spricht per se weder für noch gegen extraterritoriale Pflichten.

Die negativen Achtungspflichten der CEDAW gelten nach der IGH-Rechtsprechung stets extraterritorial und insbesondere, wenn ein Staat auf einem fremden Hoheitsgebiet als Besatzungsmacht auftritt. Andernfalls würde das teleologisch sinnwidrige Szenario herbeigeführt, dass die Vertragsstaaten die CEDAW-Achtungspflichten auf ihrem eigenen Staatsgebiet einzuhalten haben, auf fremden Gebieten aber nicht.

Etwas anderes gilt für positive Schutzpflichten. Ihre extraterritoriale Anwendbarkeit kann weder der grammatikalischen, noch der systematischen und teleologischen Auslegung des Art. 2 lit. e CEDAW eindeutig entnommen werden, obwohl sie durch den CEDAW-Ausschuss mit dieser Norm begründet werden. Von extraterritorialen Schutzpflichten ist nach der IGH-Rechtsprechung gleichwohl immer dann auszugehen, wenn die Vertragsstaaten auf einem fremden Staatsgebiet eine Verwaltungskontrollmacht innehaben, die es ihnen erlaubt, Maßnahmen zum Schutz der CEDAW-Rechte gegen Verletzungen durch Private zu ergreifen.

7.8 Zur Umsetzungsbereitschaft der Vertragsstaaten

These H
Die Vertragsstaaten können die Nachprüfung mutmaßlicher CEDAW-Verletzungen durch einen Vorbehalt gegen die Zuständigkeitsklausel des Art. 29 Abs. 1 CEDAW abbedingen und ihre Verantwortung vor dem IGH ausschließen, soweit keine andere Rechtsgrundlage für die Zuständigkeit des IGH greift.

Die Rechtsfolgen von Vorbehalten wirken bilateral zwischen dem Vorbehaltsstaat und den Staaten, die den Vorbehalt annehmen oder Einspruch gegen ihn einlegen. Diese bilaterale Wirkung gilt auch auf der verfahrensrechtlichen Ebene, da der IGH die Folgen eines Vorbehalts gegen die Zuständigkeitsklausel eines Menschenrechtsvertrags davon abhängig macht, ob der klageerhebende Staat, der die Zuständigkeitsklausel geltend macht, dem Vorbehalt widersprochen hat oder nicht. Soweit der klageerhebende Staat die Zuständigkeit des IGH nicht auf eine andere Rechtsgrundlage und hierbei insbesondere auf die Fakultativklausel des Art. 36 Abs. 2 IGH-Statut stützen kann, ist die Nachprüfung der mutmaßlichen Verletzungen durch den IGH aufgrund des Vorbehalts ausgeschlossen.

Die verfahrensrechtliche Bilateralisierung und das damit einhergehende Risiko des Ausschlusses der IGH-Zuständigkeit für etwaige Vertragsverletzungen betrifft die CEDAW in besonderer Weise, weil sie unter allen UN-Menschenrechtsverträgen der vorbehaltsbelasteste Vertrag ist und sich unter diesen Vorbehalten die meisten gegen die Zuständigkeitsklausel des Art. 29 Abs. 1 CEDAW richten.

These H.2
Insbesondere unter islamischen Staaten ist die Bereitschaft zur Umsetzung der CEDAW gering.

CEDAW-Normen werden von Staaten aller Religionen abbedungen. Unter den monotheistisch-abrahamitischen Religionen ist aber auffällig, dass nur islamische Vertragsstaaten ihre Vorbehalte gegen materielle CEDAW-Normen mit der mutmaßlichen Unvereinbarkeit dieser Normen mit dem Scharia-Recht rechtfertigen. Diese Begründung zeigt sich eindrücklich bei den Vorbehalten islamischer Staaten gegen Art. 2 CEDAW sowie mit den offiziell als Interpretationserklärung bezeichneten, aber als Vorbehalt zu wertenden Erklärungen Qatars zu Art. 1 und Art. 5 lit. a CEDAW. Diese Vertragsstaaten schließen die Anwendung der genannten CEDAW-Normen insoweit aus, als dass sie der Scharia widersprechen. Dadurch verstoßen diese Vertragsstaaten gegen Art. 27 Satz 1 WVK, wonach sie die Nicht-Umsetzung der CEDAW nicht mit ihrem innerstaatlichen Recht rechtfertigen können.

7.9 Zur Vereinbarkeit der CEDAW mit dem Islam

These I

Es kann nicht von einer Unvereinbarkeit des Islam mit der CEDAW gesprochen werden, weil sich die Ablehnung der menschenrechtlichen Gleichheit von Frauen nicht aus dem Koran, sondern aus seiner Deutung durch islamische Exegeten ergibt.

Die primäre Quelle des Islam ist der Koran, welcher selbst eine ontologische Gleichheit von Frau und Mann vermittelt und dadurch an sich der menschenrechtlichen Gleichheit von Frauen zu Männern im Sinne der CEDAW entspricht. Die Ablehnung der menschenrechtlichen Gleichheit der Frau durch einige islamische Staaten folgt erst aus der Scharia, der sekundären Deutung des Koran durch islamische Deutungsschulen und ihre Exegeten. Da die Auswahl einer Deutungsschule im Ermessen jedes Staates liegt, sind es letztlich eher politische Motive, unter denen Staaten die Menschenrechte von Frauen im Namen des Islam ab- oder anerkennen.

Literatur

Abi-Mershed, Elizabeth A.H.: Due Diligence and the Fight Against Gender-Based Violence in the Inter-American System, in: Benninger-Budel, Carin (ed.), Due Diligence and its Application to Protect Women from Violence, Leiden/Boston 2008, pp. 127–137.

Akehurst, Michael: The Hierarchy of the Sources of International Law, in: British Yearbook of International Law 47(1), 1975, pp. 273–285.

Ambos, Kai (ed.): Rome Statute of the International Criminal Court. Article-by-Article Commentary, 4th edition, München/Oxford/Baden-Baden 2022.

Arato, Julian: Subsequent Practice and Evolutive Interpretation: Techniques of Treaty Interpretation over Time and Their Diverse Consequences, in: The Law and Practice of International Courts and Tribunals 9(3), 2010, pp. 443–494.

Arato, Julian: Constitutional Transformation in the ECtHR: Strasbourg's Expansive Recourse to International Rules of International Law, in: Brooklyn Journal of International Law 37(2), 2012, pp. 349–387.

Asad, Muhammad: The Message of the Quran, Petaling Jaya, Malaysia 2011.

Ashmore, Richard D./Del Boca, Frances K.: Sex Stereotypes and Implicit Personality Theory: Toward a Cognitive-Social Psychological Conceptualization, in: Sex Roles: A Journal of Research 5(2), 1979, pp. 219–248.

Baer, Susanne: Recht: Normen zwischen Zwang, Konstruktion und Ermöglichung – Gender Studies zum Recht, in: Becker, Ruth/Kortendiek, Beate (eds.), Handbuch Frauen- und Geschlechterforschung. Theorie, Methoden, Empirie, 3rd edition, Wiesbaden 2010, pp. 555–563.

Baer, Susanne: Chancen und Risiken Positiver Maßnahmen: Grundprobleme des Antidiskriminierungsrechts, in: Heinrich Böll Stiftung, (ed.), Positive Maßnahmen. Von Antidiskriminierung zu Diversität, Band 24, Berlin 2010, pp. 23–39.

Bantekas, Ilias/Stein, Michael Ashley/Anastasiou, Dimitris (eds.): The UN Convention on the Rights of Persons with Disabilities. A Commentary, Oxford 2018.

Baratta, Roberta: Should Invalid Reservations to Human Rights Treaties Be Disregarded?, in: European Journal of International Law 11(2), 2000, pp. 413–425.

Baylis, Elena A.: General Comment 24: Confronting the Problem of Reservations to Human Rights Treaties, in: Berkeley Journal of International Law 17(2), 1999, pp. 277–329.

Bernhardt, Rudolf: Interpretation and Implied (Tacit) Modification of Treaties. Comments on Arts. 27, 28, 29 and 38 of the ILC's 1966 Draft Articles on the Law of Treaties, in: ZaöRV 27, 1967, pp. 491–506.

Bernhardt, Rudolf: Interpretation in International Law, in: Bernhardt, Rudolf (ed.), Encyclopedia of Public International Law, Vol. II, 2nd edition, Amsterdam 1995, pp. 1416–1426.

J. Bertram, *Der völkerrechtliche Diskriminierungsschutz gegen Benachteiligungen der Frau aufgrund von Geschlechterstereotypen und Rollenbildern*, https://doi.org/10.1007/978-3-662-73250-2

Bernhardt, Rudolf: Evolutive Treaty Interpretation, Especially of the European Convention of Human Rights, in: 42 German Yearbook of International Law, 1999, pp. 11–25.

Bierhoff, Hans-Werner: Sozialpsychologie: Ein Lehrbuch, 6th edition, Stuttgart 2006.

Biholar, Ramona: Transforming Discriminatory Sex Roles and Gender Stereotyping: The implementation of Article 5(a) CEDAW for the realisation of women's right to be free from gender-based violence in Jamaica, Cambridge/Antwerp/Portland 2013 (Dissertation Utrecht University 2013).

Bjorge, Eirik: The convergence of the methods of treaty interpretation: Different regimes, different methods of interpretation?, in: Andenas, Mads/Bjorge, Eirik (eds.), A Farewell to Fragmentation. Reassertion and Convergence in International Law. Studies on International Courts and Tribunals, Cambridge 2015, pp. 498–535.

Blackless, Melanie/Charuvastra, Anthony/Derryck, Amanda/Fausto-Sterling, Anne/Lauzanne, Karl/Lee, Ellen: How Sexually Dimorphic Are We? Review and Synthesis, in: American Journal of Human Biology 12(2), 2000, pp. 151–166.

Bowett, Derek William: Reservations to Non-Restricted Multilateral Treaties, in: British Yearbook of International Law 1976–1977, 48(1), pp. 67–90.

Bozkurt, Nahide: Geschlecht, Mann, Frau, Familie, in: Selcuk, Mualla/Thurner, Martin (eds.), Der Mensch in Christentum und Islam, Stuttgart 2019, pp. 133–140.

Böth, Katharina: Evolutive Auslegung völkerrechtlicher Verträge. Eine Untersuchung zu Voraussetzungen und Grenzen in Anbetracht der Praxis internationaler Streitbeilegungsinstitutionen, Berlin 2013.

Bradley, Curtis A./Goldsmith, Jack L.: Treaties, Human Rights, and Conditional Consent, in: University of Pennsylvania Law Review 149(2), 2000, pp. 399–468.

Braumann, Céline/Reinisch, August: Effet Utile, in: Klingler, Joseph/Parkhomenko, Yuri/Salonidis, Constantinos (eds.), Between the Lines of the Vienna Convention. Canons and Other Principles of Interpretation in Public International Law, Alphen aan den Rijn 2019, pp. 47–72

Brown, Rupert: Prejudice: Its Social Psychology, 2nd edition, Chichester 2010.

Brown Weiss, Edith: Invoking State Responsibility in the Twenty-First Century, in: American Journal of International Law 96(4), 2002, pp. 798–816.

Buergenthal, Thomas: To respect and to ensure: state obligations and permissible derogations, in: Henkin, Louis (ed.), The International Bill of Rights: The Covenant on Civil and Political Rights, New York 1981, pp. 72–91.

Çali, Başak: Specialized Rules of Treaty Interpretation Human Rights, in: Hollis, Duncan B. (ed.), The Oxford Guide to Treaties, 2nd edition, Oxford 2020, pp. 504–523.

Cameron, Iain/Horn, Frank: Reservations to the European Convention: The Belilos Case, in: German Yearbook of International Law 33, 1990, pp. 69–129.

Carlson, Scott N./Gisvold, Gregory: Practical Guide to the International Covenant on Civil and Political Rights, Ardsley (NY) 2003.

Celorio, Rosa: Women and International Human Rights in Modern Times. A Contemporary Casebook, Cheltenham 2022.

Charlesworth, Hilary/Chinkin, Christine/Wright, Shelley: Feminist Approaches to International Law, in: American Journal of International Law 85(4), 1991, pp. 613–645.

Chirwa, Danwood Mzikenge: The Doctrine of State Respnsibility as a Potential Means of Holding Private Actors Accountable for Human Rights, in: Melbourne Journal of International Law 5(1), 2004, pp. 1–36.

Chirwa, Danwood Mzikenge: State Responsibility for Human Rights, in: Baderin, Mashood A./ Ssenyonjo, Manisuli (eds.), International Human Rights Law. Six Decades after the UDHR and Beyond, London/New York 2016, pp. 397–410.

Clifford, Jarlath: Equality, in: Shelton, Dinah (ed.), The Oxford Handbook of International Human Rights Law, Oxford 2013, pp. 420–445.

Condé, Victor H.: A Handbook of International Human rights Terminology, 2nd edition, Lincoln (NE) 2004.

Cook, Rebecca J.: Women's International Human Rights: The Way Forward, in: Cook, Rebecca J. (ed.), Human Rights of Women. National and International Perspectives, Philadelphia 1994, pp. 3–36.

Corten, Olivier/Klein, Pierre (eds.): The Vienna Conventions on the Law of Treaties. A Commentary. Volume 1, Oxford 2011.

Council of Europe: Explanatory Report to the Council of Europe Convention on preventing and combating violence against women and domestic violence, Council of Europe Treaty Series – No. 210, Istanbul, 11.05.2011.

Crawford, James: The International Law Commission's Articles on State Responsibility. Introduction, Text, and Commentaries, Oxford 2002.

Crawford, James: State Responsibility. The General Part, Cambridge 2013.

Crawford, James/Pellet, Alain/Olleson, Simon (eds.): The Law of International Responsibility, Oxford 2010.

Crema, Luigi: Subsequent Agreement and Subsequent Practice within and outside the Vienna Convention, in: Nolte, Georg (ed.), Treaties and Subsequent Practice, Oxford 2013, pp. 13–28.

Cusack, Simone: Gender stereotyping as a human rights violation. Research report. Submitted to the Office of the High Commissioner for Human Rights on 14 October 2013.

Cusack, Simone/Cook, Rebecca J.: Combating Discrimination Based on Sex and Gender, in: Krause, Catarina/Scheinin, Martin (eds.), International Protection of Human Rights: A Textbook, Turku 2009, pp. 205–226.

Dahm, Georg/Delbrück, Jost/Wolfrum, Rüdiger: Völkerrecht, Vol. I/3, Die Formen des völkerrechtlichen Handelns: Die inhaltliche Ordnung der internationalen Gemeinschaft, 2nd edition, Berlin 2002.

Dettwyler, Katherine A.: Cultural Anthropology & Human Experience. The Feast of Life, Long Grove (IL) 2011.

Devine, Patricia G.: Stereotypes and Prejudice: Their Automatic and Controlled Components, in: Journal of Personality and Social Psychology 56(1), 1989, pp. 5–18.

Djeffal, Christian: Static and Evolutive Treaty Interpretation. A Functional Reconstruction, Cambridge 2016.

Djeffal, Christian: An Interpreter's Guide to Static and Evolutive Interpretations: Solving Intertemporal Problems According to the VCLT, in: Abi-Saab, Georges/Keith, Kenneth James/Marceau, Gabrielle/Marquet, Clément (eds.), Evolutionary Interpretation and International Law, Oxford et al. 2019, pp. 21–34.

Doehring, Karl: Völkerrecht, 2nd edition, Heidelberg 2004.

Dörr, Oliver/Schmalenbach, Kirsten (eds.): Vienna Convention on The Law of Treaties. A Commentary, 2nd edition, Berlin 2018.

Dupuy, Pierre-Marie: Evolutionary Interpretation of Treaties: Between Memory and Prophecy, in: Cannizzaro, Enzo (ed.), The Law of Treaties. Beyond the Vienna Convention, Oxford 2011, pp. 123–137.

Eckes, Thomas: Geschlechterstereotype: Von Rollen, Identitäten und Vorurteilen, in: Becker, Ruth/Kortendiek, Beate (eds.), Handbuch Frauen- und Geschlechterforschung. Theorie, Methode, Empirie 3rd edition, Wiesbaden 2010, pp. 178–189.

Espiell, Héctor Gros: International Responsibility of the State and Individual Criminal Responsibility in the International Protection of Human Rights, in: Ragazzi, Maurizio (ed.), International Responsibility Today: Essays in Memory of Oscar Schachter, Leiden 2005, pp. 151–160.

Fahner, Johannes Hendrik: In Dubio Mitius: Advancing Clarity and Modesty in Treaty Interpretation, in: European Journal of International Law 32(3), 2021, pp. 835–862.

Fausto-Sterling, Anne: The Five Sexes. Why Male and Female Are Not Enough, in: The Science 33(2), 1993, pp. 20–24.

Fausto-Sterling, Anne: On the Critique of the Concept of Sex. An Interview with Anne Fausto-Sterling, in: differences 27(1), 2016, pp. 189–205.

Felmeth, Aaron Xavier: Feminism and International Law: Methodology, and Substantive Reform in: Human Rights Quarterly 22(3), 2000, pp. 658–733.

Fitzmaurice, Malgosia: Interpretation of Human Rights Treaties, in: Shelton, Dinah (ed.), The Oxford Handbook of International Human Rights Law, Oxford 2013, pp. 739–771.

Fitzmaurice, Malgosia: The Practical Working of the Law of Treaties, in: Evans, Malcolm D. (ed.), International Law, 4th edition, Oxford 2014, pp. 166–197.

Fitzmaurice, Malgosia/Merkouris, Panos: Treaties in Motion. The Evolution of Treaties from Formation to Termination, Cambridge 2020.

Forowicz, Magdalena: Concepts of Substantive Gender Equality: Looking for Coherence among the Regional and International Perspectives in: Buckley, Carla/Donald, Alice/Leach, Philip (eds.), Towards Convergence in International Human Rights Law: Approaches of Regional and International Systems, Leiden/Boston 2016, pp. 193–212.

Franck, Thomas M.: Individual Criminal Liability and Collective Civil Responsibility: Do They Reinforce or Contradict One Another?, in: Washington University Global Studies Law Review 6(3), 2007, pp. 567–573.

Fredman, Sandra: Beyond the Dichotomy of Formal and Substantive Equality: Towards a New Definition of Equal Rights, in: Boerefijn, Ineke/Coomans, Fons/Goldschmidt, Jenny/Holtmaat, Rikki/Wolleswinkel, Ria (eds.), Temporary Special Measures: Accelerating De Facto Equality of Women Under Article 4(1) UN on the Elimination of All Forms of Discrimination Against Women, Cambridge 2003, pp. 111–118.

Fredman, Sandra: Human Rights Transformed: Positive Rights and Positive Duties, Oxford 2008.

Fredman, Sandra: Discrimination Law, 2nd edition, Oxford/New York 2011.

Freeman, Marsha A./Chinkin, Christine/Rudolf, Beate (eds.), The UN Convention on the Commentary of All Forms of Discrimination Against Women. A Commentary, Oxford 2012.

Frowein, Jochen: The Interrelationship Between the Helsinki Final Act, the International Covenants on Human Rights, and the European Convention on Human Rights, in: Buergenthal, Thomas (ed.), Human Rights, International Law and the Helsinki Accord, Montclair/New York 1977, pp. 71–82.

Gardiner, Richard K.: Treaty Interpretation, 2nd edition, Oxford 2015.

Garfinkel, Harold: Studies in Ethnomethodology, New Jersey 1967.

Giegerich, Thomas: Vorbehalte zu Menschenrechtsabkommen: Zulässigkeit, Gültigkeit und Prüfungskompetenzen von Vertragsgremien, in: ZaöRV 55, 1995, pp. 713–782.

Gildemeister, Regine: Doing Gender: Soziale Praktiken der Geschlechterunterscheidung, in: Becker, Ruth/Kortendiek, Beate (eds.), Handbuch Frauen- und Geschlechterforschung. Theorie, Methoden, Empirie, 3rd edition, Wiesbaden 2010, pp. 137–145.

Gildemeister, Regine: Doing Gender: eine mikrotheoretische Annäherung an die Kategorie Geschlecht, in: Kortendiek, Beate/Riegraf, Birgit/Sabisch, Katja (eds.), Handbuch Interdisziplinäre Geschlechterforschung, Wiesbaden 2019, pp. 409–417.

Goffman, Erving: The Arrangement between the Sexes, in: Theory and Society 4(3), 1977, pp. 301–331.

Gonzalez-Salzberg, Damian A.: The Accepted Transsexual and the Absent Transgender: A Queer Reading of the Regulation of Sex/Gender by the European Court of Human Rights, in: American University International Law Review 29(4), 2014, pp. 797–829.

Gonzalez-Salzberg, Damian A.: An Improved Protection for the (Mentally Ill) Trans Parent: A Queer Reading of AP, Garçon and Nicot v France, in: Modern Law Review 81(3), 2018, pp. 526–538.

Goodman, Ryan: Human Rights Treaties, Invalid Reservations, and State Consent, in: American Journal of International Law 96(3), 2002, pp. 531–560.

Grabenwarter, Christoph/Pabel, Katharina (eds.): Europäische Menschenrechtskonvention. Ein Studienbuch, 7th edition, München 2021.

Graefrath, Bernhard: Internationale Zusammenarbeit und Menschenrechte. Zum 25. Jahrestag der Allgemeinen Erklärung der Menschenreche, in: Neue Justiz 27 (1. Dezemberheft), 1973, pp. 683–714.

Graefrath, Bernhard: Menschenrechte und internationale Kooperation. 10 Jahre Praxis des Internationalen Menschenrechtskomitees, Berlin 1988 (DDR: Akademie Verlag).

Graefrath, Bernhard: Vorbehalte zu Menschenrechtsverträgen – Neue Projekte und alte Streitfragen, in: Humanitäres Völkerrecht 9(2), 1996, pp. 68–75.
Grewe, Constance: Vergleich zwischen den Interpretationsmethoden europäischer Verfassungsgerichte und des Europäischen Gerichtshofes für Menschnerechte, in: ZaöRV 61, 2001, pp. 459–473.
Hall, William Edward: A Treatise on International Law, 7th edition, Oxford et al. 1917.
Hefny, Assem: Hermeneutik, Koraninterpretation und Menschenrechte, in: Elliesie, Hatem (ed.), Beiträge zum Islamischen Recht VII. Islam und Menschenrechte, Frankfurt a.M. 2010, pp. 73–97.
Helmersen, Torp Sondre: Evolutive Treaty Interpretation: Legality, Semantics and Distinctions, in: European Journal of Legal Studies 6(1), 2013, pp. 161–188.
Hennebel, Ludovic/Tigroudja, Hélène: The American Convention on Human Rights. A Commentary, Oxford 2022.
Hepple, Bob: Equality: The Legal Framework, 2nd edition, Oxford/Portland, 2014.
Herdegen, Matthias: Interpretation in International Law, in: MPEPIL (online edition), November 2020.
Hirschauer, Stefan: Wie sind Frauen? Wie sind Männer? Zweigeschlechtlichkeit als Wissenssystem, in: Eifert, Christian/Epple, Angelika/Kessel, Martina/Michaelis, Marlies/Nowak, Claudia/Schicke, Katharina/Weltecke, Dorothea (eds.), Was sind Frauen? Was sind Männer? Geschlechterkonstruktionen im historischen Wandel, Frankfurt a. M. 1996, pp. 240–256.
Holtmaat, Rikki: European Women and the CEDAW-Convention: The Way Forward, Paper presented at the EWLA-Conference, Paris 21–22 September 2002.
Holtmaat, Rikki: Towards *Different* Law and Public Policy. The significance of Article 5a CEDAW for the elimination of structural gender discrimination, Leiden 2004.
Holtmaat, Rikki: The CEDAW: a holistic approach to women's equality and freedom, in: Hellum, Anne/Aasen, Henriette Sindig (eds.), Women's Human Rights: CEDAW in International, Regional and National Law, Cambridge 2013, pp. 95–123.
Holtmaat, Rikki/Naber, Jonneke: Women's Human Rights and Culture; From Deadlock to Dialogue, Cambridge/Antwerpen/Portland 2011.
Human Rights Watch: Vol. 18 No. 9, Reconciled to Violence. State Failure to Stop Domestic Abuse and Abduction of Women in Kyrgyzstan, New York, September 2006.
Joel, Daphna/Fausto-Sterling, Anne: Beyond sex differences: new approaches for thinking about variation in brain structure and function, in: Philosophical Transactions of The Royal Society B: Biology Sciences 371, 2015, pp. 1–9.
Karl, Wolfram: Vertrag und spätere Praxis im Völkerrecht/Treaty and Subsequent Practice in International Law. Zum Einfluß der Praxis auf Inhalt und Bestand völkerrechtlicher Verträge, Berlin/Heidelberg 1983.
Karpenstein, Ulrich/Mayer, Franz C. (eds.): Konvention zum Schutz der Menschenrechte und Grundfreiheiten: EMRK, Kommentar, 3rd edition, München 2022.
Kessler, Suzanne J./McKenna, Wendy: Gender: An Ethnomethodogical Approach, New York 1978.
King, Hugh: The Extraterritorial Human Rights Obligations of States, in: Human Rights Law Review 9(4), 2009, pp. 521–556.
Kinsley, Craig/Bardi, Massimo/Neigh, Gretchen N./Lambert, Kelly: Chromosomal and Endocrinological Origins of Sex, in: Neigh, Gretchen N./Mitzelfelt, Megan (eds.), Sex Differences in Physiology, London et al. 2016, pp. 5–15.
Kleinbach, Russel/Ablezova, Mehrigiul/Aitieva, Medina: Kidnapping for marriage (ala kachuu) in a Kyrgyz village, in: Central Asian Survey 24(2), 2005, pp. 191–202.
Koh, Jean Kyongun: Reservations to Multilateral Treaties: How International Legal Doctrine Reflects World Vision, in: Harvard International Law Journal 23 (1982–1983), pp. 71–116.
Kotthoff, Helga: Geschlecht als Interaktionsritual? Nachwort von Helga Kotthoff, in: Knoblauch, Hubert A. (ed.), Erving Goffman. Interaktion und Geschlecht, Frankfurt a.M./New York 2001, pp. 159–192.

Langford, Malcolm: Same-sex marriage in polarized times: revisiting Joslin v. New Zealand (HRC), in: Brems, Eva/Desmet, Ellen (eds.), Integrated Human Rights in Practice. Rewriting Human Rights Decisions, Cheltenham/Northampton 2017, pp. 119–143.

Larouer, Christophe J.: In the Name of Sovereignty? The Battle over In Dubio Mitius Inside and Outside the Courts, in: Cornell Law School Inter-University Graduate. Student Conference Papers. Paper 22, 15 April 2009.

Laqueur, Thomas: Making Sex. Body and Gender From the Greeks to Freud, Cambridge/London 1992.

Lauterpacht, Hersch: Restrictive Interpretation and the Principle of Effectiveness in the Interpretation of Treaties, in: British Yearbook of International Law 26 (1949), pp. 48–85.

Legato, Marianne J.: What determines biological sex?, in: Legato, Marianne J. (ed.), The Plasticity of Sex. The Molecular Biology and Clinical Features of Genomic Sex, Gender Identity and Sexual Behavior, London et al. 2020, pp. 1–23.

Lembke, Ulrike/Liebscher, Doris: Postkategoriales Antidiskriminierungsrecht? – Oder: Wie kommen Konzepte der Intersektionalität in die Rechtsdogmatik, in: Philipp, Simone/Meier, Isabella/Apostolovski, Veronika/Starl, Klaus/Schmidlechner, Karin Maria (eds.), Intersektionelle Benachteiligung und Diskriminierung. Soziale Realitäten und Rechtspraxis, Baden-Baden 2014, pp. 261–290.

Liebscher, Doris/Naguib, Tarek/Plümecke, Tino/Remus, Juana: Wege aus der Essentialismusfalle: Überlegungen zu einem postkategorialen Antidiskriminierungsrecht, in: Kritische Justiz 45(2), 2012, pp. 204–218.

Linderfalk, Ulf: On the Interpretation of Treaties. The Modern International Law as Expressed in the 1969 Vienna Convention on the Law of Treaties, Dordrecht 2007.

Linderfalk, Ulf: Doing the Right Thing for the Right Reason – Why Dynamic or Static Approaches Should be Taken in the Interpretation of Treaties, in: International Community Law Review 10(2), 2008, pp. 109–141.

Lorber, Judith: Paradoxes of Gender, New Haven 1994.

Matscher, Franz: Methods of Interpretation of the Convention, in: Macdonald, Ronald/Matscher, Franz/Petzold, Herbert (eds.), The European System for the Protection of Human Rights, Dordrecht 1993, pp. 63–81.

McCall, Leslie: The Complexity of Intersectionality, in: Signs 30(3), 2005, pp. 1771–1800.

McGoldrick, Dominic: Extraterritorial Application of the International Covenant on Civil and Political Rights, in: Coomans, Fons/Kamminga, Menno T. (eds.), Extraterritorial Application of Human Rights Treaties, Antwerp/Oxford 2004, pp. 41–72.

McLachlan, Campbell: The Principle of Systemic Integration and Article 31(3)(C) of the Vienna Convention, in: International and Comparative Law Quarterly 54(2), 2005, pp. 279–319.

McRae, Donald: Evolutionary Interpretation: The Relevance of Context, in: Abi-Saab, Georges/Keith, Kenneth James/Marceau, Gabrielle/Marquet, Clément (eds.), Evolutionary Interpretation and International Law, Oxford et al. 2019, pp. 57–64.

Merkouris, Panos: (Inter)Temporal Considerations in the Interpretative Process of the VCLT: Do Treaties Endure, Perdure or Exdure? in: Ambrus, Mónika/Wessel, Ramses A. (eds.), Netherlands Yearbook of International Law 2014. Between Pragmatism and Predictability: Temporariness in International Law, pp. 121–156.

Merkouris, Panos: In Dubio Mitius, in: Klingler, Joseph/Parkhomenko, Yuri/Salonidis, Constantinos (eds.), Between the Lines of the Vienna Convention? Canons and Other Principles of Interpretation in Public International Law, Alphen aan den Rijn 2019, pp. 259–305.

Meron, Theodor: Extraterritoriality of Human Rights Treaties, in: American Journal of International Law 89(1), 1995, pp. 78–82.

Meyer-Ladewig, Jens/Nettesheim, Martin/von Raumer, Stefan (eds.): EMRK. Europäische Menschenrechtskonvention, 5th edition, Baden-Baden 2023.

Milanovich, Marko: Extraterritorial Application of Human Rights Treaties. Law, Principles, and Policy, Oxford 2011.

Moeckli, Daniel: Equality and Non-Discrimination, in: Weston, Burns H./Grear, Anna (eds.), Human Rights in the World Community. Issues and Action, 4th edition, Philadelphia 2016, pp. 128–137.

Mohr, Manfred: Mittel und Methoden der Normdurchsetzung im Völkerrecht der Gegenwart, in: Graefrath, Bernhard (ed.), Probleme des Völkerrechts 1987, Berlin 1987 (DDR: Akademie Verlag), pp. 213–250.

Moloney, Roslyn: Incompatible Reservations to Human Rights Treaties: Severability and the Problem of State Consent, in: Melbourne Journal of International Law 5(1), 2004, pp. 155–168.

Monteiro de Matos, Mariana: Indigenous Land Rights in the Inter-American System. Substantive and Procedural Law, Leiden/Boston 2021.

Murphy, Sean D.: The Relevance of Subsequent Agreement and Subsequent Practice for the Interpretation of Treaties, in: Nolte, Georg (ed.), Treaties and Subsequent Practice, Oxford 2013, pp. 82–94.

Müller, Christian: Recht und historische Entwicklung der Scharia im Islam, Berlin/Boston 2022.

Notz, Gisela: Arbeit: Hausarbeit, Ehrenamt, Erwerbsarbeit, in: Becker, Ruth/Kortendiek, Beate (eds.), Handbuch Frauen- und Geschlechterforschung. Theorie, Methoden, Empirie, 3rd edition, Wiesbaden 2010, pp. 480–488.

Nowak, Manfred/Januszewski, Karoline Miriam: Non-State Actors and Human Rights, in: Noortmann, Math/Reinisch, August/Ryngaert, Cedric (eds.), Non-State Actors in International Law, Oxford/Portland 2015, pp. 113–161.

Oppenheim, Lassa: International Law: A Treatise, Vol. 1, Peace, 2nd edition, London/New York/Calcutta 1912.

Orakhelashvili, Alexander: The Interpretation of Acts and Rules in Public International Law, New York 2008.

Otto, Diane: Women's Rights, in: Moeckli, Daniel/Shah, Sangeeta/Sivakumaran, Sandesh (eds.), International Human Rights Law, 2nd edition, Oxford 2014, pp. 316–332.

Paladini, Luca: Same-Sex Couples before Quasi-Jurisdictional Bodies: The Case of the UN Human Rights Committee, in: Gallo, Daniele/Paladini, Luca/Pustorino, Pietro (eds.), Same-Sex Couples before National, Supranational and International Jurisdcitions, Heidelberg et al. 2014, pp. 533–558

Palchetti, Paolo: Interpreting „Generic Terms“: Between Respect for the Parties' Original Intention and the Identification of the Ordinary Meaning, in: Boschiero, Nerina/Scovazzi, Tullio/Pitea, Cesare/Ragni, Chiara (eds.), International Courts and the Development of International Law. Essays in Honour of Tullio Treves, Den Haag 2013, pp. 91–105.

Palm, Kerstin: Biologie: Geschlechterforschung zwischen Reflexion und Intervention, in: Becker, Ruth/Kortendiek, Beate (eds.), Handbuch Frauen- und Geschlechterforschung. Theorie, Methoden, Empirie, 3rd edition, Wiesbaden 2010, pp. 851–859.

Pasqualucci, Jo M.: The Practice and Procedure of the Inter-American Court of Human Rights, 2nd edition, Cambridge et al. 2013.

Pauwelyn, Joost: Fragmentation of International Law, in: Max Planck Encyclopedia of Public International Law, Vol. IV, 2006.

Pellet, Alain/Müller, Daniel: Reservations to Human Rights Treaties: Not An Absolute Evil …, in: Fastenrath, Ulrich/Geiger, Rudolf/Khan, Daniel-Erasmus/Paulus, Andreas/Schorlemer, Sabine von/Vedder, Christoph (eds.), From Bilateralism to Community Interest. Essays in Honour of Judge Bruno Simma, Oxford 2011, pp. 521–551.

Peters, Anne: Humanity as the A and Ω of Sovereignty, in: European Journal of International Law 20(3), 2009, pp. 513–544.

Potacs, Michael: Rechtstheorie, 2nd edition, Wien 2019.

Proelß, Alexander (ed.): Völkerrecht, 9th edition, Berlin 2024.

Raday, Frances: Systematizing the Application of Different Types of Temporary Special Measures under Article 4 of CEDAW, in: Boerefijn, Ineke/Coomans, Fons/Goldschmidt, Jenny/Holtmaat, Rikki/Wolleswinkel, Ria (eds.), Temporary special measures. Accelerating de facto equality of women under article 4(1) UN Convention on the Elimination of all forms of Discrimination Against Women, Antwerpen/Oxford/New York 2003, pp. 35–44.

Ramcharan, Bertrand G.: Equality and Nondiscrimination, in: Henkin, Louis (ed.), The International Bill of Rights: The Covenant on Civil and Political Rights, New York 1981, pp. 246–269.

Redgwell, Catherine J.: Reservations to Treaties and Human Rights Committee General Comment No.24(52), in: International and Comparative Law Quarterly 46(2), 1997, pp. 390–412.

Renard, John: Islam and Christianity. Theological Themes in Comparative Perspective, Berkeley/Los Angeles/London 2011.

Richardson, Sarah S.: Sex Itself. The Search for Male & Female in the Human Genome, Chicago/London 2013.

Rietiker, Daniel: The Principle of „Effectiveness" in the Recent Jurisprudence of the European Court of Human Rights: Its Different Dimensions and Its Consistency with Public International Law – No Need for the Concept of Treaty Sui Generis, in: Nordic Journal of International Law 79(2), 2010, pp. 245–277.

Rohe, Mathias, Das Islamische Recht. Geschichte und Gegenwart, 4th edition, München 2022.

Rosenblum, Darren: Unsex CEDAW, or What's Wrong With Women's Rights, in: Columbia Journal of Gender and Law 20(2), 2011, pp. 98–194.

Rudman, Annika/Musembi, Celestine Nyamu/Makunya, Trésor Muhindo (eds.): The Protocol to the African Charter on Human and Peoples' Rights on the Rights of Women in Africa: A Commentary, Pretoria 2023.

Sandland, Ralph: Crossing and Not Crossing: Gender, Sexuality and Melancholy in the European Court of Human Rights. Christine Goodwin v. United Kingdom (Application no. 28957/95) [2002] I.R.L.R. 664 [2002] 2 F.L.R. 487, [2002] 2 F.C.R. 577, (2002) 35 E.H.R.R. 18, 13 B.H.R.C. 120, (2002) 67 B.M.L.R. 199, I v. United Kingdom (Application no. 25690/94) [2002] 2 F.L.R. 518, [2002] 2 F.C.R. 613 (ECHR), in: Feminist Legal Studies 11(2), 2003, pp. 191–209.

Saraswati, Anak Agung Ayu Nanda: The Discourse of Reservations to CEDAW on Women's Rights in Malaysia, Brunei and Indonesia, in: Indonesian Journal of International Law 19(4), 2022, pp. 515–535.

Saul, Ben/Kinley, David/Mowbray, Jacqueline: The International Covenant on Economic, Social and Cultural Rights. Commentary, Cases, and Materials, Oxford 2014.

Scheinin, Martin: The ICJ and the Individual, in: International Community Law Review 9(2), 2007, pp. 123–137.

Schöpp-Schilling, Hanna Beate: Reflections on a General Recommendation on Article 4(1) of the Convention on the Elimination of All Forms of Discrimination Against Women, in: Boerefijn, Ineke/Coomans, Fons/Goldscmidt, Jenny/Holtmaat, Rikki, Wolleswinkel, Ria (eds.), Temporary special measures. Accelerating de facto equality of women under article 4(1) UN Convention on the Elimination of all forms of Discrimination Against Women, Antwerpen/Oxford/New York 2003, pp. 15–33.

Schöpp-Schilling, Hanna Beate: Reservations to the Convention on the Elimination of All Forms of Discrimination against Women: An Unresolved Issue or (No) New Development?, in: Ziemele, Ineta (ed.), Reservations to Human Rights Treaties and the Vienna Convention. Conflict, Harmony or Reconciliation, Dordrecht 2004, pp. 3–39.

Schulz, Patricia/Halperin-Kaddari, Ruth/Rudolf, Beate/Freeman, Marsha A. (eds.): The UN Convention on the Elimination of All Forms of Discrimination Against Women. A Commentary, 2nd edition, Oxford 2022.

Schwarzenberger, Georg: International Law as Applied by International Courts and Tribunals, Vol. I, 3rd edition, London 1957.

Scott, Joan Wallach: Gender and the Politics of History, New York 2018.

Shelton, Dinah: Introduction, in: Shelton, Dinah (ed.), International Law and Domestic Legal Systems. Incorporation, Transformation, and Persuasion, Oxford 2011, pp. 1–22.

Simma, Bruno: Reservations to Human Rights Treaties – Some Recent Developments, in: Hafner, Gerhard/Loibl, Gerhard/Rest, Alfred/Sucharipa-Behrmann, Lilly/Zemanek, Karl (eds.), Liber Amicorum Professor Ignaz Seidl-Hohenveldern in honor of his 80th birthday, Den Haag et al. 1998, pp. 659–680.

Simma, Bruno: Human Rights Before the International Court of Justice: Community Interest Coming to Life?, in: Hestermeyer, Holger P./König, Doris/Matz-Lück, Nele/Röben, Volker/Seibert-Fohr, Anja/Stoll, Peter-Tobias/Vöneky, Silja (eds.), Coexistence, Cooperation and Solidarity. Liber Amicorum Rüdiger Wolfrum, Volume I, Leiden/Boston 2012, pp. 577–603.

Simma, Bruno/Hernández, Gleider I.: Legal Consequences of an Impermissible Reservation to a Human Rights Treaty: Where Do We Stand?, in: Cannizzaro, Enzo (ed.), The Law of Treaties. Beyond the Vienna Convention, Oxford 2011, pp. 60–85.

Simma, Bruno/Pulkowski, Dirk: Of Planets and the Universe: Self-contained Regimes in International Law, in: European Journal of International Law 17(3), 2006, pp. 483–529.

Sinclair, Ian Sir: The Vienna Convention on the Law of Treaties, 2nd edition, Manchester 1984.

Smart, Carol Christine: The Woman of Legal Discourse, in: Social & Legal Studies 1(1), 1992, pp. 29–44.

Swaine, Edward T.: Reserving, in: The Yale Journal of International Law 31(2), 2006, pp. 307–366.

Tafsīr al-Jalālayn, translated by Feras Hamza. The Complete Text, Amman 2007.

Thiele, Carmen: Fragmentierung des Völkerrechts als Herausforderung für die Staatengemeinschaft, in: AvR 46(1), 2008, pp. 1–41.

Thiele, Carmen: Das Verhältnis zwischen Staatenverantwortlichkeit und Menschenrechten, in: AvR 49(4), 2011, pp. 343–372.

Thirlway, Hugh: The Law and Procedure of the International Court of Justice 1960–1989: supplement, 2006: Part Three, in: British Yearbook of International Law 77(1), 2006, pp. 1–82.

Tomuschat, Christian: International Law: Ensuring the Survival of Mankind on the Eve of a New Century. General Course on Public International Law, in: 281 Recueil Des Cours, 1999, pp. 9–438.

Turner, Monte E./Jenkins, Cathy/Milsted, Amy/Ely, Daniel L.: Sex chromosomes, in: Miller, Virginia/Hay, Meredith (eds.), Principles of Sex-Based Differences in Physiology, Amsterdam et al. 2004, pp. 1–14.

Uçar, Bülent: Islam und Verfassungsstaat vor dem Hintergrund der Scharia-Regelungen, in: Häberle, Lothar/Hattler, Johannes (eds.), Islam – Säkularismus – Religionsrecht. Aspekte und Gefährdungen der Religionsfreiheit, Heidelberg et al. 2012, pp. 27–40.

Venzke, Ingo: How Interpretation Makes International Law. On Semantic Change and Normative Twists, Oxford 2012.

Vigoya, Maria Viveros: Sex/Gender in: Disch, Lisa/Hawkesworth, Mary (eds.), The Oxford Handbook of Feminist Theory, New York 2016, pp. 852–873.

Villa, Paula-Irene: (De)Konstruktion und Diskurs-Genealogie: Zur Position und Rezeption von Judith Butler, in: Becker, Ruth/Kortendiek, Beate (eds.), Handbuch Frauen- und Geschlechterforschung. Theorie, Methoden, Empirie, 3rd edition, Wiesbaden 2010, pp. 146–157.

Villiger, Mark Eugen: Commentary on the 1969 Vienna on the Law of Treaties, Leiden 2009.

Waaldijk, Kees: The Right to Marry as a Right to Equality. About Same-Sex Couples, the Phrase „men and women", and the Travaux Préparatoires of *the Universal Declaration*, in: Blokker, Niels/Dam-de Jong, Daniella/Prislan, Vid (eds.), Furthering the Frontiers of International Law: Sovereignty, Human Rights, Sustainable Development. Liber Amicorum Nico Schrijver, Leiden 2021, pp. 457–472.

West, Candace/Zimmermann, Don H.: Doing Gender, in: Gender and Society 1(2), 1987, pp. 125–151.

Wetterer, Angelika: Konstruktion von Geschlecht: Reproduktionsweisen der Zweigeschlechtlichkeit, in: Becker, Ruth/Kortendiek, Beate (eds.), Handbuch Frauen- und Geschlechterforschung. Theorie, Methoden, Empirie, 3rd edition, Wiesbaden 2010, pp. 126–136.

Wiegandt, Jan: Internationale Rechtsordnung oder Machtordnung? Eine Anmerkung zum Verhältnis von Macht und Recht im Völkerrecht, in: ZaöRV 71, 2011, pp. 31–76.

Wildhaber, Luzuis: The European Court of Human Rights in action, in: Ritsumeikan Law Review 21, 2004, pp. 83–92.

Wyatt, Julian: Intertemporal Linguistics in International Law: Beyond Contemporaneous and Evolutionary Treaty Interpretation, Oxford et al. 2019.

Wyatt, Julian: Using Intertemporal Linguistics to Resolve the Problem at the Origin and Core of the Evolutionary Interpretation Debate, in: Abi-Saab, Georges/Keith, Kenneth James/Marceau, Gabrielle/Marquet, Clément (eds.), Evolutionary Interpretation and International Law, Oxford et al. 2019, pp. 47–56.

Yahyaoui Krivenko, Ekatarina: Gender and Human Rights. Expanding Concepts, Cheltenham/Northampton 2020.

Zimmermann, Andreas/Tams, Christian J. (eds.): The Statute of the International Court of Justice. A Commentary, 3rd edition, Oxford 2019.

FSC
www.fsc.org
MIX
Papier | Fördert gute Waldnutzung
FSC® C083411

Kolibri 360 GmbH
Ferdinand-Jühlke-Straße 7
99095 Erfurt, Deutschland
produktsicherheit@kolibri360.de